管理阶梯理论

张东向 ◎ 著

第二版

图书在版编目（CIP）数据

管理阶梯理论 / 张东向著 . —2 版 . —北京：企业管理出版社，2017.10

ISBN 978-7-5164-1520-7

Ⅰ . ①管… Ⅱ . ①张… Ⅲ . ①企业管理 Ⅳ . ① F272

中国版本图书馆CIP数据核字（2017）第114130号

书　　　名：	管理阶梯理论
作　　　者：	张东向
责任编辑：	尚元经　李　坚
书　　　号：	ISBN 978-7-5164-1520-7
出版发行：	企业管理出版社
地　　　址：	北京市海淀区紫竹院南路17号　　邮编：100048
网　　　址：	http：//www.emph.cn
电　　　话：	总编室（010）68701719　发行部（010）68701816　编辑部（010）68414643
电子信箱：	qiguan1961@163.com
印　　　刷：	北京市密东印刷有限公司
经　　　销：	新华书店
规　　　格：	170毫米×240毫米　16开本　20.75印张　266千字
版　　　次：	2011年10月第1版　2017年10月第2版　2017年10月第1次印刷
定　　　价：	86.00元

版权所有　翻印必究·印装错误　负责调换

[再版前言]

在人类社会中，管理无处不在，无时不在。正所谓"团队打天下，管理定江山"，做任何事情成也管理，败也管理。当人类社会进入工业化时期，管理理论才真正被人们系统化地思考和运用，并形成管理学。管理学是一门年轻的学科，但发展迅速，对人类社会的影响空前巨大。可以说，人类社会的任何伟大进步都包含着管理学所做出的重要贡献。

管理推动社会发展进步，也推动着企业不断发展壮大。在此过程中，一些企业发展蒸蒸日上乃至基业长青，而一些企业却难逃中途夭折和倒闭破产的命运。据统计，全球平均每天有2万多家企业倒闭，中国平均每天也有近2800家企业倒闭，许多企业一夜之间宣布破产，原因何在？许多企业"忙忙碌碌""辛辛苦苦"地走向破产，原因何在？

有不少人认为企业破产的罪魁祸首是经济周期使然。不可否认，宏观经济形势纵然对企业的生存与发展会产生一定的影响，但纵观全球企业发展史，经济上行期，仍有不少企业倒闭破产；经济下行期，仍有不少企业存活下来，基业长青的企业也是不胜枚举。

结合实际来看，影响企业发展有三大核心关键要素，包括管理、营销、人力。正如"科学管理之父"泰勒所言："问题十有八九出在管理层。" 管理是保证企业有效运行所必不可少的条件。企业管理水平的高低，不仅决定了企业生命的长度，也决定了企业发展的高度。以华为为例，华为取得的成就举世瞩目，任正非在谈华为成功的基因和秘诀时，将管理列为企业成功的核心内核。任正非坦言，华为花了28年时间向西方公司学习管理，每年斥资上亿美元请IBM顾问团队帮助管理企业，这样才使得华为的生产过程走向了科学化、正常化，由默默无闻的小作坊成长为通信领域的全球领导者。

实践证明，随着科技的不断创新，单靠技术壁垒取胜的时代很快就要转为靠管理取胜的时代。在不同的经济发展阶段和生命所处周期，企业对管理的需求层次不同。受市场变化、技术冲击和经济危机等多重因素影响下，企业管理阶段不升级，企业衰退就会成为必然趋势。

从国内国外两个角度分析来看，西方管理学有240多年历史，形成了古典管理、行为科学、现代管理等诸多管理理论，也涌现了诸多管理学派。中国虽然没有形成系统的管理理论，但却有着几千年的管理思想渊源，形成了以诸子百家为代表的中国式管理思想。作者根据历史上各个学派的学术观点，归纳出西方和中国各九大管理学派。

西方九大管理学派包括：以"科学管理之父"泰勒为代表的科学管理学派，以"管理过程理论之父"法约尔为代表的管理过程学派，以"组织理论之父"韦伯为代表的组织理论学派，以"行为科学之父"梅奥为代表的行为科学学派，以"现代管理学之父"德鲁克为代表的经验主义学派，以西蒙为代表的决策理论学派，以明茨伯格为代表的经理角色学派，以卢桑斯为代表的权变管理学派，以大内、迪尔为代表的管理文化学派。

中国九大管理学派包括：以孔子、孟子、荀子为代表，以"忠"为核心思想的儒家；以老子、庄子为代表，以"中"为核心思想的道家；以墨子为代表，以"爱"为核心思想的墨家；以韩非为代表，以"法"为核心思想的法家；以邓析、惠施、公孙龙为代表，以"理"为核心思想的名家；以邹衍为代表，以"果"为核心思想的阴阳家；以吕不韦为代表，以"合"为核心思想的杂家；以许行为代表，以"劳"为核心思想的农家。

在本书中，作者结合对中西方各九大管理学派等管理理论的深入研究，结合本人三十多年的国内外管理实践，从人类社会发展史的宏观历史角度出发，通过"理论与实践"的紧密结合、"国外与国内"的兼容并蓄、"分析与研究"的方法应用、"传承与创新"的延续融合、"成功与失败"的案例论证，系统分析了管理理论发展的逻辑主线，创立了管理学上新的管理理论——管理阶梯理论。该理论总结归纳了从早期管理、家长式管理、经验式管理、科学化管理、现代化管理、虚拟化管理到创新管理由低到高的七个阶段，这七个管理阶段的逻辑划分构成了管理阶梯理论的主要脉络，形成了管理理论发展的创新理论。

本书共分为九个部分。第一章，对管理理论进行了综述，对管理概念进行了界定，分析了管理的核心作用和影响管理的因素，介绍了中西方各九大管理学派，重点对管理思想的演进脉络进行梳理，总结了不同经济阶段的管理特征，对管理阶段进行了划分，并创立了管理阶梯理论。第二章至第八章，依次分析了管理阶梯理念所包含的早期管理、家长式管理、经验式管理、科学化管理、现代化管理、虚拟化管理和创新管理七个阶段的管理思想的产生背景、理念依据，并对各个阶段管理的定义、特点和局限性进行剖析，指出了由较低级管理阶段向较高级管理阶段转化，即管理阶梯逐步向上演进的必然趋势。第九章，是本书的最后一章，重点分析了在各个管理阶段混合管理存在的客观现状，并对管理发展趋势进行了分析。

需要指出的是，本书所研究的管理阶梯理论的七个管理阶段，不是简单的罗列，而是由低到高、由浅及深不断深化的过程。其中，科学化管理是管理阶梯七个阶段承上启下的转折点，是企业管理水平提升的关键阶段。因此，在管理实践案例论证方面，科学化管理阶段要多于其他管理阶段。在本书研究过程中，作者汲取了中西方各九大管理学派、数十位管理大师的管理智慧和思想精华，是作者本人三十多年管理实践和中西方管理智慧的结晶。本书创立的管理阶梯理论是管理理论发展的一个里程碑，是对管理理论的一次重大创新。

在再版的过程中，作者保留和延续了第一版的精华。与第一版相比，《管理阶梯理论》（第2版）的改动及特色主要表现为以下几个方面：一是对部分章节进行了删改，语言更加精练，行文更为严谨，新增了不少实际案例，从而使全书更具可读性和感染力；二是增加了新的内容，力求及时反映国内外管理理论和创新实践的最新动态信息，力求与时俱进；三是深化了国内外管理思想比较的力度，提出了中西方各九大管理学派和管理阶梯理论的逻辑关联，让读者能够在对比联系中加深对管理阶梯理论的理解和认识。

综合来看，《管理阶梯理论》（第2版）在对管理阶梯理论进行更为全面系统和深入细致探讨的基础上，更加注重管理的实践性和时效性，力求做到理论与实践密切结合、成熟经验和探索创新密切结合，为管理者带来更多富有成效的启发和思考。尤其是对企业管理人员快速提高管理水平，迅速找到管理过程中存在的问题，及时把握管理实践提高的方向，提高企业的核心竞争能力，具有重要的理论价值和实践指导意义。本书适合的读者范围极广，相信所有管理者和被管理者都可以在本书中找到对管理的真知灼见并以此作为改变管理现状、提高管理能力的有效指南。

作　者

2017年10月

Contents 目录

Shirley Leitch序 ··· 1

张晓东序 ··· 3

魏　杰序 ··· 5

第一章　管理思想演进与管理阶梯的形成 ················· 1

第一节　管理综述 ··· 2
　　一、管理的重要性与必要性 ································· 2
　　二、管理概念的界定 ··· 6
　　三、管理的影响因素 ··· 8

第二节　中外管理学派的分类 ···························· 12
　　一、西方九大管理学派 ······································ 12
　　二、中国九大管理学派 ······································ 41

第三节　管理思想的演进 ·································· 57
　　一、经济成长阶段论与管理思想演进 ···················· 57

二、管理发展过程的特点⋯⋯⋯⋯⋯⋯⋯⋯⋯⋯⋯⋯⋯⋯⋯⋯⋯60

　　三、管理思想的发展趋势⋯⋯⋯⋯⋯⋯⋯⋯⋯⋯⋯⋯⋯⋯⋯⋯65

　第四节　管理阶梯的形成⋯⋯⋯⋯⋯⋯⋯⋯⋯⋯⋯⋯⋯⋯⋯⋯⋯68

　　一、原始经济时期⋯⋯⋯⋯⋯⋯⋯⋯⋯⋯⋯⋯⋯⋯⋯⋯⋯⋯⋯69

　　二、小农经济（手工作坊）时期⋯⋯⋯⋯⋯⋯⋯⋯⋯⋯⋯⋯⋯70

　　三、资本主义初期⋯⋯⋯⋯⋯⋯⋯⋯⋯⋯⋯⋯⋯⋯⋯⋯⋯⋯⋯70

　　四、前工业化时期⋯⋯⋯⋯⋯⋯⋯⋯⋯⋯⋯⋯⋯⋯⋯⋯⋯⋯⋯72

　　五、工业化时期⋯⋯⋯⋯⋯⋯⋯⋯⋯⋯⋯⋯⋯⋯⋯⋯⋯⋯⋯⋯73

　　六、后工业化时期⋯⋯⋯⋯⋯⋯⋯⋯⋯⋯⋯⋯⋯⋯⋯⋯⋯⋯⋯73

　　七、创新开创未来⋯⋯⋯⋯⋯⋯⋯⋯⋯⋯⋯⋯⋯⋯⋯⋯⋯⋯⋯74

　　八、管理阶段划分与界定⋯⋯⋯⋯⋯⋯⋯⋯⋯⋯⋯⋯⋯⋯⋯⋯74

第二章　早期管理⋯⋯⋯⋯⋯⋯⋯⋯⋯⋯⋯⋯⋯⋯⋯⋯⋯⋯⋯⋯⋯81

　第一节　早期管理实践案例⋯⋯⋯⋯⋯⋯⋯⋯⋯⋯⋯⋯⋯⋯⋯⋯82

　第二节　早期管理思想产生的背景⋯⋯⋯⋯⋯⋯⋯⋯⋯⋯⋯⋯⋯86

　第三节　早期管理的基本内涵⋯⋯⋯⋯⋯⋯⋯⋯⋯⋯⋯⋯⋯⋯⋯89

　　一、早期管理的定义⋯⋯⋯⋯⋯⋯⋯⋯⋯⋯⋯⋯⋯⋯⋯⋯⋯⋯89

　　二、早期管理与中外管理学派的关联⋯⋯⋯⋯⋯⋯⋯⋯⋯⋯⋯89

　　三、早期管理的特点⋯⋯⋯⋯⋯⋯⋯⋯⋯⋯⋯⋯⋯⋯⋯⋯⋯⋯90

　　四、早期管理的局限性⋯⋯⋯⋯⋯⋯⋯⋯⋯⋯⋯⋯⋯⋯⋯⋯⋯92

　第四节　管理阶段的递进⋯⋯⋯⋯⋯⋯⋯⋯⋯⋯⋯⋯⋯⋯⋯⋯⋯93

第三章　家长式管理⋯⋯⋯⋯⋯⋯⋯⋯⋯⋯⋯⋯⋯⋯⋯⋯⋯⋯⋯⋯95

　第一节　家长式管理实践案例⋯⋯⋯⋯⋯⋯⋯⋯⋯⋯⋯⋯⋯⋯⋯96

第二节　家长式管理产生的背景 …………………… 104

第三节　家长式管理的基本内涵 …………………… 106

　　一、家长式管理的定义 ……………………………106

　　二、家长式管理与中外管理学派的关联 ……………106

　　三、家长式管理的特点 ……………………………108

　　四、家长式管理的局限性 …………………………110

第四节　管理阶段的递进 …………………………… 111

第四章　经验式管理 …………………………………… 113

第一节　经验式管理实践案例 ……………………… 114

第二节　经验式管理产生的背景 …………………… 121

第三节　经验式管理的基本内涵 …………………… 122

　　一、经验式管理的定义 ……………………………122

　　二、经验式管理与中外管理学派的关联 ……………123

　　三、经验式管理的特点 ……………………………123

　　四、经验式管理的局限性 …………………………125

第四节　管理阶段的递进 …………………………… 126

第五章　科学化管理 …………………………………… 127

第一节　科学化管理实践案例 ……………………… 128

第二节　科学管理理论产生的背景 ………………… 149

　　一、科技革命与经济危机对管理的新要求 …………149

二、工业化进程对管理的迫切需要……………………………………150

　　三、工业革命以来管理思想的积淀……………………………………150

第三节　管理科学性与科学化管理 …………… 152

　　一、管理的科学性………………………………………………………152

　　二、科学化管理与科学管理理论………………………………………153

第四节　科学化管理理论体系 …………… 155

　　一、科学化管理的理论架构金字塔："三化、三高、三严"……………………………………………………………………155

　　二、科学化管理的主体："三化"………………………………………157

　　三、科学化管理的标准："三高"………………………………………164

　　四、科学化管理的保障："三严"………………………………………168

第五节　科学化管理理论创新的实践意义 …………… 172

　　一、科学化管理的理论架构及内涵……………………………………172

　　二、"三化""三高""三严"的内在关联和递进关系……………173

　　三、科学化管理内容要求………………………………………………173

　　四、科学化管理理论的实践意义………………………………………174

第六节　科学化管理理论的基本内涵 …………… 177

　　一、科学化管理的定义…………………………………………………177

　　二、科学化管理与中外管理学派的关联………………………………177

　　三、科学化管理的特点…………………………………………………178

　　四、科学化管理的局限性………………………………………………180

第七节　管理阶段的递进 …………… 181

第六章　现代化管理 …… 183

第一节　现代化管理实践案例 …… 184

第二节　现代化管理产生的背景 …… 200

一、战后经济的重建 …… 201

二、科学技术的迅猛发展 …… 201

三、企业结构的深刻变化 …… 202

第三节　现代化管理理论的基本内涵 …… 203

一、现代化管理的定义 …… 203

二、现代化管理与中外管理学派的关联 …… 203

三、现代化管理的特点 …… 204

四、现代化管理的局限性 …… 206

第四节　管理阶段的递进 …… 208

第七章　虚拟化管理 …… 211

第一节　虚拟化管理实践案例 …… 212

第二节　虚拟化管理产生的背景 …… 218

第三节　虚拟化管理的运作模式 …… 221

一、虚拟生产 …… 221

二、虚拟销售 …… 222

三、虚拟组织 …… 223

四、战略联盟 …… 223

第四节 虚拟化管理的实施条件 ………… 224
　　一、更新经营理念………………………… 224
　　二、培养核心能力………………………… 225
　　三、充分利用新技术……………………… 226
　　四、选择信任合作伙伴…………………… 226

第五节 虚拟化管理的基本内涵 ………… 227
　　一、虚拟化管理的定义…………………… 227
　　二、虚拟化管理与中外管理学派的关联… 227
　　三、虚拟化管理的特点…………………… 228
　　四、虚拟化管理的局限性………………… 231

第六节 管理阶段的递进 …………………… 232

第八章 创新管理 ………………………………… 233

第一节 创新管理实践案例 ………………… 234

第二节 创新管理产生的背景 ……………… 247
　　一、社会文化环境的变迁………………… 247
　　二、经济的发展变化……………………… 248
　　三、科学技术的发展……………………… 248
　　四、人类认识的飞跃……………………… 249

第三节 创新理论及其发展 ………………… 251
　　一、创新理论的提出……………………… 251
　　二、创新理论的发展……………………… 253
　　三、学习型组织…………………………… 255

第四节　创新管理的主要内容 …………………………… 260
　　一、观念创新…………………………………………… 260
　　二、技术创新…………………………………………… 263
　　三、机制创新…………………………………………… 275
　　四、人力资本创新……………………………………… 279

第五节　创新管理与管理创新 …………………………… 282
　　一、完整性比较………………………………………… 282
　　二、阶段性比较………………………………………… 283
　　三、局限性比较………………………………………… 283
　　四、包容性比较………………………………………… 283

第六节　创新管理的步骤、维度和过程 ………………… 284
　　一、创新管理的步骤…………………………………… 284
　　二、创新管理的维度及过程…………………………… 286

第七节　创新管理工具及实施条件 ……………………… 287

第八节　创新管理的基本内涵 …………………………… 291
　　一、创新管理的定义…………………………………… 291
　　二、创新管理与中外管理学派的关联………………… 291
　　三、创新管理的特点…………………………………… 292
　　四、创新管理的演进…………………………………… 294

第九章　管理阶梯理论的实践现状 …………………… 297

第一节　管理现状 ………………………………………… 298
　　一、混合管理的客观存在……………………………… 298

二、经验式管理和科学化管理占主导地位……………300
  三、管理方式向更高阶段加速转变…………………301

第二节　发展趋势分析 ………………………………… 302
  一、管理阶梯的上升是必然趋势……………………302
  二、现代化管理和虚拟化管理将成为主导…………302
  三、创新管理开拓未来………………………………303

结语 ………………………………………………………… 305

参考文献 …………………………………………………… 307

Shirley Leitch 序

　　我很荣幸能够为张东向博士的管理学专题著作撰写序言。中国经济在全球经济中越来越重要，这必然日益引起全世界对中国管理实践发展与创新的关注。这部专题著作题目为《管理阶梯理论》，专门为那些寻求从管理学角度更好地理解中国经济成功原因的人士撰写。本书作者张东向博士在银行业领域取得了成功，拥有丰富的国际经验。作为一名实战型的管理学者，他能够把丰富的实践知识与学术理论结合在一起。因此，张东向博士非常适合撰写这样重要的一部著作。张东向博士最初是于2003年与澳大利亚国立大学结缘。当时，清华大学与澳大利亚国立大学合作在中国开设了首个管理学硕士项目，研究重点为技术与创新。张东向博士的领导能力给他的同学们留下了深刻的印象，他是首届班级班长。十四年之后，他创立了新的管理学理论学派，把中国与西方观点融合在一起，概观古代与现代思想。他的专题著作《管理阶梯理论》已经在中国荣获中国管理科学最高学术奖，这是一项重要成就。我们很高兴清华大学与澳大利亚国立大学合作管理学硕士项目有张东向博士这样的杰出毕业生。

　　作为澳大利亚国立大学的全球管理副校长，对于张博士在促进中国与澳大利亚国际了解与交流方面发挥的重要而积极的作用，我表示由衷的感谢。张博士是澳大利亚国立大学的杰出校友，他将继续担任清华大

Shirley Leitch：教授，澳大利亚国立大学全球管理副校长。

学——澳大利亚国立大学管理学硕士校友会执行副会长，继续为他的校友们服务。在2017年的澳大利亚国立大学年度颁奖典礼上，澳大利亚国立大学很高兴地授予张东向博士年度最有声望的国际校友奖。

　　澳大利亚国立大学与清华大学都是全球认可的领袖级研究型大学。通过双方共同设立的管理学硕士项目（重点关注技术与创新），这两所大学吸引并教育1000余名天才管理人，对中国经济发展作出了重要贡献。该项目的很多毕业生正在为国内与国际商业发展作出重大贡献，而张博士是这群学子中的优秀代表。我希望读者能够在这本《管理阶梯理论》的启发下，改善其在组织中的表现。同时，我希望其他校友能够以张东向博士为学习楷模，支持并为中国管理学理论的继续发展作出贡献。

2017年10月

于澳大利亚堪培拉

张晓东 序

2016年12月，第五届管理科学奖揭晓，《管理阶梯理论》从通过了初选的百余项申报或推荐的管理成果中脱颖而出，与其他五项一起荣获了这一届的学术奖。作者张东向先生此后又作为推选出的获奖者代表，在颁奖典礼上专题报告了"管理阶梯理论"，先后得到评审委员会专家和与会管理者、管理学者很高的评价。

由于组织、参与评选管理科学奖，有缘研读了《管理阶梯理论》（第1版），又由颁奖而结识东向博士。深为他作为大行行长处于管理的关键领导岗位，在孜孜不辍处理大量繁忙而责任重大公务的同时，能够坚持理论研究，尤其是管理基础理论的深度思考和探索并取得系统化成果，而由衷地钦佩和点赞。

承蒙东向博士抬爱，令为其增添了案例、加入了新的管理理论和实践、提出了管理阶梯理论与其他管理理论逻辑关联等新内容的《管理阶梯理论》（第2版）作序。我深感荣幸！同时在读完尚未付印的再版新书电子稿之后，相信它出版后将会成为帮助管理者系统了解中外管理思想、快速提高管理知识水平，启发对于管理演进、发展和提升等思考的，一本兼具理论意义和实用价值的著作。

今天，科技加速度的长足进步已将人类带入一个全球互联的新时代。云计算、大数据、物联网、区块链、无人驾驶、机器智能、量子计算、基因编辑……新技术及其术语、词汇层出不穷，令人们目不暇接、

张晓东，中国管理科学学会副会长兼学术委员会执行主任。

神不遐思。这是一个疾速变化的时代、一个打破均衡的时代、一个高度依存的时代、一个深度融合的时代。黑天鹅乱飞，非确定性成为非常确定的时代特性！

当前，处于经济新常态背景下的中国正面临日新月异的技术变革、愈演愈烈的国际竞争以及复杂多变的全球性转型变革的外部压力。同时又需要应对人口红利变化、人力成本增加、老龄化、教育等带来的人力资源问题，以及能源、原材料、环境和利用效率等带来的自然资源日益短缺等问题；还有产能过剩和有效供给不足并存的结构性问题；以及产业链位势、质量、工艺等能力问题……

这一系列的问题构成了急需提质增效的内在张力。而解决这些问题的核心其实就是管理，是创新。创新，成为这个时代最受关切而又最为关键的主题之一。管理阶梯理论正是将创新放在管理的最高阶位置，指出："一切都离不开创新管理"，"创新管理是企业开拓未来的必由之路"。

管理阶梯理论同时提出了创新管理的系统性、全员性、变革性、自发性、持久性、先进性等六个特性，和制度化、标准化、规范化、网络化、人性化、虚拟化、全球化、宇宙化、智能化"十化"特点等。针对作者梳理的中西方各九大管理学派，以及作者所划分的包括创新管理在内的七个管理阶段的每一部分，作者均展现出类似的系统思考和独特的观点。在纵横剖析之后指出实际中多以混合管理的方式多阶段管理方式相互融合运用。全书无不四处闪烁着管理思考的创新火花。数年前郭重庆院士就呼吁"该中国管理学者登场了"，《管理阶梯理论》做出了响应，可谓为中国管理搭了新阶梯。

祝贺东向博士再版新书的面世！也藉此期待更多的中国管理学者登场，愿中国管理为这个大时代做出大贡献。

2017年10月

于中国管理科学学会学术中心

魏杰序

当前中国三十多年的改革开放正取得世界瞩目的成就，在中国经济和企业加速全球化的过程，中国管理也走出国门，走向世界，为世界管理科学的发展贡献中国管理智慧与力量。当中国经济在世界上的地位越来越重要时，属于中国管理的新时代也已到来。美国管理学家彼得德鲁克认为，未来伟大的管理理念，很有可能来自中国。

张东向先生的《管理阶梯理论》（第2版）正是这样一本学贯东西，融汇古今的管理学术专著和管理指导书。张东向先生是中国改革开放、中国企业快速成长的见证者和参与者。或许是基于他在中国和澳洲知名高校的教育背景和在中国、德国、巴西等国家常年的国际化管理实务，使他兼具开阔的管理维度和深刻的理论洞察。张东向先生研究五千年中西方管理思想，结合中国改革开放大背景下海内外管理实践，首创管理理论递进逻辑，撰写"管理阶梯理论"专著，填补了全球管理学的理论空白。这既有国际视野的深厚积累和前沿观察，又有创造性的中国智慧和丰富实践，构建了鲜明的中国自主管理思想体系，引导了管理学视角下国际学术话语体系的中国转向。

伴随全球化和互联网技术的发展，世界将变得越来越"平"。中国企业更加深入和广泛的参与到世界经济秩序中，交易双方是否使用同一个话语系统，不仅关乎活动的成功与否，而且直接影响双方企业绩效。同样，跨国公司的管理实践，也需要管理者和被管理者双方使用一套彼此认同的话语体系，来保证企业有效运行。

魏杰：清华大学经济管理学院教授。

《管理阶梯理论》就提供了这样一种话语体系，其贯通中西的管理思想，使企业和其他经济组织在跨国跨文化的情境下，能采用同一个话语体系，研究彼此共同提出的问题，提出具备可操作性的解决方案，这不仅有效地提升了双方的沟通效率，而且使得跨国公司的管理、组织的跨文化管理同样成为一种高效的管理活动，从全球化角度有效提升了社会发展水平。

　　《管理阶梯理论》（第2版）保持了第一版的精华部分，又对第一版中的部分案例和理论进行了更新，特别是对管理思想演进的历史及未来发展趋势进行了分析，指明了创新管理正在不断寻求突破的现实，更具时代感，是管理学界和企业管理者，特别是现代国际化企业和创新企业值得深读的一本好书。

2017年10月

于北京

第一章
管理思想演进与管理阶梯的形成

第一节　管理综述

一、管理的重要性与必要性

众所周知，企业之间的竞争，归根到底是人才的竞争。人才竞争的核心是管理，管理可谓是企业的灵魂，是企业生存发展的关键。历史不止一次证明，平庸的管理者可以使兴盛的企业走向衰落，优秀的管理者可以使濒临倒闭的企业起死回生。

因为管理不善导致企业破产的案例数不胜数。有人曾戏言，"眼看他起高楼，眼看他宴宾客，眼看他楼塌了"，生动形象地描绘了企业从无到有、从有到无，由盛而衰、走向破产的短暂生命周期。

依靠管理"力挽狂澜"，使企业走出困境的案例也是不胜枚举。比如，日本"经营之圣"稻盛和夫拯救日航，"苹果教父"乔布斯拯救苹果，"电子商务巨子"郭士纳拯救IBM，都是在企业危难之际用管理一举扭转乾坤的典范。

由此及彼，中国中小企业的平均寿命仅2.5年，中国集团企业的平均寿命仅7～8年，与欧美企业平均寿命40年、日本企业平均寿命58年相比，简直就是天壤之别。差距的背后，缺乏行之有效、行之长久的管理是关键原因。

事实上，管理不仅存在于企业，管理对于家庭和社会也有着至关重要的作用。试想，如果没有管理或者管理不善，将会产生什么结果？对这个问题，我们可以从三个案例窥知一二。

案例1　男孩的长裤

有一个男孩子第一次得到一条长裤，穿上一试，裤子长了一些。他请奶奶帮忙把裤子剪短一点，可奶奶说，眼下的家务事太多，让他去找妈妈。而妈妈回答他，今天她已经同别人约好去玩桥牌。男孩子又去找姐姐，但是姐姐有约会，时间就要到了。这个男孩子非常失望，担心明天穿不上这条裤子，他就带着这种心情入睡了。

奶奶忙完家务事，想起了孙子的裤子，就去把裤子剪短了一点；姐姐回来后心疼弟弟，又把裤子剪短了一点；妈妈回来后同样也把裤子剪短了一点。可以想象，第二天早上大家会发现这种没有管理的活动所造成的恶果。

案例2　三个和尚挑水后传

"一个和尚挑水吃，两个和尚抬水吃，三个和尚没水吃"的寺庙怪相传到总寺后，总寺的方丈高度重视，立即空降了一名主持和一名书记，共同负责解决这一问题。主持上任后，发现问题的关键是管理不到位，于是内外并举推出了系列举措，对内成立寺庙管理部负责制定分工流程，对外通过"走出去"和"请进来"相结合方式学习新的管理理念和方式。书记通过观察，认为问题的关键在于人才没有充分利用、寺庙文化没有建设好，于是成立了人力资源部和寺庙工会等部门，实行竞聘上岗和定岗定编。

几天后初见成效，三个和尚开始拼命挑水，可问题是怎么挑也不够喝，而且由于小和尚都忙于挑水，无暇顾及念经，香客和香火钱也越来越少。为了解决收入问题，寺庙决定成立专门的挑水部和烧香部，并提拔了十几名基层干部充实管理力量。老问题终于缓解，但沟通协调等一系列新问题又跟着来了。因此寺庙又先后成立了喝水响应部、香火钱管理部、打井建设部、综合部等部门，并把寺庙整个变成办公区，香客烧香只许在山门外烧。随着部门、管理者的增加，文山会海问题又出现了。于是寺庙又成立了精简机构办公室、机构改革研究部、经营分析部等部门。

寺庙空前热闹起来，有的拼命挑水、有的拼命念经、有的拼命协调、有的拼命分析，但忙来忙去，香火钱和喝水的问题还是没有解决。大家众说纷纭，忙着找问题根源，给出了流程问题、职责问题、界面问题、考核问题等多种答案。但只有最早挑水的那三个和尚最清楚问题的关键所在，那就是机构臃肿问题。总部越来越庞大，基层越来越忙碌，成本越来越高，客户越来越不满。究其原因，还是由于管理的无效性造成的。

案例3　三分靠技术，七分靠管理

第二次世界大战后，一些英国专家小组去美国学习工业方面的经验。他们很快就发现，英国在工艺和技术方面并不比美国落后很多。然而，英国的生产率水平同美国相比为什么相差得如此悬殊呢？进一步的调查发现，英国工业在生产率水平方面比较低的主要原因在于英国的组织管理水平远远落后于美国。而美国经济发展速度比英国快，其最主要的原因就是依靠较高的管理水平。

国外经济学家经过调查研究，分析认为"三分靠技术，七分靠管理"。美国前国防部长麦克纳马拉也曾说过，美国经济上的领先地位和强大竞争力，与美国在管理科学上的突飞猛进显然具有内在联系。

以上三个案例，分别从家庭、企业、国家三个层面说明了管理的重要性和必要性。具体而言：

（一）家庭层面

从家庭层面来看，管理是保证生活有序的重要手段。家庭作为最普遍、最常见的集体单元，必然涉及集体活动。在没有管理活动协调时，集体中每个成员的行动方向并不一定相同，甚至可能互相抵触。即使目标一致，由于没有整体的配合，也达不到总体的目标。"男孩的长裤"的故事，就是典型的因为信息不对称，缺乏必要的统筹管理，造成生活杂乱无章的真实写照。

（二）企业层面

从企业层面来看，管理是保证企业有效运行所必不可少的条件。寺庙也是一个企业组织，寺庙之所以无法正常运转甚至陷入颓废局面，正是因为缺乏有效的管理，没有实现资源的最优配置和最优利用。这也是企业管理中存在的普遍现象。调查显示，我国平均每天有1.2万户企业诞生，同时每天也有近2800家企业倒闭。每100家破产倒闭的企业中，85%是因为企业管理不善所致。任正非在谈华为成功的基因和秘诀时，也将管理列为企业成功的核心内核。

（三）国家层面

从国家层面来看，管理水平的高低直接影响国家的竞争力。从一定意义上讲，管理过程也就是资源的配置和利用过程，随着人类的进步和经济的发展，管理所起的作用越来越大。当今世界，各国经济水平的高低很大程度上取决于其管理水平的高低。国外一些学者的调查统计结果，"三分靠技术，七分靠管理"也证实了这一点。

由此可见，小到一个家庭，大到一个国家，缺乏管理或管理混乱，其局面必然是混乱不堪，个人及社会的生存与发展也就会遇到困难。特别是在全球经济一体化的浪潮下，我国企业将面对更加激烈的国内外竞争形势，不加强管理，就不可能提高市场竞争力，就会在国际化的舞台上被淘汰出局。国有企业如此，民营企业如此，大型企业如此，中小企业亦如此。

事实上，人类社会的发展史同时也就是一部管理发展史。历史已经证明，生产力越发达，人类社会越进步，管理也就越重要。更有意义的是，一个社会的管理水平越高，其生产力发展越快。管理与科学技术构成现代生产力发展和社会前进的两只轮子已成为共识。

二、管理概念的界定

管理是人类社会一项重要的社会活动。在不同的历史阶段，不同的人物或不同背景的人，由于所持观点的不同，对管理的概念也有不同的定义和解释。管理定义自古即有，但什么是管理，从不同的角度出发，可以有不同的理解。从字面上看，管理有"管辖""处理""管人""理事"等意，即对一定范围的人员及事务进行安排和处理。但是这种字面的解释是不可能严格地表达出管理本身所具有的完整含义。

人类社会的发展史同时也就是一部管理发展史。历史已经证明，生产力越发达，人类社会越进步，管理也就越重要。更有意义的是，一个社会的管理水平越高，其生产力发展越快。管理与科学技术构成现代生产力发展和社会前进的两只轮子已成为共识，具体来看，管理在如下两个方面发挥着不可替代的作用。

当前，美国、日本以及欧洲各国的一些管理学著作的定义，如：

——管理就是由一个或者更多的人来协调他人的活动，以便收到个人单独活动所不能收到的效果而进行的活动。

——管理就是计划、组织、控制等活动的过程。

——管理是筹划、组织和控制一个组织或一组人的工作。

——管理就是通过其他人来完成工作。

——斯蒂芬.P.罗宾斯说:"管理,是指同别人一起,或通过别人使活动完成得更有效的过程。"

——管理就是决策。

——管理就是领导。

管理一词还有很多的定义,这些定义从不同的角度、不同的侧面反映出管理的性质的某个方面。笔者认为,管理的概念要从更宏观的角度来看,既不能失之偏颇,又不能浅尝辄止,本书采用清华大学教授徐国华、张德、赵平编纂的《管理学》一书中对管理的定义:

管理是通过计划、组织、控制、激励和领导等环节来协调人力、物力和财力资源,以期更好地达成组织目标的过程。

这一定义的解释有三层含义,基本涵盖了管理所涉及的各方面的内容:

第一层含义说明了管理采用的措施有计划、组织、控制、激励和领导这五项基本活动。这五项活动又被称之为管理的五大基本职能。所谓职能,是指人、事物或机构应有的作用。每个管理者工作时都是在执行这些职能的一个或几个。

简言之,计划职能包括对将来趋势的预测,根据预测的结果建立目标,然后要制定各种方案、政策以及达到目标的具体步骤,以保证组织目标的实现。

组织职能一方面是指为了实施计划而建立起来的一种结构,这种结构在很大程度上决定着计划能否得以实现;另一方面是指为了实现计划目标所进行的组织过程。

控制职能是与计划职能密切相关的，它包括制定各种控制标准；检查工作时都按计划进行，是否符合既定的标准；若工作发生偏差要及时发出信号，然后分析偏差发生的原因，纠正偏差或制定新的计划，以确保实现组织的目标。

激励职能和领导职能主要涉及的是组织活动中人的问题：要研究人的需要、动机和行为；要对人进行指导、训练和激励，以调动他们工作的积极性；要解决下级之间的各种矛盾；要保证各组织、各部门之间信息渠道畅通无阻等。

管理定义中的第二层含义是第一层含义的目的，即利用上述措施来协调人力、物力和财力方面的资源。

管理定义中的第三层含义又是第二层含义的目的。协调人力、物力和财力资源是使整个组织活动更加富有成效，这也是管理活动的根本目的。

三、管理的影响因素

管理总是在一定的环境中进行的，必然会受到环境的约束。管理的艺术性强调管理要因时因地而异，也就是强调要注意环境影响。影响管理的环境因素主要有以下几个方面。

（一）经济形势和经济发展水平

经济形势和经济发展水平是制约管理的经济系统因素。经济形势主要指管理者目前所处的总体的经济形势和所在行业、地区的经济形势。它主要决定组织所面临的市场竞争状况，物力、财力资源的供给，劳动力供给状况和职工队伍的稳定性等。经济发展水平则决定着人们的收入水平，由此决定人们的需求层次和结构；经济发展水平还决定着生产组织形式，所使用的劳动工具的技术水平，以及由此产生的分工协作方式。在市场经济中，市场机制、市场体系的完善程度也是制约管理的重要因素。

管理体制与经济基础相互制约：一是经济基础决定管理体制。经济基础决定着人们在经济关系中的地位和作用，从而决定管理活动的组织构造、价值取向和行为方式的社会倾向。二是管理体制影响经济基础。管理体制是管理权的组织结构及控制制度的总和，表现为组织结构、职权划分、运行机制和领导方式等方面。管理体制影响经济基础的组织形式、运作程序和调控方式，从而影响经济基础建立、巩固和发展的结构、规模和速度。三是经济基础与管理体制相互制约。经济基础决定管理体制的组织构造、价值取向和行为方式，离开经济基础支持的管理体制，将会成为抽象的虚拟游戏；管理体制影响经济基础的组织形式、运行程序和调控方式，离开管理体制运筹的经济基础，将会成为静止的经济关系。

（二）社会制度和政治法律制度

管理具有社会属性，任何一种管理体制，无不打上所依存的社会制度的烙印。除此之外，管理体制、管理方式还受具体的政治法律制度的制约。如有些国家法律明确规定工人必须参加企业的管理，有些国家却无类似规定。管理过程必须合法，管理还必须贯彻一定的路线、方针和政策。这些都将约束管理过程和管理者。

管理行为与上层建筑的关系：一是上层建筑规定管理行为。上层建筑是建立在一定经济基础之上的意识形态及其与之相适应的政治、法律制度和机构设施，包括政治上层建筑和思想上层建筑，表现为人与人之间的思想、政治和组织联系。政治、法律、管理共同构成政治上层建筑。上层建筑规定管理行为的组织体制、指导思想和行为规范，从而规定管理行为的内容、任务和方向。二是管理行为表现上层建筑。管理行为是管理活动的行为方式，表现为政治、立法、行政、司法、军事、经济、文化多种手段。管理行为表现上层建筑的阶级属性、基本原则和治理意图，为实现上层建筑的目标任务提供组织形式、控制手段和传导机制。三是管理行为与上层建筑互为表里。上层建筑规定管理行为的目标任务、组织体制、指导思想和行为规范，离开上层建筑主导的管理行为，将会成为盲目的无头苍蝇；管理行为表现上层建筑的组织形式、控制手段、传导机制和实现方式，离开管理行为运作的上层建筑，将会成为僵硬的机器设备。

（三）历史文化传统

历史文化传统指一个社会在长期的发展过程中形成的，并具有相当稳定性和影响力的行为规范、价值取向、风俗习惯等。历史文化传统对人们行为的约束力不同于成文的法律法规，它以人们的自觉自愿遵守为前提。所以，历史文化传统不像成文的法律法规那样看得见，摸得着，却又是实实在在可感受到的，许多方面的影响既深且广，是制约管理因素中最为重要的"软"因素，或称"软"环境。在管理环境系统的讨论中，我们着重讨论历史文化传统的作用。文化因素对管理的影响主要表现在以下几个方面。

1. 影响管理的具体形式

在一个管理系统中，最主要的人际关系是管理者与被管理者、管理者与管理者、被管理者与被管理者之间的关系。社会文化对组织内人际关系的影响是十分明显的。如美国文化强调个人的独立性，坚持人际关系中的距离感，管理与被管理者之间的等级分明，界限清楚。在组织中，管理者与被管理者之间，被管理者与被管理者之间只有工作关系，个人感情一般不能带入工作交往中。

日本文化强调集体主义和互助合作，因而在企业中强调上下级相互依赖，互相合作。在组织中，除了工作关系外，还有感情关系，组织内的一切活动都公开，以便让每一个人了解。

和谐的人际关系是提高管理效率的重要条件。当今所兴起的企业文化浪潮，其目的就是要通过企业文化的塑造，在企业中建立起良好的人际关系和文化氛围，使企业管理过程与社会文化作用机制统一起来，协调起来。一个管理者在实施管理时，必须充分了解所处的文化环境。

2. 影响管理手段的选择

管理因人而异，这句话的意思是同一个问题如果发生在不同人的身上，往往要使用不同的管理手段来解决。选择管理手段的决定因素不外乎两个：一是被管理者个人的气质与性格，二是所处的文化环境。如美国文化认为讲面子是不成熟的表现，谁有了缺点当面指出来没有什么不可接受的，当面承认错误也不丢什么面子。但东方文化觉得面子与个人的自尊心相联系，不给面子就会伤害对方的自尊心。所以，在美国企业中，上级对下级的当面批评指责视为理所当然，但在东方文化企业中，不少批评都是在较小的范围内进行的。

文化对管理手段、管理方式选择的影响带有普遍性，进而影响到管理体制的形成。如日本企业普遍实行集体决策制，与之形成鲜明对照的是个人主义突出的美国企业普遍实行个人决策、个人负责制。

3. 影响组织的协调和沟通

在正式组织中，每一个人都有自己的角色定位。这种角色定位确定了个人的职责权力及其与组织内其他成员的关系，包括与他人的分工协作关系。

无数的实践证明，仅依靠正式职位形成的关系来协调和沟通是不够的。因为一个组织不是一部机器，成员也不是零部件。每一个成员都有自己的情感好恶，他们会自然地被带入正式的协调和沟通中去，非正式的协调和沟通对组织来说不仅不可避免，而且还十分必要。但不同的文化对待非正式沟通的态度是不一样的，所选择的具体方式也不相同。根据所处的文化环境选择合适的协调沟通方式，是管理艺术性的体现。

总之，文化对管理者有着强有力的影响。要想成为一个合格的管理者，必须深入了解组织所处的文化环境，组织内部人员构成及其所持的价值观、行为规范等，否则，难以建立起有效的管理体制。

第二节　中外管理学派的分类

追溯管理学的智慧源泉，拓宽管理学的研究边界，人类发展历史上涌现出许许多多的管理研究者，提出了一些卓有建树的管理思想和管理理论，也产生了众多管理学派。从国内外两个角度分析来看，迄今为止西方管理学已有240多年历史，形成了古典管理、行为科学、现代管理等诸多管理理论，也涌现了诸多管理学派。中国虽然没有形成系统的管理理论，但却有着几千年的管理思想渊源，形成了以诸子百家为代表的中国式管理思想。根据历史上各个学派的主要学术观点，笔者认为可以分为西方和中国各九大管理学派。

一、西方九大管理学派

（一）科学管理学派

代表人物是"科学管理之父"弗雷德里克·温斯洛·泰勒。泰勒于1856年出生于美国宾夕法尼亚州费城的一个中产阶级家庭，是美国著名的工程师和管理学家，西方古典管理理论的主要代表，科学管理理论的创始人。他第一次系统地把科学方法引入管理实践，集前人管理思想和实践经验之大成，创立了科学管理，首开西方管理理论研究之先河，使管理从此真正成为一门科学，并得到发展。泰勒在一生中从事了大量的生产实践活动，亲身参加了企业管理工作，这些经历从实践上为他积累了丰富的经验，从而使他与科学管理结下不解之缘。

《科学管理原理》一书是泰勒的代表作，是泰勒本人管理思想与研究成果的集中体现。该书提出科学管理的普遍采用会使生产能力普遍地成倍增长，这对整个国家意味着：工作时间得以缩短，人们所需要的生活必需品和奢侈品有可能双双增产以及教育、文化和娱乐生活的飞速增长等等。

《科学管理原理》出版于1911年，当时美国经济的发展和企业中劳动生产率的提高远落后于科学技术的成就和国内外经济条件所提供的可能性。泰勒作为具有科学技术知识的工程技术人员和管理人员的代表，集中思考改进管理、提高效率的可能性，将科学方法系统地引入管理实践中以取代传统的经验管理。

1. 泰勒"科学管理"的主要内容

泰勒科学管理思想是在当时条件下以解决劳资矛盾为突破口进而提高企业的工作效率为目的，在有针对性地进行了一系列实践探索的基础上提出的。这一思想有以下三方面的内容。

（1）作业管理

制定科学的工作方法，制定培训工人的科学方法，实行激励性的报酬制度。

（2）组织管理

把计划的职能和执行的职能分开，提出了职能工长制、例外原则。

（3）管理哲学

管理所一直追求的目标，是人们的自觉性、责任心和主动性的形成。但管理实践中，管理自己已经进入了一个怪圈：用于刺激人们积极性的投入越来越大，所产生的激励效果却越来越差。这也是泰勒所说的"科学管理的实质，就是伟大的心理革命。"泰勒认为科学管理在实质上包含着要求工人、管理者双方进行一场全面的心理革命，这场心理革命就是"双方把注意力从被视为最重要的分配剩余的问题上移开，而共同把注意力转向增加剩余上，一直到剩余大量增加，以至没有必要就如何分配剩余的问题进行争吵为止"。劳资双方不再对抗而是友好合作、共同努力，使企业利润大增。泰勒的科学管理实际上是一种转变人性的管理，从传统的小农意识转变为现代的社会化大生产的思想意识，这也是一场十分艰巨的革命。尽管在当时采用极其严酷的方法来促成这场革命，但这在管理史上是具有划时代意义的。

2. 泰勒科学管理理论的特点

泰勒的科学管理思想具有科学性、规范性的显著特点。

（1）科学性

泰勒的科学管理理论归纳为四个方面：第一，管理人员把过去工人们通过长期实践积累的传统知识、技能、诀窍集中起来，编成表格，然后概括为规律和守则甚至数学公式，再在全厂工人中实行。第二，科学地选择和不断培训工人。一方面研究每一个人的性格、表现和能力；另一方面，更重要的是发现每个工人向前发展的可能性，并且逐步地、系统地训练，帮助和指导每个工人，为他们提供上进的机会。这样，使工人在雇用他工作的公司里，能够担任最高的、最有兴趣的、最有利的、最适合他能力的工作。第三，把科学地选择和培训出来的工人，强制性地使用科学的工作方法，"让工人更聪明"而不是更辛苦地工作。第四，工人与管理方保持不断的和亲密的合作，形成一种令双方心情愉快的工作环境，从而提高劳动效率。此外，在具体管理方法上，他也非常讲究科学，主张在科学的工时研究和动作分析的基础上，制定合理工定额；主张对工人的工作和环境进行科学研究，以确定标准化的工具、材料和操作方法，并对工人的劳动和休息时间进行科学搭配，使工人不用增加劳动而能增加工效。他认为科学研究和科学数据不单是标准和制度的基础，而且也是企业和睦协作的基础。工人和资方和睦协作的最大障碍，在于资方对此事的无知，即资方不清楚构成每个工人一天合理工作的标准究竟是什么。他认为管理缺乏科学性是工人磨洋工和企业效率低的根本原因，因此，他呼吁在管理的各个方面用科学方法代替旧的个人判断或个人意见。泰勒管理思想的科学性还表现为它在实践中的可行性。泰勒把其管理思想运用于米德维尔钢铁厂和伯利恒钢铁厂的管理实践，指导了福特公司的管理变革，都取得了巨大的成功，劳动效率成倍提高，在不延长劳动时间的情况下，工人平均产量增加了1倍多，工资增加30%～100%，工人在生活水平提高的同时，思想文化素质也得到了提高。他们更爱学习，更珍惜劳动成果，更易合作，工作更愉快。因此，即使在罢工频繁的年代，这些工厂也没发生过一次罢工事件。

（2）规范性

泰勒认为"最佳的管理是一门实在的科学，基础建立在明确规定的纪律、条例和原则上"。他的管理实际上是一种规范化、标准化的管理。用培训来教给工人完成任务的技能，用科学研究来制定标准和规章制度并据此规定和下达任务，用奖惩等激励机制来保证任务的完成。这是泰勒科学管理的三部曲，其核心就是工作任务的标准化、规范化和制度化。泰勒认为，规范化、制度化是企业大规模生产的基本要求，是任何先进管理思想得以实施的基础，是实现科学管理的依据。只有制定严格的规范，企业具体工作按章进行，主管人员才能集中精力于企业的大政方针和处理少数例外事件，工人的行动才能有章可循。否则，势必造成管理的随意和生产的混乱。当然，严格的规范也并非随意制定，而必须建立在科学研究的基础之上。因为规章制度只有科学、合理，才能得到职工的理解支持和贯彻执行。严格的规范还必须是明确的。泰勒认为，规范或指示不明确，使人产生误解，是引起管理双方矛盾、造成效率低下的重要原因。他主张企业内部必须有明确的规范，明确的权利义务，明确的操作方法和程序，明确的目标，进行明确的控制。这样才能避免劳资双方遇事相互推诿和指责，提高劳动生产效率。

操作规范化使规范从物扩大到人，管理规范化把规范对象从工人扩大到管理人员。在所有这些标准化、规范化基础上制定的规章制度成了企业的法典，从而使规范化、标准化成为整个企业运行的基础，这就是所谓的科学的管理制度，泰勒完成了这个制度的框架和基础。今天任何先进的管理制度都是在这一基础上建立起来的。可以说，没有管理的规范化，就没有管理的科学化。

泰勒的实际贡献是：用技术解放了生产力，用思想为行为科学的诞生提前放起了"喜炮"。其著作《科学管理原理》一书引起了当时美国企业界和管理学界的广泛关注，泰勒所倡导的科学管理制度被称为"泰勒制"。时至今日，泰勒本人及其《科学管理原理》一直被奉为管理人不可不知的经典。

（二）管理过程学派

代表人物是"管理过程理论之父"亨利·法约尔。法约尔于1841年出生在法国的一个小资产者家庭。法约尔首次提出了管理的五大职能，即"计划、组织、指挥、协调、控制"。

法约尔一生都在从事实际生产经营和研究管理，在长期担任企业的最高领导人的过程中，积累了管理大企业的经验，到75岁时才发表《工业管理和一般管理》这部划时代的光辉著作。法约尔认为，泰勒的科学管理理论同他的理论是相互补充的，因为他们都想努力通过不同的分析方法来改进管理。泰勒的研究是从"车床前的工人"开始，重点内容是企业内部具体工作的效率。法约尔的研究则是从"办公桌前的总经理"出发的，以企业整体作为研究对象。

1. 法约尔一般管理理论的主要内容

（1）从企业经营活动中提炼出管理活动

法约尔区别了经营和管理，认为这是两个不同的概念，管理包括在经营之中。通过对企业全部活动的分析，将管理活动从经营职能中提炼出来，成为经营的第六项职能。进一步得出了普遍意义上的管理定义，即"管理是普遍的一种单独活动，有自己的一套知识体系，由各种职能构成，管理者通过完成各种职能来实现目标的一个过程"。

法约尔还分析了处于不同管理层次的管理者各种能力的相对要求，随着企业由小到大、职位由低到高，管理能力在管理者必要能力中的相对重要性不断增强，而其他诸如技术、商业、业务、安全、会计等能力的重要性则会相对下降。

（2）倡导管理教育

法约尔认为管理能力可以通过教育来获得，"缺少管理教育"是由于"没有管理理论"，每一个管理者都按照他自己的方法、原则和个人的经验行事，但是谁也不曾设法使那些被人们接受的规则和经验变成普遍的管理理论。

（3）提出五大管理职能

法约尔将管理活动分为计划、组织、指挥、协调和控制五大管理职能，并进行了相应的分析和讨论。管理的五大职能并不是企业管理者个人的责任，它同企业经营的其他五大活动一样是一种分配于领导人与整个组织成员之间的工作。

（4）提出十四项管理原则

工作分工。这条原则与亚当·斯密的"劳动分工"原则是一致的。专业化使雇员们的工作更有效率，从而提高了工作的成果。

①劳动分工。劳动分工是劳动专业化的客观要求，它不是仅仅适用技术工作和基础岗位，而且应当在管理和职能权限划分方面普遍采用。

②职权。管理者必须有命令下级的权力，职权赋予管理者的就是这种权力。但是，责任应当是权力的孪生物，凡行使职权的地方就应当建立责任。

③纪律。雇员必须遵守和尊重统治组织的规则，良好的纪律是有效的领导者造就的。对管理者与工人间关系的清楚认识关系到组织的规则。明智地运用惩罚以对付违反规则的行为。

④统一指挥。每一个雇员应当只接受来自一位上级的命令。

⑤统一领导。每一组具有同一目标的组织活动，应当在一位管理者和一个计划的指导下进行。

⑥个人利益服从整体利益。任何雇员个人或雇员群体的利益不应当置于组织的整体利益之上。

⑦报酬。对工作人员的服务必须付给公平的工资。

⑧集中。集中是指下级参与决策的程度。决策制定是集中还是分散，只是一个适当程度的问题，管理当局的任务是找到在每种情况下最适合的集中程度。

⑨等级链。从最高层管理到最低层管理的直线职权代表了一个等级链，信息应当按等级链传递。但是，如果遵循等级链会导致信息传递的延迟，则可以允许横向交流，条件是所有当事人统一通知各自的上级。

⑩秩序。人员和物料应当在恰当的时候处在恰当的位置上。

⑪公平。管理者应当和蔼地、公平地对待下级。

⑫人员的稳定。雇员的高流动率是低效率的，管理当局应当提供有规划的人事计划，并保证有合适的人选接替职务的空缺。

⑬首创精神。允许雇员发起和实施他们的计划将会调动他们的极大热情。

⑭团结精神。鼓励团队精神将会在组织中建立起和谐和团结的氛围。

2. 对法约尔管理思想的评价

（1）法约尔对管理"普遍性"的论述是管理思想发展上的一个重大贡献。法约尔提出：管理是可以应用于一切事业的一种独立活动；随着一个人在职务上的提升，越来越需要管理活动；管理知识是可以传授的。

（2）法约尔的管理思想，尤其是"十四项管理原则"是科学化管理思想的萌芽。"十四项管理原则"回答了法约尔所提出的"管理应该是什么"的问题。十四项原则中，从工作分工到职权、纪律、统一领导等都进行了思考和界定，并形成了管理原则，体现出法约尔对管理的制度化、标准化和规范化等管理理论的思考，是科学化管理理论的雏形。

（3）法约尔的管理思想具有很强的系统性和理论性。有学者曾评论道："读泰勒老先生的管理论文，就像在读一本持续改进的操作手册之类的有趣东西，但读法约尔的文章，则更像在读培根或某哲学家的书籍。"虽然法约尔的管理思想与泰勒的管理思想都是古典管理思想的代表，但法约尔管理思想的系统性和理论性更强，后人根据他建立的构架，建立了管理学并把它引入了课堂。法约尔的贡献是在管理的范畴、管理的组织理论、管理的原则方面提出了崭新的观点，为以后管理理论的发展奠定了基础。

（4）法约尔的一般管理理论作为西方古典管理思想的重要代表，后来成为管理过程学派的理论基础，也是以后各种管理理论和管理实践的重要依据，对管理理论的发展和企业管理的进程均有着深刻的影响。对管理五大职能的分析为管理科学提供了一套科学的理论构架。

（三）组织理论学派

代表人物是"组织理论之父"马克斯·韦伯。韦伯于1864年出生于德国爱尔福特的一个中产阶级家庭，与泰勒、法约尔在同一个历史时期。韦伯的主要著作大多是在其晚年或去世后发表的，其思想遗产的价值远远超出他的时代。

韦伯的理论是对泰勒和法约尔理论的一种补充，并首次提出了"行政组织体系"和"行政组织理论"，主张建立一种高度结构化的、正式的、非人格化的理想的行政组织体系，为社会发展提供了一种高效率的管理体制。

1. 韦伯行政组织理论的主要内容

韦伯是德国著名古典管理理论学家、经济学家和社会学家，19世纪末20世纪初西方社会科学界最有影响的理论大师之一。

他在管理理论上的研究主要在组织理论上，在他的代表作《社会组织与经济组织理论》中，他提出了"理想的行政组织体系"，他认为行政组织是"对人群进行控制的最理性的、众所周知的手段"，只有高度结构的、正式的、理性化的理想行政组织体系，才是对员工进行制度化管理的最合理手段，才是实现高效率最有效的形式，并且在精确性、稳定性、纪律性和可靠性方面优于其他组织形式。韦伯认为，任何组织都必须以某种形式的权力作为基础，没有某种形式的权力，任何组织都不能达到自己的目标。人类社会存在三种为社会所接受的权力：

（1）传统权力。通过传统惯例或世袭得来。

（2）超凡权力。来源于别人的崇拜与追随。

（3）法定权力。韦伯认为，只有法定权力才能作为行政组织体系的基础，其最根本的特征在于它提供了慎重的公正。

对于传统权力，韦伯认为：人们对其服从是因为领袖人物占据着传统所支持的权力地位，同时，领袖人物也受着传统的制约。但是，人们对传统权力的服从并不是以与个人无关的秩序为依据，而是在习惯义务领域内的个人忠诚。领导人的作用似乎只为了维护传统，因而效率较低，不宜作为行政组织体系的基础。而超凡权力的合法性，完全依靠对于领袖人物的信仰，他必须以不断的奇迹和英雄之举赢得追随者，超凡权力带有过重的感情色彩并且是非理性的，不是依据规章制度，而是依据神秘的启示。所以，超凡的权力形式也不宜作为行政组织体系的基础。

韦伯认为，只有法定权力才能作为行政组织体系的基础，其最根本的特征在于它提供了慎重的公正。原因在于：管理的连续性使管理活动必须有秩序地进行。法定权力为以"能"为本的择人方式提供了理性基础。领导者的权力并非无限，应受到约束。

2. 韦伯理想的行政组织理论的特点

行政组织理论指现代社会最有效和最合理的组织形式。之所以是"理想的"，因为它具有如下一些特点：

（1）明确的分工

每个职位的权力和义务都应有明确的规定，员工按职业专业化进行分工。

（2）自上而下的等级系统

组织内的各个职位，按照等级原则进行法定安排，形成自上而下的等级系统。

（3）人员的任用

人员的任用要完全根据职务的要求，通过正式考试和训练来实行。

（4）薪金和升迁制度

职业管理人员有固定的薪金和明文规定的升迁制度，是一种职业管理人员。

（5）遵守规则和纪律

管理人员必须严格遵守组织中规定的规则和纪律以及办事程序，使之不受任何人的感情因素影响，保证在一切情况下都能贯彻执行。

（6）人员的关系

组织中人员之间的关系完全以理性准则为指导，只是职位关系而不受个人情感的影响。这种公正不倚的态度，不仅适用于组织内部，而且适用于组织与外界关系。

3. 对韦伯理想的行政组织理论的评价

作为韦伯组织理论的基础，官僚制在19世纪已盛行于欧洲。韦伯从事实出发，把人类行为规律性地服从于一套规则作为社会学分析的基础。他认为一套支配行为的特殊规则的存在，是组织概念的本质所在。没有它们，将无从判断组织性行为。这些规则对行政人员的作用是双重的：一方面他们自己的行为受其制约，另一方面他们有责任监督其他成员服从于这些规则。韦伯理论的主要创新之处源于他对有关官僚制效率争论的忽略，而把目光投向其准确性、连续性、纪律性、严整性与可靠性。韦伯这种强调规则、强调制度、强调能力、强调知识的行政组织理论为社会发展提供了一种高效率的管理体制，也是科学化管理制度化、高效率管理的理论基础。

（四）行为科学学派

代表人物是"行为科学之父"乔治·埃尔顿·梅奥。梅奥提出的以"社会人""非正式组织"等内容为核心的人际关系学说，开辟了管理理论研究的新领域。在此基础上，亚伯拉罕·马斯洛的"需求层次理论"，弗雷德里克·赫茨伯格的"双因素理论"，道格拉斯·麦格雷戈的"X-Y理论"，更加强调了人的社会属性的特点，为现代化管理理论强调人性化管理奠定了基础。

1. 梅奥及其人际关系学说

（1）人际关系学说主要内容

梅奥1880年出生于澳大利亚的阿德莱德，1899年于阿德雷德大学取得逻辑学和哲学硕士学位。在劳拉·斯彼尔曼·洛克菲勒基金的资助下，梅奥移居美国，从事教学与科学研究。1927年冬，梅奥应邀参加了著名的霍桑实验，从1927年至1936年断断续续进行了为时9年的实验研究。通过实验研究，梅奥等人认识到，人们的生产效率不能只用任何一种因素来解释，它会受社会的、心理的、自然的等各种因素的影响。在实验的基础上，梅奥分别于1933年和1945年出版了《工业文明中人的问题》和《工业文明的社会问题》两部名著。在书中，梅奥对科学管理理论较多地重视物质因素，相对忽视人的因素的倾向进行了修正，提出了如下几个新的观点。

①工人是"社会人"。梅奥认为，工人不是像古典管理科学假设的那种只追求金钱收入的"经济人"。对工人劳动积极性的影响，金钱不是唯一的因素，人们的社会需要是否得到满足对工人积极性的影响也很大。要满足人们的社会需要，就要在组织中保持一种良好的人际关系。

②非正式组织。除了正式组织之外，梅奥还第一次提出了非正式组织的概念。所谓非正式组织，就是"正式组织"的对称，是人们在共同的工作过程中自然形成的，以感情、喜好等心理因素为基础的，松散的、没有正式规定的群体。人们在正式组织所安排的共同工作以及相互接触中，必然会以感情、性格、爱好相投为基础形成若干人群，这些群体不受正式组织的行政部门和管理层次等的限制，也没有明确规定的正式结构，但在其内部也会形成一些特定的关系结构，自然涌现出自己的"头头"，形成一些不成文的行为准则和规范。这些非正式组织是在正式组织无法满足工人的需要的情况下形成的，它对其不固定的成员有着十分显著的影响。管理不仅要注意正式组织，同时还必须重视非正式组织的作用。

③以满足职工的需要为原则发展新的领导方式。梅奥在《工业文明的社会问题》中进一步阐明了他的观点："需要是行为的本源，需要

决定行为。"领导者要注重职工的需要，要注意培养新型的人际关系，要在各级进行有关人际关系的技能训练；理解逻辑和非逻辑行为，要善于倾听职工的意见，掌握信息交流的技能以更好地理解工人的感情，培养一种在正式组织的经济需要和非正式组织的社会需要之间维持平衡的能力。

（2）人际关系学说的特点

人际关系学说创立的基础是霍桑试验。该试验的结果向我们揭示了在社会生产过程中人的社会状况与生产效率的直接关系，那就是，人的关系是影响生产效率的第一位要素，人的社会状态决定着生产效率的高与低。这些状态包括：他们是否被企业所尊重，他们是否能够得到合理的报酬，他们是否能得到应得的福利待遇，他们的生产安全是否能有所保障，他们是否能得到适当的休息等等。只有员工的这些合理需要不断得到满足，生产效率才能得到长久稳步的提高，否则，生产效率就会下降。

人际关系学说克服了古典管理理论的不足，奠定了行为科学的基础，为管理思想的发展开辟了新的领域，它的管理思想有以下六个方面的特点：

①强调对管理者和监督者进行教育和训练，以改变他们对工人的态度和监督方式。

②提倡下级参与企业的各种决策。

③加强意见沟通，允许职工对作业目标、作业标准和作业方法提出意见，鼓励上下级之间的意见交流。

④建立面谈和调节制度，以消除不满和争端。

⑤改变干部的标准。

⑥重视、利用和倡导各种非正式组织。

（3）对梅奥及其人际关系学说的评价

在管理的发展史上，没有人能够忘记霍桑试验，也没有人能够忘记埃尔顿·梅奥这个名字。梅奥所提出的人际关系学说，第一次涉及到了影响员工生产积极性的社会与心理方面的因素，探讨了人际关系因素在生产与管理中的作用，对企业管理的发展有着重要的影响。梅奥的同事，也是一位著名的管理学者怀特黑德在其作品《自由社会中的领导》中写道："如果没有梅奥把工作群体的活动综合起来的天才，如果不是他慷慨大方地让他的追随者享用他的思想和智慧，我们之中的某些人，特别是我，将无法领悟一个首次进入连续不断的技术演变而需进行社会调整的文明的关键问题。泰勒发现了工作，之后有人探索大规模的工作，有人将工作组织起来，但在梅奥之前，没有人发现是人在做工作。"美国管理学专家罗特利斯伯格曾盛赞梅奥的著作《工业文明的社会问题》："《工业文明的社会问题》首次涉及了对人的社会与心理因素的探讨。事实上，梅奥尽其所能地为所有的人在所有的地方寻求发展的机会。"

2. 马斯洛的"需求层次理论"

马斯洛1908出生于美国纽约市布鲁克林区的一个犹太家庭，是美国著名的社会心理学家、哲学家、人格理论家和比较心理学家，人本主义心理学的主要发起者和理论家，心理学第三势力的领导人。马斯洛于1943年和1954年先后出版了《人的动机理论》和《动机和人格》两部著作，阐述了他的需求理论。马斯洛也认为，人有各类需求，人的行为过程就是需求满足的过程。

——人类需求是有层次的。马斯洛把人的各种需求归纳为五个层次，即生理上的需求、安全上的需求、感情和归属上的需求、地位或受人尊重的需求、自我实现的需求。如下图所示：

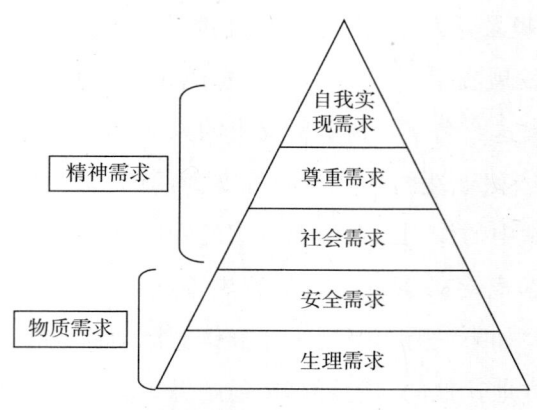

马斯洛的需求层次理论图示

　　五个层次的需求主要内容如下：第一层次是生理需求，这是人们最原始、最基本的需要，如吃饭、穿衣、住宅、医疗等等。若不满足，则有生命危险。第二层次是安全需求，包括劳动安全、职业安全、生活稳定、希望免于灾难、希望未来有保障等。第三层次是社交需求，也称为归属与爱的需求，是指个人渴望得到家庭、团体、朋友、同事的关怀爱护理解，是对友情、信任、温暖、爱情的需要。它与个人性格、经历、生活区域、民族、生活习惯、宗教信仰等都有关系，这种需要往往难以察悟，无法度量。第四层次是尊重需求，可以分为自尊、他尊和权力欲三类，包括自我尊重、自我评价以及尊重别人。尊重的需要很少能够得到完全的满足，但基本上的满足就可产生推动力。第五层次是自我实现需求，是最高等级的需要，也是一种创造的需要。有自我实现需求的人，往往会竭尽所能，使自己趋于完美，实现自己的理想和目标，获得成就感。马斯洛认为，在人自我实现的创造过程中，产生出一种所谓的"高峰体验"的情感，这个时候的人处于最高、最完美、最和谐的状态，具有一种欣喜若狂、如醉如痴的感觉。

　　——这些需求的层次并不一定是按既定顺序，有时候人的需求是模糊不清的，对某种需求表现的强度也不一样，需要因人而异。

——人们一般按照这个等级系列从低级到高级来追求各项需求的满足。

——一般讲来，只有在较低级别的需求得到合理满足以后，较高级别的需求才会发展起来，起推动作用。但当较低级别的需求受到威胁时，也会向相反的方向发展。

——人的需求还带有发展的、动态的性质。这种需求同年龄和地位的发展变化，以及社会发展的不同时期有关。

对于马斯洛及其需求层次理论，社会各界也给予了积极评价。《纽约时报》曾评论说："马斯洛心理学是人类了解自己过程中的一块里程碑。"还有人这样评价他："由于马斯洛的存在，做人才被看成是一件有希望的好事情。在这个纷乱动荡的世界里，他看到了光明与前途，他把这一切与我们一起分享。"不可否认，马斯洛的需求层次理论问世后，产生了深远的影响，至今在人力资源行业，教育行业，流动人口管理，青年教师管理，水资源开发利用，管理心理学，企业薪酬制定等方面都有着广泛应用。

3. 赫茨伯格的"双因素理论"

双因素理论，也称"激励—保健因素理论"，是美国行为科学家弗雷德里克·赫茨伯格提出的一种激励理论。赫茨伯格在工作丰富化方面进行了开创性的研究。他曾在美国匹兹堡地区对200名工程师和会计人员进行了访问调查，询问在他们的工作中，有哪些事情是使他们感到满意的，并估计这种积极情绪持续多长时间；又有哪些事情是使他们感到不满意的，并估计这种消极情绪持续多长时间。结果他发现，使职工感到满意的都是属于工作本身或工作内容方面的；使职工感到不满的，都是属于工作环境或工作关系方面的。他把前者叫做激励因素，后者叫做保健因素。

赫茨伯格认为，属于激励因素的有：成就、赏识、工作本身、责任、进步等，这是能够满足人类区别于动物的需要。属于保健因素的有：公司的政策和管理、监督、工资、福利、同事关系、工作条件、职业安定等。保健因素是实际工作中将会威胁到员工身心健康的因素，又称为"维持因素"，服务于人们的动物需要。但是，这两类因素有若干重叠。例如，赏识属于激励因素，基本上起积极作用；但当没有受到赏识时，又可起消极作用。

对于区分双因素的意义，赫茨伯格指出，保健因素和激励因素独立存在，以不同的方式影响人的积极性和行为。缺少保健因素，员工会感到不满意；有了保健因素，员工并不会感到满意，而是没有不满意。有了激励因素，员工会感到满意；没有激励因素，员工不会感到不满意，而是没有满意。从这个意义出发，赫茨伯格认为传统的激励假设，如工资刺激、人际关系的改善、提供良好的工作条件等，都不会产生更大的激励；它们能消除不满意，防止产生问题，但这些传统的"激励因素"即使达到最佳程度，也不会产生积极的激励。因而，管理人员应该认识到保健因素是必需的，不过它一旦使不满意中和以后，就不能产生更积极的效果，只有"激励因素"才能使人们有更好的工作成绩。

赫茨伯格还认为，提高工作效率的关键不在于使工作合理化，而在于使工作丰富化，以便有效地利用人力资源。他不主张用工作扩大化这个词，认为工作扩大化只是把工作的范围设计得更大些，经验证明它并不能取得成功。只有工作丰富化才能为职工的心理成长提供机会。同时，赫茨伯格还建议增加自主权，即让员工有更多的机会参与制定有关决策；改变人事管理的重心，将传统的重合同、重制度的人事工作重心转移到重工作设计、重激励因素方面。

4. 麦格雷戈的"X—Y"理论

道格拉斯·麦格雷戈（Douglas M.Mc Gregor，1906~1964）是美国著名的行为科学家，人性假设理论创始人，管理理论的奠基人之一，

"X—Y"理论管理大师，也是人际关系学派最有影响力、观点被引用次数最多的思想家之一。在1960年出版的《企业的人性面》一书中提出了影响颇大的"X—Y"理论。他将传统的指挥和监督理论命名为"X"理论，而将自己提出的理论命名为"Y"理论。

麦格雷戈归纳了基于对人性的不同看法而形成的两种理论。他认为，传统理论是以对人性的错误看法为基础的，这种理论把人看作天性厌恶工作，逃避责任，不诚实和愚蠢等。因此，为了提高劳动生产效率，就必须采取强制、监督、惩罚的方法。麦格雷戈把这种理论称之为"X"理论。与之相对的是"Y"理论，其基本观点是：人并不是被动的，人的行为受动机支配，只要创造一定的条件，他们会视工作为一种得到满足的因素，就能主动把工作干好。因此，对工作过程中存在的问题，应从管理上找原因，排除职工积极性发挥的障碍。麦格雷戈把这种理论称之为"Y"理论。他认为"X"理论是一种过时的理论，只有"Y"理论才能保证管理的成功。

——"X"理论对人性的假设。

（1）人生而好逸恶劳，只要有可能就会逃避工作。

（2）人生而不求上进，不愿负责，宁愿听命于人。

（3）人生而以我为中心，漠视组织需要。

（4）人习惯于保守，反对改革，把个人安全看得高于一切。

（5）只有少数人才具有解决组织问题所需要的想象力和创造力。

（6）缺乏理性，易于受骗，易被煽动者利用，当作挑拨是非的对象，做出一些不适宜的行为。

——以"X"理论为指导思想的管理理论的要点。

（1）企业的管理者应以利润为出发点来考虑对人、财、物诸多生产要素的运用。

（2）管理者对员工的工作要加以指导，控制并纠正其不适当的行为，使之符合组织的需要。

（3）管理者把人视为物，忽视人的自身的特点和精神的需要，把金钱当做人们工作的最主要的激励手段。

（4）严格管理的制度和法规，运用领导的权威和严密的控制来保证组织目标的实现。

（5）采取胡萝卜加大棒的管理方法。

——"Y"理论的假设。

（1）企业管理当局应当负责把企业生产的各项要素组织起来，实现企业的经济目标。

（2）人们并非天生就对组织的要求采取消极或抵制态度。他们之所以会如此，是由他们在组织内的经历和遭遇所造成的。

（3）人并非生性懒惰，要求工作是人的本能。

（4）外来的控制和惩罚威胁并不是促使人们为实现组织目标而努力的唯一方法。

（5）对目标的参与同获得成就的报酬是直接相关的。

（6）在适当条件下，人们不但能接受，而且能承担责任。

（7）不是少数人，而是大多数人都具有相当高的用以解决组织上问题的想象力、独创性和创造力。

（8）企业管理的基本任务，是安排好组织工作方面的条件和作业的方法，使人们的智慧潜能充分发挥出来，更好地为实现组织的目标和个人目标而努力。

——以"Y"理论为指导思想的管理理论的要点

（1）企业的管理要通过有效地综合运用人、财、物等要素来实现企业的经营目标。

（2）人的行为管理，其任务在于给人安排具有吸引力和富有意义的工作，使个人需要和组织目标尽可能统一起来。

（3）鼓励人们参与自身目标和组织目标的制定，把责任最大限度地交给工作者，相信他们能自觉完成任务。

（4）外部的控制、操纵、说服、奖罚绝不是促进人们努力工作的唯一方法。

"Y"理论主张个人目标与组织目标的融合。与"Y"理论一致的创新成果包括：分权与授权、扩大工作范围、参与式和协商式的管理、鼓励职工对自己的工作成绩做出评价。

综合来看，"X"理论把人的行为视为机器，需要外力作用才能产生；"Y"理论把人视为一个有机的系统，其行为不但受外力影响，而且也受内力影响。正如许多西方管理学家所说，麦格雷戈的"X—Y"理论从根本上改变了对组织中的人的看法。麦格雷戈特别强调人的潜在能力，重视人性的成长，提高了工业社会中人的作用，对后世影响十分深远。可以说，麦格雷戈的观点对西方传统的"以物为中心的管理"提出了真正的挑战，并充分论证了"以人为中心的管理"，因而他的管理思想在西方管理思想史上占有十分重要的地位。

（五）经验主义学派

经验主义学派的代表人物是"现代管理学之父"彼得·德鲁克。作为一种实践和一个思考与研究的领域，管理已经有200多年历史。但管理作为一个学科，其开创的年代却是1954年，彼得·德鲁克对管理学的基础原理进行了精确阐释，管理学由此诞生。由于德鲁克创建了管理这门学科，并且精辟地阐述了管理的本质："管理是一种实践，其本质不在于'知'而在于'行'；其验证不在于逻辑，而在于成果；其唯一权威就是成就。"德鲁克对世人的卓越贡献及深远影响，奠定了其管理大师的地位，被尊为"大师中的大师"。

经验主义学派以大企业管理经验为主要研究对象，通过分析总结经验来研究管理问题。德鲁克代表著作有《管理的实践》《卓有成效的管理者》《管理：任务、责任、实践》《动乱时代中的管理》等，其提出的"目标管理"在中国也风靡一时，具有划时代意义。

1973年，64岁的德鲁克出版了《管理：任务、责任、实践》一书。该书是德鲁克的全部管理学著作中最具代表性的一部。书中德鲁克将他进入通用汽车公司做咨询工作后30余年的实践观察和理论研究进行了概况和提升，浓缩了他几十年的知识经验和思考总结。这本书既有完整的理论体系，又具有极强的可操作性，深刻地揭示了管理的本质问题，即"管理是什么"这一问题，被称为一部令人惊叹的管理学巨著。

1. 经验主义学派的管理思想

经验主义学派的基本管理思想是：有关企业管理的理论应该从企业管理的实际出发。特别是以大企业管理经验为主要研究对象，加以理论和概括化，然后传授给管理人员或向经理提出实际的建议。通过研究管理中的成功和失败，就能理解管理中存在的问题，从而自然地学会有效的管理。经验主义学派把实践放在第一位，以适用为主要目的。对实践经验高度总结是经验主义学派的主要特点。

（1）管理的性质

经验主义学派给出的管理定义是：管理是努力把一个人群或团体朝着某个共同目标引导、领导和控制。经验主义学派认为管理是研究对人进行管理的技能和知识的一个独立领域。德鲁克不赞成在普遍意义上理解"管理"的概念，他认为管理又同生产商品和提供各种经济服务的工商企业有关，管理学则是管理工商企业的理论和实际的原理、原则的集合。经验主义学派认为，管理是特殊的工作，因而需要一些特殊的技能。

（2）管理的任务

经验主义学派认为管理的任务主要有三项：

①获得经济成果。

②使企业具有生产性，并使工作人员有成就感。

③妥善处理企业对社会的影响和承担企业对社会的责任的问题。

（3）管理的职责

作为企业的主要领导的经理，有两项职责是别人不能替代的：

①造成一个"生产的统一体"，有效调动企业各种资源，尤其是人力资源作用的发挥。

②经理做出每一项决策或采取某一行动时，一定要把眼前利益与长远利益协调起来。

任何管理者共同的管理职责是：

①树立目标并确定达到目标的手段，并使所有有关人员都了解组织目标及其实现手段。

②为实现目标进行组织工作。

③建立适宜的奖酬制度，使之起到鼓励职工的作用。

④加强组织内信息沟通和联系。

⑤分析工作成果，并确定考核和评价工作的标准。

⑥为职工创造成长和发展的机会。

（4）组织结构

经验主义学派对建立合理组织结构问题普遍重视。如德鲁克认为，当今世界上管理组织的新模式可以概括为以下五种：

①集权的职能型结构。

②分权的联邦式结构，称为"事业部制"。

③规划—目标结构，即矩阵结构。

④模拟型分权管理结构。

⑤系统结构。

在上述这几种组织结构中，德鲁克认为，并不能决定哪一种组织结构最佳，应根据各企业的生产性质、特殊条件和管理人员的特点来确定自己的组织结构,不能照搬别人的模式。

经验主义学派认为组织结构设计的规范是:明确性和经济性,远景方向,理解本身的任务和其目的、决策,稳定性和适应性,永存性和自我更新。

2. 目标管理思想

德鲁克最早提出了"目标管理"的思路,经后人的补充和发展形成了至今仍被管理界所重视和使用的目标管理模式。德鲁克指出:所谓"目标管理",就是一个组织中的上级和下级管理人员共同制定一个目标,该目标应同每个人的工作成果相联系,通过确立目标,规定他的主要职责范围,并用这些目标作为经营一个单位和评价每一成员贡献的标准。目标管理是使管理人员和广大职工在工作中实行自我控制并达到工作目的的一种管理技能和管理制度。德鲁克目标管理思想的主要内容有三个:

(1)明确了目标的性质。

(2)指出了目标管理成功的先决条件。

(3)划分了目标管理的三个阶段。

德鲁克认为,实施目标管理的整个过程是由三个阶段组成的。第一阶段是确定目标阶段,第二阶段是目标管理的具体实施阶段,第三阶段是检查和评价工作绩效阶段。

3. 对德鲁克管理思想的评价

德鲁克管理哲学思想作为对现代管理理论的融合与超越,颇具特色。特别是其"以自我控制为中心的管理目标论""以任务与权变为中心的管理组织论""以实践为核心的管理本质论""以高层管理战略为中心的管理战略观"等思想,以及"人是我们最大的资产""必须以顾客的价值和顾客的决定为基础,顾客是管理策略和管理战略的出发点""管理者并没有权力,而只有责任""管理者的眼光、奉献精神和诚实决定了管理的水平""企业的高层管理战略要比财务战略、产品发展战略和市场战略都更为重要"等重要论述，均体现了其超凡的智慧和深邃的思想。

作为第一个提出"管理学"概念的大师，德鲁克也是一个引领时代的思考者：20世纪50年代初，他指出计算机终将彻底改变商业；1961年，他提醒美国应关注日本工业的崛起；20年后，又是他首先警告这个东亚国家可能陷入经济滞涨；在20世纪90年代，他率先对"知识经济"进行了阐释。2003年7月，94岁高龄的德鲁克接受了美国总统布什颁赠的美国最高荣誉勋章"总统自由奖章"，收获了迟到的殊荣。

（六）决策理论学派

代表人物是曾获诺贝尔经济学奖的赫伯特·西蒙。西蒙1916年出生于美国威斯康星州密尔沃基，是美国管理学家和社会科学家，在管理学、经济学、组织行为学、心理学、政治学、社会学、计算机科学等方面都有较深的造诣。由于在决策理论研究方面的突出贡献，他被授予1978年度诺贝尔经济学奖，并被称为"决策理论的奠基人"。1960年出版的《管理决策新科学》是西蒙的代表作，书中对决策过程进行了深入讨论，形成了系统的决策过程理论。

西蒙认为决策贯穿管理的全过程，提出了"管理就是决策"的命题，并提出了管理者进行决策制定需要经过的四个主要阶段，即情报活动—设计活动—抉择活动—审查活动四个阶段。情报活动阶段，找出决策的理由，即探寻环境，寻求要求决策的条件；设计活动阶段，找到可能的行动方案，即创造，制定和分析可能采取的行动方案；抉择活动阶段，在各种行动方案中进行抉择；审查活动阶段，对已进行的抉择进行评价。

决策理论学派是以社会系统论为基础，吸收了古典管理理论、行为科学、系统论的观点，运用电子计算机技术和统筹学的方法而发展起来的一种理论。

第二次世界大战后，随着现代生产和科学技术的高度分化与高度综合，企业的规模越来越大，特别是跨国公司不断地发展，这种企业不仅经济规模庞大，而且管理十分复杂。同时，这些大企业的经营活动范围超越了国界，使企业的外部环境发生了很大的变化，面临着更加动荡不安和难以预料的政治、经济、文化和社会环境。在这种情况下，对企业整体的活动进行统一管理就显得格外重要了，决策理论学派应运而生。

决策理论学派理论的主要观点：

（1）决策贯穿管理的全过程，决策是管理的核心。西蒙指出，组织中经理人员的重要职能就是作决策。他认为，任何作业开始之前都要先作决策，制定计划就是决策，组织、领导和控制也都离不开决策。

（2）群体决策的观点。西蒙指出，在组织决策当中，几乎没有任何一项决策是由单独一个人制定出来的，即使采取某一行动方案的最后责任明确地落在某人肩上，我们也总能够通过研究其决策制定的方式，发现决策的各部分内容是从参与其前提形成的很多人那里，经过正式和非正式的信息沟通渠道传递而来的。当所有这些组成部分被识别清楚的时候，做出正式决定的那个人所做的贡献，看来的确只是一种比较次要的贡献了。正是在此意义上，组织决策总是一种群体决策的过程。群体决策为企业全员管理、目标管理奠定了基础。

（3）发展人工智能，逐步实现决策自动化。西蒙在他所著的《管理决策新科学》一书中，用了大量篇幅来总结计算机在企业管理中的应用，特别是计算机在高层管理及组织结构中的应用。西蒙提出利用计算机模型来模拟人们解决问题的思维过程以及其他认识过程，并为公司决策人提供"决策辅助系统"。

（4）在决策标准上，用"令人满意"的准则代替"最优化"准则。

以往的管理学家往往把人看成是以"绝对的理性"为指导，按最优化准则行动的理性人。西蒙认为事实上这是做不到的，应该用"管理人"假设代替"理性人"假设。"管理人"不考虑一切可能的复杂情况，只考虑与问题有关的情况，采用"令人满意"的决策准则，从而可以做出令人满意的决策。

对西蒙决策理论的研究，为虚拟管理团队的组建和运行奠定了以下基础。

（1）决策理论提出了决策过程和群体决策的观点，这为虚拟组织实行决策权和领导权的共享奠定了坚实的理论基础。虚拟组织的成员大都是具有互补技能的知识工作者，他们通过对知识的掌握和运用，合作完成既定的任务。由于不同类的知识技术之间不具有可比性和替代性，所以，为了顺利高效完成既定的目标和任务，必须在虚拟组织内部实行领导权和决策权的共享。

（2）决策理论提出决策的满意性原则，只有满意才能达到个人目标和组织目标的实现。

（3）高度重视人工智能等技术在企业管理及组织结构中的应用。正是将现代信息及通讯技术与企业管理及组织结构相结合，才为虚拟组织这种新型组织模式提供了技术保障。

西蒙在决策程序上所进行的开创性的研究，得到了管理学界的高度认可与评价，成为在管理理论上进行跨学科研究并取得重大成就的成功范例，而且其研究成果被广泛地应用于现代社会各行业的决策领域中。西蒙对于决策过程的理论研究工作是首创性的，自西蒙开始，人们才发现决策的意义并对决策进行深入研究探讨。

（七）经理角色学派

代表人物是亨利·明茨伯格。明茨伯格生于1939年，是加拿大著名的管理学家，其管理思想主要体现在组织管理和战略管理方面，在管理领域几十年的耕耘中，他的研究广泛涉及一般管理和组织的课题，在管理学界是独树一帜的大师。明茨伯格以对经理所担任角色的分析为中心来考虑经理的职务和工作，以求提高管理效率，并著有《管理工作的本质》。

经理角色学派所指的"经理"是指一个正式组织或组织单位的主要负责人，拥有正式的权力和职位，而"角色"这一概念则借用于舞台术语，是指属于一定职责或地位的一套有条理的行为。

经理角色学派对经理工作的特点、所担任的角色、工作目标及经理职务类型的划分，影响经理工作的因素以及提高经理工作效率等重点问题进行了考察与研究。他们采用记日记的方法对经理的工作活动进行系统的观察和记载，在观察的过程中及观察结束之后对经理的工作内容进行分类。明茨伯格的研究内容包括对企业里高级和中级经理工作日记的研究，对街头团伙头目、医院行政人员和生产管理人员的持续观察，对美国总统工作记录的分析，对车间主任的活动进行的典型调查，对高级经理的工作结构进行的调查。通过对搜集的材料进行总结，然后得出规律性的东西。

明茨伯格认为经理有以下特点：大量的工作，始终不懈的步调；工作活动具有简短性、多样性、琐碎性；把现实的活动放在优先地位；爱用口头交谈方式；处在他的组织与联络网之间。

经理角色学派将经理所担任的角色分为三类十种，即：

① 人际关系方面。包括挂名首脑、领导者、联络者三种。

② 信息方面。包括信息收受者、传播者、发言人三种。

③ 决策方面。包括企业家、故障排除者、资源分配者、谈判者四种。

这十种角色是一个相互联系、密不可分的整体。人际关系方面的角色产生于经理在组织中的正式权威和地位；这又产生出信息方面的三个角色，使他成为某种特别的组织内部信息的重要神经中枢；而获得信息的独特地位又使经理在组织作出重大决策（如战略性决策）中处于中心地位，使其得以担任决策方面的四个角色。这十项角色表明，经理从组织的角度来看是一位全面负责的人，但事实上却要担任一系列的专业化工作，既是通才又是专家。

明茨伯格从以上十个角色中提炼出经理工作的六项目标，即：经理的主要目标是保证他的组织实现基本目标——有效率地生产出某些产品或服务；经理必须设计和维持他的组织的业务稳定性；经理必须负责他的组织的战略决策系统，并使他的组织以一种可控制的方式适应于其被动的环境；经理必须保证组织为控制它的那些人的目的服务；经理必须在他的组织同其环境之间建立起关键的信息联系；作为正式的权威，经理负责他的组织的等级制度的运行。

明茨伯格关于经理工作对组织作用的分析非常有助于职业经理人认清自己的价值，同时，他帮助职业经理人依据自己的工作特点，准确定位自己的类型。《管理工作的本质》一书，是每一位经理人的必读经典。

（八）权变管理学派

代表人物是弗雷德·卢桑斯。卢桑斯认为没有一成不变的管理方法，管理应根据其所处的环境和内部条件的变化而变化。没有一成不变、普遍适用、"最好"的管理理论和方法，组织的管理应该根据其所处的环境和内部条件的变化而变化。管理思想和方式应该根据成员的素质、工作特点和环境情况而定，不能一概而论。

1976年，美国尼布拉加斯大学的教授卢桑斯出版了权变学派的代表作《管理导论：一种权变学说》。在该书中，他集中阐述了权变理论的主要观点：

（1）以往的管理学理论可以分为四大学派：一是管理过程学说，二是计量管理学说，三是行为科学，四是系统科学。权变理论认为这些学说都不同程度地存在着理论与实践相脱节的现象，据其难以进行有效的管理。权变理论就是要把环境变化对管理的作用具体化，将管理理论与管理实践结合起来。

（2）环境是影响管理选择的重要因素。环境和管理的关系为：前者是自变量，后者是因变量。环境不同，管理中运用的管理方法、手段也就不同，没有放之四海而皆准的理论与方法。与其他管理学说相比较，权变理论主要强调了理论的环境适应性，有较强的现实意义。

（3）提出了良好的人际关系往往能够获得更多的成功机会的观点。

（九）管理文化学派

代表人物是威廉·大内、特里·迪尔、阿伦·肯尼迪等。管理文化学派认为，战略制定过程是集体行为的过程，要重视企业文化建设和价值观培养。

管理文化学派（又称企业文化学派）强调管理活动的文化特征。管理文化学派产生于20世纪70年代后期，此时，美国企业的国际竞争力下降，日本企业则以咄咄逼人的架势对美国发起全面的经济挑战。虽然造成这种局面的原因是多方面的，也引起了人们深入的思考，但管理学家着重从管理的角度寻找美国企业国际竞争力下降的原因。通过反思，他们认为，美国企业管理中存在着过多地注意了数字、文件，忽视了对人的社会属性认知的缺陷。相反，日本企业却十分重视人。威廉·大内发现，日本企业中存在着一种可称之为企业文化的价值观念体系。在这套价值观念体系中，企业的职工能成为一体，主动地、充分地发挥他们的积极性和创造性。在美国，企业中的人是被动的、消极的。

威廉·大内1981年出版了比较美日管理的名著《Z理论》（全名为《Z理论——美国企业界怎样迎接日本的挑战》），这是一本有关日本企业管理和美国生产力中根本性问题的著作，出版后引起了极大的轰动。Z理论认为，一切企业的成功都离不开信任、敏感与亲密，因此主张以坦白、开放、沟通作为基本原则来实行"民主管理"。从此，美国一批管理学家开始对日本的企业管理模式以及美国一些优秀的企业管理模式进行深入的研究，发表了一系列研究成果。如汤姆.彼德斯和华特曼1982年出版了《成功之路》，发行量在500万册以上，被译成15种文字。特里·迪尔和阿伦·肯尼迪合著了《企业文化》一书，对企业文化学派进行了系统论述。企业文化学说成为了20世纪80年代最有影响的管理学说之一。

管理文化学说代表着一种管理理论综合的趋势，在经过了上世纪60~70年代的管理理论丛林阶段之后，各种学派林立，每种理论都有其合理性，但又都存在一定的缺陷。管理实践需要综合的理论，管理文化学说正是在这种背景下产生的，它表明了管理理论对人更加关注。

二、中国九大管理学派

中国式管理思想主要来源于"三教九流"。"三教"是中国传统三大宗教，即儒教、佛教、道教，简称"儒释道"。"九流"源自诸子百家。关于百家的划分，最早源于司马迁的父亲司马谈，他将百家首次划分为"阴阳、儒、墨、名、法、道"六家。后来，刘歆又在司马谈的基础上，增"纵横、杂、农、小说"为十家。其后，班固提出"诸子十家，其可观者九家而已。"因此，人们去"小说家"，将剩下的九家称为"九流"。"九流"是中国式管理思想的智慧结晶，具体包括：

（一）儒家

代表人物为孔子、孟子、荀子，代表作分别为《论语》《孟子》《荀子》。儒家的核心思想是"忠"。

儒家学派由春秋时期孔子所创，倡导血亲人伦、现世事功、修身存养、道德理性。孔子名丘，字仲尼，人称孔夫子，是中国历史上最伟大的思想家、教育家，中华民族文化传统的主要奠基者之一，被列为世界十大文化名人之首，被后世尊称为"孔圣人""至圣""至圣先师""万世师表"。孔子打破了教育垄断，开创了私人讲学的风气。相传孔子有弟子三千，其中贤人七十二。七十二人中有很多为各国高官栋梁，又为儒家学派延续了辉煌。孔子去世后，其弟子及其再传弟子把孔子及其弟子的言行语录和思想记录下来，整理编成儒家经典《论语》。

孟子名轲，字子舆，是战国时期伟大的思想家、教育家、儒家学派的代表人物。孟子的出生之时距孔子之死大约百年左右，与孔子并称"孔孟"，后世追封孟子为"亚圣公"，尊称为"亚圣"。其弟子及其再传弟子将孟子的言行记录成《孟子》一书，属语录体散文集，是孟子的言论汇编，由孟子及其弟子共同编写完成。孟子继承和发展了孔子的德治思想，发展为仁政学说，成为其政治思想的核心。他把"亲亲""长长"的原则运用于政治，以缓和阶级矛盾，维护封建统治的长远利益。孟子还提出了"性善论""民贵君轻"等主张。

荀子名况，字卿，是著名的思想家、文学家、政治家，时人尊称"荀卿"。荀子对各家都有所批评，唯独推崇孔子的思想，认为是最好的治国理念，对儒家思想有所发展。在人性问题上，提倡"性恶论"，主张人性有恶，否认天赋的道德观念，强调后天环境和教育对人的影响。其学说常被后人拿来与孟子的"性善论"比较，荀子对重新整理儒家典籍也有显著的贡献。因为法家代表人物韩非、李斯，都是荀子的入室弟子，历代部分学者对荀子是否属于儒家学者有所争议。

儒家学派的重要来源是周代以前的文物典章制度，其中记录着从传说中的尧、舜、禹三圣王到夏、商、周三朝代的治理国家的经验教训，因此，儒家学派从一开始就与管理活动结下了不解之缘。儒家学派经历代统治者的推崇，以及孔子后学的发展和传承，使其对中国文化的发展起了决定性的作用，在中国文化的深层观念中，无不打着儒家思想的烙印。

儒家在先秦时期和诸子地位平等，秦始皇"焚书坑儒"，儒家受到重创。公元前134年，汉武帝为维护专制统治，"罢黜百家，独尊儒术"，使儒家思想正式成为封建大一统国家的管理哲学。宋代儒家学者把《论语》《孟子》《大学》《中庸》合称为"四书"，与"五经"（《诗经》《尚书》《三礼》《易经》《春秋》）并列，成为传统儒学的基本教材。

儒家崇尚《周礼》，重视道德伦理教育，倡导"五伦"关系，提倡"忠恕"，社会各阶层人士应安分守己，先义后利，重义轻利，强化对家长的忠义，维护核心领导的权威。

以儒家文化为底蕴的关系治理，造就了中国家族企业独特的管理文化。不仅如此，在长期的国家经贸往来交流中，儒家思想逐渐传播到中国周边国家，包括今天的日本、韩国、朝鲜、越南、新加坡等地，形成了"东亚儒家文化圈"，并影响着这一地区的经济发展和管理活动。新加坡前内阁资政李光耀曾坦言："从治理新加坡的经验看，我深信，要不是新加坡大部分人民受过儒家思想的熏陶，我们是无法成为亚洲四小龙之一的。"日本现代化之父涩泽荣一也曾说过："以我一个实业家的身份来说，为努力使经济和道德齐头并进，经常以简易的方法向大家说明《论语》与算盘相互调和的重要性，希望能引导大家易地及时留心之。"

（二）道家

代表人物为老子、庄子，代表作品分别为《道德经》《庄子》。道家的核心思想是"中"。

道家学派的创始人是老子。老子姓李，名耳，字聃，人称老聃。相传老子在东周王朝做过管理图书的官吏，在此期间孔子还来拜见过他，请教礼的问题。传说老子后来弃官退隐，写下了《道德经》一书，因他被人尊称为老子，这部著作也被称为《老子》，并成为道家学派的理论基础。

老子以后，道家内部分化为不同派别，著名的有四大派：杨朱学派、庄子学派、宋尹学派和黄老学派。

杨朱学派的代表是杨朱。杨朱又称阳子居或阳生。杨朱学派对老子的思想加以发展，旨在通过对个体的自我完善进而达到社会的整体和谐。他们"贵生""全生"的观点，对庄子很有启发。

庄子学派的代表是庄子。庄子姓庄，名周，是著名的思想家、哲学家、文学家，也是道家思想的集大成者。庄子生平只做过管理漆园的小官吏，几乎一生退隐。著有《庄子》，亦称《南华经》，最初52篇，现传世的有33篇，分为内篇、外篇、杂篇三部分。庄子的思想包含在朴素辩证法因素，认为一切事物都在变化，又认为一切事物都是相对的，主张"天人合一"和"清静无为"。庄子学说涵盖着当时的社会生活，根本精神还是归依于老子的哲学，后世将他与老子并称为"老庄"，他们的哲学为"老庄哲学"。老、庄与孔、孟共同构成了国民精神的源头。

宋尹学派的代表是宋钘、尹文。宋尹学派继承了老子自然之道的思想，糅合法家、儒家，以法与道而为仁义礼乐的根据，变自然法则为与法相联系的社会法则。强调排除主观成见、遵循客观规律即"静因以道"的认知原则。

黄老学派是战国中后期一些思想家把传说中的黄帝和老子的思想融合起来形成的黄老道家学说。黄老学派接受、继承了早期道家对世界的事实陈述与管理智慧，部分地抛弃了早期道家"超然度外"的价值导向，转而承认现实社会及其制度的合法性，并积极参与现实社会的管理。黄老学派的发展分为战国时期和秦汉时期两个阶段，战国时期的黄老思想集中反映在《黄老帛书》《鹖冠子》《慎子》《管子》的有关部分中，秦汉时期的黄老思想主要集中反映在《文子》《淮南子》等著作中。

无论是早期道家还是庄子学派、杨朱学派、宋尹学派和黄老学派，"道"是他们的理论基础，是他们全部学说的核心。道家以"道"说明宇宙万物的本质、本源、构成和变化，认为天道无为，万物自然化生，一切都要遵"道"而行，管理活动也不例外。道家主导道法自然，顺其自然，讲究处事中庸，避免偏激行为。

"无为"是"道"最根本的特性。从管理的过程来看，"无为"就是要顺应客观规律，尊重客观事物的存在，不要胡乱作为。这种"无为"，并不是任何事情都不做，而是依循事物的内在规律去做，有所为有所不为。这样能够保证管理活动的正常进行，在效果上达到"无所不为"，实现无为而无不为，上无为而下有为。汉代初年的统治者接受道家思想，在治国活动中主张"无为而治""与民休养生息"，开创了历史上著名的"文景之治"，成为道家思想在国家管理活动中的一次辉煌实践。

（三）墨家

代表人物为墨子，代表作品为《墨子》。墨家的核心思想是"爱"。

在中国先秦时代的诸子百家中，墨家是当时影响很大的一个学派。墨家的创始人墨子，名翟。据《淮南子》记载，墨子早年曾学习儒学，后来发现儒家所提倡的礼烦琐而不易实行，又认为在儒家的学术思想中，还存在许多逻辑上的矛盾，因此他开始反对儒学，反对儒家推崇的周公之治，转而推崇夏禹的治国风范。

墨家是先秦诸子百家中内部管理最为严密的一个学派。墨子及其弟子形成了一个有严密组织纪律的团队，首领称为"巨子"，成员则称为

"墨者"，成员多来自社会下层，相传皆能赴火蹈刀，以自苦励志。墨者出去做官，要由巨子派出，如果做官后有违墨家学派的主张，则会被罢免。

墨子的管理思想包括"十论"：尚贤、尚同、节葬、节用、非乐、非命、尊天、事鬼、兼爱和非攻，是一个比较全面和系统的管理理论体系。墨学区别于先秦诸子百家最突出的理论标志，是墨子提出的"兼相爱、交相利"思想，这一思想也是墨家的学说基础。具体可细分为三类指导思想：

其一是"兼爱为本"的思想基础。墨子所说的"兼爱"，是不分彼此、不分亲疏、不分远近的普遍的爱，体现了兼爱天下、服务众生的精神，对后世产生了一定的影响。如，称雄中国商界300多年的徽州商人，其经营信条就是"财自道生，利缘义取"，杜绝只图自己牟利而侵害他人利益的行为。

其二是"兼以易别"的行为选择。墨子提出用"兼相爱"来取代"交相别"，将身比身，将心比心，注重民心向背。历史上楚汉相争中，刘邦进入咸阳后"约法三章"赢得民心，项羽进入咸阳后却大开杀戒，二者的民心向背差异，对后来的兴亡存废结局产生了重大影响。

其三是"爱人若己"的利益相关原则。墨子提出应该关爱别人，充分考虑别人的利益，体现人文关怀，这样才能够达成共享其利的结果。墨子的这个管理理念，事实上是管理学中"利益相关者"原理的体现。

（四）法家

代表人物为韩非、李斯，代表作品有《韩非子》。法家的核心思是"法"。

在先秦百家争鸣的思想格局中，法家是与当时国家治理实践相结合得最为紧密的一个学派，而且法家注重实效，操作性强，因而迎合了当时统治者的需要。因主张以法治国，"不别亲疏，不殊贵贱，一断于法"，故称之为法家。

春秋时期，管仲、子产即是法家的先驱。战国初期，李悝、商鞅、申不害、慎到等开创了法家学派。特别是李悝，他在《法经》中关于法治理论的阐述标志着法家作为学派的产生。至战国末期，韩非综合商鞅的"法"、申不害的"术"、慎到的"势"，以集法家思想学说之大成。

法家思想的管理前提是人性自为。慎到提出人性"自为"的观点，即自己依靠自己，自己为自己打算，自己为自己考虑，自己为自己谋利。商鞅则指出，人性都是自私自利、好利恶害的，儒家的仁义道德对这样的人性根本不起作用，因而只能实行"法治"。韩非综合了慎到和商鞅的观点，从肯定人性自为出发，进一步论证了人性自私自利的合理性。韩非认为，人们的行为都是自私本性下的趋利避害的行为，人与人之间的关系在根本上是一种利益关系。他举例说：制造马车的人希望人人富贵，而制造棺材的则希望人们早死，这并非是造马车的心地宅厚而造棺材的心地不好，这是由于人们不富贵则马车就卖不出去，没有死人则棺材无法出售，背后都是对自身利益的追求。

法家强调的"法治"，就是从这样的人性认识出发而设计的一种制度管理，用制度来激励并制约人的自私心，从而服务于统治者的利益。法家的精义归结为一个字就是"法"，强调以法为重的制度管理，反对儒家的"人治"。法家所说的"法"包括立法、变法、任法三重含义。

其一是"立法"，即制度建设。法家认为，制度就是规矩，没有规矩就谈不上管理。管仲在《管子·明法解》中就明确指出："法者，天下之程式也，万物之仪表也。"即法律制度是天下的规程，万物的准则。所谓"以法治国"，就是要将法律条文公布出来，使法令公开化、明确化，树立让老百姓明明白白、认真遵守的规矩。这样，按法治罪，人们受死也无所抱怨；按法量功，人们受赏也不必感恩戴德。

其二是"变法",即制度变革。法家一般主张历史进化的观点,认为历史是向前发展的,后世优于前世,因此圣人治理国家就要因时变法,而不是效法古代或拘守现状。因此,法家认为不存在一成不变的制度,管理制度的好坏取决于其与现实的适应情况,管理制度需要根据现实情况及时更新。

其三是"任法",即制度执行。法家强调在管理过程中排除情感的因素,不论亲疏,不论贵贱,制度面前人人平等,一切以法律规定为准绳,严格执行法律制度。法是天下之法,无论是谁犯了法,都必须依法严惩,"王子犯法,与庶人同罪",法律制度必须普遍适用。为了达到治理目的,甚至不惜实行严刑峻法。

需要指出的是,法家"以法治国"的法治模式,与现代"依法治国"的法治模式有着本质的区别:法家所讲的法是君主利益或意志的体现,君主本人则是超越于法律之上的,而现代法律则是民众利益或意志的体现,没有超越于法律之上的权利;法家的"法治"强调公共权利而忽视私人权利,强调惩罚而忽略保护,而现代法治则建立在尊重和保护人权的基础上,主张公共权利和私人权利的一致性。因此,法家的"法治"观既有积极的意义,又具有明显的历史局限性。

(五)名家

代表人物为邓析、惠施、公孙龙和桓团,代表作品有《公孙龙子》。名家的核心思想是"理"。

名家是以辩论名实等思辨问题为中心,并且以善辩成名的一个学派。"名"就是指称事物的名称,即现在讲的"概念";"实"就是"名"所指称的事物。

名家之所以被称为"名家",是因为他们同样是在"思以其道易天下"的过程中,为了播其声,扬其道,释其理,最先围绕"刑名"问题，以研究刑法概念著称；以后逐渐从"刑名"研究延伸到"形名"研究、"名实"研究。围绕"名"和"实"的关系问题，展开论辩并提出自己的见解。

邓析是春秋末年郑国人，也是名家第一人。由于邓析所从事的制作刑法活动是晋国法治文化的流韵所及，并且郑国在战国时代并入韩国版图，所以邓析的思想与三晋文化思想有深刻的渊源关系。

惠施即惠子，战国中期宋国人，战国时期著名的政治家、辩客和哲学家，是名家思想中"合同异"的主要代表人物。"合同异"，即认为万物之"同"与"异"都是相对的，皆可"合"其"同""异"而一体视之。惠施提出了著名的"历物十事"。即：一是至大无外，谓之大一；至小无内，谓之小一。二是无厚不可积也，其可千里。三是天与地卑，山与泽平。四是日方中方睨，物方生方死。五是大同与小同异，此之谓小同异；万物毕同毕异，此之谓大同异。六是南方无穷而有穷。七是今日适越而昔来。八是连环可解也。九是我知天下之中央，燕之北，越之南是也。十是泛爱万物，天下一体也。这十个命题，也就是今天同物不同号，同号不同物的主张。

公孙龙是战国末年赵国人，是名家在战国末年的代表人物。作为一位善于辩论的游士、谋士，公孙龙常年活跃于政治舞台上，曾在赵国平原君家中当了几十年门客。在学术思想方面，公孙龙专注于对"名"的研究，是"离坚白"派的领袖，"坚白""白马"之辩等，是他名垂史册的主要辩题。所谓"离坚白"，也称"坚白石二"命题，即认为一块石头，用眼只能感觉其"白"而不觉其"坚"，用手只能感觉其"坚"而不觉其"白"。因此，"坚"和"白"是分离的、彼此孤立的。"白马"之辩，也称"白马非马"命题，即白色的马不是马。相传有一天公孙龙骑着一匹白马要进城，该城门的看守官说，依照规定马不可以进城。于是公孙龙就开始他的论证——白马非马，最后说服了守城官，骑着他的不是马的白马进了城。"白马非马"提出了逻辑学中的"个别"和"一般"之间的相互关系,看到了"个别"和"一般"的差别,但把它们之间的区别夸大,割断二者的联系,因而否认了"个别"和"一般"的统一的方面,是一种形而上学的思想体系。

无论是"合同异"派还是"离坚白"派,名家均提倡要"正名实",注重事理,强调事物应该"名符其实",并结合自身认识实践和经验,通过各种方式来论证。"名家"古代人称之为名流之家,是对掌握某种专门学识或有丰富实践经验,以及从事某种专门活动的人的一种尊称和肯定。

名家在战国中期是一个非常活跃的学派,但名家之地位在秦朝以后退出政治舞台,名家后世传人的影响均不及儒、道、墨、法等诸家影响面广,名家在不同程度地被融入到诸家文化的精髓中。

(六)阴阳家

代表人物为邹衍。其核心思想是"果"。

阴阳家因提倡阴阳五行学说,并用它解释社会人事而得名。因此,阴阳家又称为阴阳五行家,是在战国时期以"术数"为基础而发展起来的一个思想流派。这里的"阴阳",来自《易经》六十四卦的基本元素——"阴卦"和"阳卦"。《易经》说"一阴一阳之谓道","太极图"则形象地揭示了"阴中有阳,阳中有阴,运动变化,整体和谐"的世界模式。这里的"五行",指的是金、木、水、火、土五种自然界的基本物质。古人认为,世界上的所有事物,都是由这五种基本物质元素组成的。

在阴阳家之前,"阴阳"与"五行"是各自独立存在的概念。"五行"概念侧重于从功用的角度指出宇宙万物的构成元素和社会事务的依托,"阴阳"概念则侧重于从变易的角度揭示宇宙万物和人间事务变化运动的力量。从邹衍开始，阴阳家们把阴阳五行结合起来，系统地说明宇宙—社会—人生的存在基础及其运动变化的依据，其所包含的整体、变化、和谐的理念，对中国古代管理智慧产生了深刻的影响，对现代管理活动也具有重要的启示意义。

阴阳家的代表人物邹衍，是战国时齐国人，由于看到当时各诸侯国的统治者只顾满足自己奢侈淫逸的欲望，而不尊崇道德，于是深入研究阴阳变化之理，治理国家之道，以矫正世风，干预政治。他著述十余万言，在当时很有影响，有些国君甚至要拜他为师，执弟子之礼。

邹衍的思想，被后来的《吕氏春秋》《淮南子》和《黄帝内经》作了不同程度的继承、推广和应用。西汉大儒董仲舒把儒家学说与阴阳家的思想相结合，形成了一套被称为"儒术"的治国之道，在汉代的实际政治管理活动中发挥了很大的作用和影响。

阴阳家的管理智慧具有三大特色：

一是五行相生的整体管理。阴阳家认为，五行既相生又相克，可用以说明宇宙万物的起源和变化。五行相生的原则是：金生水，水生木，木生火，火生土，土生金；五行相克的原则是：金克木，木克土，土克水，水克火，火克金。五行相生相克的原理加上阴阳相互配合的原则，成为阴阳家构造世界事物整体系统的基本工具。比照现代管理学家法约尔提出的"计划、组织、指挥、协调、控制"的管理五大职能，阴阳家的"阴阳五行"学说也是将管理的职能联结为一个整体，并实现管理职能之间的相互制衡。例如，计划属于土的作用，土统合一切，故代表计划；人事属于火的作用，火具有凝聚力和亲和力，故代表人事；领导属于金的作用，金刚健有力，故代表领导；组织也属于金的作用，因为金永不腐败变质，具有稳定性，故也可以代表组织；控制是反馈性的，则体现了五行相生相克的特点。

二是阴阳互动的变化管理。阴阳学说认为阴阳是事物本身具有的正反两种对立和转化的力量，可用以说明事物发展变化的规律。一阴一阳的矛盾规律叫做"道"，认识这一规律而日日更新、自我完善，并最终成就盛大事业，这就是"通变"，即会通万物的变化。与之相应的是"变通"，即对变化的适应、因应和驾驭。运用"通变"与"变通"的哲学，古人发展出变化管理的思想，即根据管理对象、管理环境、管理条件的变化，而采用不同的管理手段。变化管理思想，蕴含着西方的权变管理思想的基本理念和管理智慧。

三是以小推大的预测原则。阴阳家的前身是春秋战国时期的方术之士，他们判断事物的基本方法就是以已知求未知的推算和预测方法。根据《史记·孟子荀卿列传》记载，相传邹衍的学术方法是"先验小物，推而大之，至于无垠。"即首先检验小的东西，再推论大的物体，以至于无限的宇宙。这种"以小推大"的预测原则，就是立足于面向未来，由已知的事物推算未知的事物，由直接经验的事物推算未及经验的事物，由现有的信息推算未来的趋势，在创新发展中把握趋势，提升管理效果。这也是阴阳家追求以"果"为核心的精髓要义和本质所在。

以阴阳五行为基础的传统方术，曾经被近代学者梁启超批评为"中国古代迷信的大本营"。但是，正如阴阳家所揭示的"阴阳共存"原理一样，科学与迷信、精华与糟粕、真理与谬误，总是与生俱来地纠缠在一起，我们应在科学分析和实践检验的基础上，取其精华，舍其糟粕，更好地提高思想认识，指导社会管理实践。

（七）纵横家

代表人物为鬼谷子、苏秦、张仪，主要言论传于《鬼谷子》《战国策》。其核心思想是"智"。

纵横家是中国战国时以纵横捭阖之策游说诸侯，从事政治、外交活动的谋士。战国时南与北合为纵，西与东连为横，苏秦力主燕、赵、韩、魏、齐、楚合纵以拒秦，张仪则力破合纵，连横六国分别事秦，纵横家由此得名。他们的活动对于战国时政治、军事格局的变化有重要的影响。

鬼谷子，传说其姓王名栩，曾隐居于清溪山鬼谷，人称鬼谷子，是战国时期的政治思想家和权谋家，纵横家理论的奠基人，代表作有《鬼谷子》，嫡传弟子有苏秦、张仪等。

苏秦是战国时东周洛阳人，张仪是战国时魏国人，他们都是纵横家思想的著名实践者。苏秦主张楚、齐、魏、赵、燕、韩六个国家合纵以抗强秦，曾佩六国相印，任"纵约长"，发动了轰轰烈烈的合纵攻秦战争。张仪则主张秦国连横东边六国，成功地实施了破纵连横战略，大大加快了秦统一中国的步伐。他们都对战国时局产生了极为深远的影响。

纵横家的管理思想主要包括三个方面：

一是决情定疑的决策方略。纵横家所擅长的游说活动，实际上是推动并帮助别人做决策的过程。纵横家认为，要作出正确的决策，就必须有准确的情报信息，把握合适的决策环境和时机，掌握正确的决策方法。纵横家提出了"得情定基"的决策依据，"顺应时势"的决策条件，"周到缜密"的决策方法，在决策的信息、依据和方法方面体现出高超的智慧。"得情定基"，就是要根据所获得的情报信息确定决策的根基，做到心中有底。"顺应时势"，就是正确审时度势，审时即审查时机；度势即度量形势，度知天下大势，并预测其发展趋势。当出现决策良机时，就要顺应时势勇敢决策，并依据发展变化的形势制定决策，这样才能与谋略相符合，否则"机不可失，时不再来"。"周到缜密"，就是游说者要根据游说对象的具体情况，充分考虑各种决策因素，从而帮助他人作出正确的决策。

二是纵横捭阖的公关艺术。由于纵横家本身并不拥有最高决策权，因此游说公关就成为纵横家必不可少的手段，纵横家所做的类似现代所谓"公共关系"的工作。纵横家在游说活动中，所体现出来的纵横捭阖的公关游说艺术，包括攻心为上的目标，度权量能的技巧，量宜发言的言辞等，对于当今公关的实践有着重要的启示。在攻心为上方面，历史上的触詟以"父母之爱子，则为之计深远"说服赵太后让长安君到齐国当人质，诸葛亮"七擒孟获"实现一劳永逸平定叛乱，等等案例，都是因为成功实施攻心为上的战略，达到攻心为上的公关目的。在度权量能方面，鬼谷子提出了"捭阖""反应""内楗""抵巇""飞钳""忤合""揣""摩""权""谋""决"等"说人十术"。在量宜发言方面，纵横家提出针对不同的游说对象、游说目的，揣度其内心想法，选择适宜的言辞，以求达到良好的游说效果。

三是以智取胜的经营谋略。纵横家主张"以智服人""以智取胜"，重视谋略、智慧和决策，这也是纵横家的思想核心。鬼谷子曾明确指出："智者事易，而不智者事难。"即有智慧的人成事容易，没有智慧的人成事困难。在经营谋略方面，纵横家家提出了因事生谋的谋划法则、因人设谋的策略原则、阴道阳取得谋略手段。因事生谋，即所有的谋略都是为了解决事物发展过程中所面临的问题而提出来的。因人设谋，即针对不同的人采用不同的计谋，因为每个人的品质、性格、悟性都各不相同。阴道阳取，即重视用计施谋的隐蔽性，鬼谷子还具体论述了"秘而不宣""先予后取""欲擒故纵""握权制人""藏而不露"五种阴道阳取的方法。

事实上，鬼谷子的纵横术本质上是一种"乱世经营术"。乱世出小人，乱世也出正人君子；小人用术以行其恶，君子也可以用计而实现其善。各种计策谋略的实施效果的善与恶，正与邪，利与弊，完全取决于实施者和实施对象的具体情况。

(八)杂家

代表人物为吕不韦、刘安,代表作品有《吕氏春秋》《淮南子》。其核心思想是"合"。

杂家是战国末期至汉初的综合学派,因"兼儒墨、合名法","于百家之道无不贯综"而得名。春秋战国时代,百家争鸣,各家都有自己的对策与治国主张。为了打败其他流派,各学派或多或少地吸收其他流派的学说,或以攻诘对方,或以补充自己学说的缺陷。杂家便是这方面的典范,博采众议,成为一套在思想上兼容并蓄,却又切实可行的治国方针。

杂家的出现是统一的封建国家建立过程中思想文化融合的结果。

吕不韦是战国时期卫国人,原为家累千金的阳翟大贾,在赵都邯郸见入质于赵的秦公子子楚(即异人),认为"奇货可居",遂予重金资助,并游说秦太子安国君宠姬华阳夫人,立子楚为嫡嗣。后子楚与吕不韦逃归秦国。安国君继位为秦孝文王,子楚遂为太子。次年,子楚即位(即秦庄襄王),任吕不韦为丞相,封为文信侯。庄襄王卒,年幼的太子嬴政被立为秦王,尊吕不韦为相国,号称"仲父"。战国末年,吕不韦聚集门客编纂《吕氏春秋》,又称《吕览》,于秦国统一六国前夜写成,是一部典型的杂家著作集。此书共二十六卷,一百六十篇,二十余万字。书中尊崇道家,肯定老子的思想,同时以道为主,融合儒、墨、法、兵众家长处,形成了包括政治、经济、哲学、道德、军事各方面的理论体系。

刘安是汉高祖刘邦之孙,袭封淮南王。刘安才思敏捷,好读书,善文辞,乐于鼓琴,是西汉知名的思想家、文学家。刘安及其门客集体编著了杂家著作《淮南子》,又称《淮南鸿烈》。《淮南子》以道家思想为主,糅合儒、法、阴阳五行等多家思想,并从唯物主义的角度提出了

"道""气"等学说和观点，同时还包含和保留了许多自然科学史的材料。刘安还是豆腐的发明人。

杂家主张对不同元素有意识地加以整合，兼收并蓄，博采众长，为我所用。杂家在历史上并未如何显赫，虽然号称"兼儒墨、合名法"，"于百家之道无不贯综"，实际上流传下来的思想不多，在思想史上也没有多少痕迹。至今，"杂家"这称号基本上说的就是此人没有专业本事，什么都知道一点，但什么都不精通的意思。

（九）农家

代表人物为许行。其核心思想是"劳"。

农家因注重农业生产而得名，是先秦时期反映农业生产和农民思想的学术流派，奉神农为祖师，祖述神农。

许行与孟子是同时代人，相传为楚国人，依托远古神农氏之言来宣传其主张，是战国时代农家的代表人物。

农家在战国时的出现不是偶然的。春秋战国的社会大变革使阶级关系发生了很大的变动，以至于反映劳动者利益的思想学说，在当时也能有存在的条件。以许行为代表的农家是下层农民的代言人。许行有弟子几十人，他们生活极为简朴，穿着普通的粗布衣服，靠打草鞋、编席子为生。

农家主张推行耕战政策，奖励发展农业生产，研究农业生产问题。农家强调人人都要成为自食其力的劳动者，通过劳动维持生计，重农限商，以农固国，富国以农。

纵观西方和中国的各九大管理学派，管理思想有其共性内容，也有其差异性特色，同时也存在一定的规律性，具有一定的理论基础，为人类研究管理学理论提供了重要参考。

第三节 管理思想的演进

西方和中国的各九大管理学派，依据自己的理论框架，创造出独具特色的管理理论和管理方式，是东西方管理智慧的结晶。但管理是发展的，是系统性的，不是千篇一律的。不同的历史阶段、不同的意识形态、不同的民俗文化、不同的国家区域、不同的生产力和科技水平背景、不同的行业领域、不同的发展规模，管理方法不尽相同。就管理学而言，由于各个学派相对独立，而且存在单一性、碎片化和区域性等不足，虽然在某一方面、某一领域的研究实践取得了重大理论成果，但都没能将管理纳入统一框架加以研究，形成管理学自有的逻辑主线，这样的研究结果自然会有一定的局限性和片面性。

一、经济成长阶段论与管理思想演进

美国得克萨斯大学经济学和历史学教授、著名经济史学家华尔特·惠特曼·罗斯托在他的专著《经济成长的过程》（1951年）、《经济成长的阶段》（1959年）和《政治和成长阶段》（1970年）中提出了经济成长六个阶段的理论。

1. 传统社会

罗斯托把我们所说的原始社会、奴隶社会、封建社会统称为传统社会，他说这个社会的主要产业部门是农业，家族和氏族关系在社会组织中有很大作用。

2. 为起飞创造前提条件阶段（过渡阶段）

罗斯托认为过渡时期的本质特征是："把投资提高到经常地、大量地、明显地超过人口增长的水平。"他还特别强调农业和开采业生产力的迅速提高对过渡阶段的意义,他提出迅速发展的农业在过渡时期有三方面的作用:一是为急剧增加的工业人口、城市人口提供口粮;二是为现代工业提供市场;三是为政府提供税收和为现代部门提供资金。罗斯托认为除了农业和开采业之外,作为过渡时期特征的还有社会经营资本或基础资本的迅速积累。罗斯托宣称:农业或开采业和社会经营资本这两个部门在过渡时期发生革命性变化的全部意义,就是为现代工业结构准备一个可以持续存在的基础。罗斯托认为,在过渡阶段,政府必须建立全国统一市场以使经济摆脱自给自足的区域性质;它必须建立现代财政制度以筹集现代化所需要的资金;它必须制定现代化政策。

3. 起飞阶段

罗斯托把起飞定义为一种工业革命。它在较短时期内,生产方法、经济和社会的结构发生重大的性质上的而非程度上的变化,过渡阶段的变化是缓慢的,而起飞阶段成长为社会的正常情况,各种束缚经济成长的传统力量最终被消除了,于是经济就像飞机一样,可以起飞并持续航行了。

罗斯托认为,确定一个经济是否处于起飞阶段需要三个相互关联缺一不可的条件:生产性投资率由国民收入的5%或不到5%增加到10%以上;有一种或多种重要制造业部门成为主导部门;迅速出现一个有助于国内筹集资金的政治、社会和制度结构,以保证成长的持续性。

罗斯托认为尽管各国在起飞阶段的主导部门不一样,但有四个因素是不可缺少的:社会对主导部门的有效需求必须有所扩大;主导部门要开始具有新的生产作用,并扩大它们的生产设备;必须有足够的资金使主导部门得以起飞,并以很大部分利润重新投资;主导部门必须能通过扩充和技术改进,来促成其他部门的同样行动。

4. 向成熟推进阶段

罗斯托认为,在经济起飞60年后,经济将进入成熟阶段,其特征是:投资率经常保持在占国民收入的10%~20%,使生产的增长经常超过人口的增长；由于技术的改进，新工业的加速发展和旧工业的停滞，经济结构不断发生变化，工业向多元化发展，新主导部门代替旧主导部门；经济在国际经济中得到了它应有的地位，即与它的资源潜力相适应的地位。

5. 高额群众消费阶段

罗斯托指出这一阶段有两个特征：一是人均实际收入的提高已经使为数众多的人可以在基本的衣食住行之外享用其他消费项目，如各种耐用消费品、家用电器与各种服务；二是劳动力结构的改变使城市居民、在办公室工作和从事工厂熟练工作的人在总人口中的比重增加，与耐用品消费有关的部门将成为经济主导部门。

6. 追求生活质量阶段

罗斯托指出在这个阶段主导部门不再是生产有形产品的工业部门，而是提供劳务和改善生活质量的服务部门，人类历史上将第一次不再以有形产品数量的多少来衡量社会的成就，而要以劳务形式反映的生活质量作为衡量成就的新标志。

经济成长阶段论将经济的成长过程划分为六个由低到高的发展阶段。正如前文所述，管理思想的发展与经济形势和社会发展水平密切相关，管理思想的演进也是随着社会经济的发展水平而不断发展和完善，离开了经济的发展基础，管理思想的发展将成为无本之木、无源之水。因此，在笔者研究管理学历史的发展主线，试图寻找管理思想成长阶梯的时候，研究经济的成长阶段论将为我们提供清晰的历史沿革和完善的思想脉络。此外，众所周知，经济基础是与一定社会生产力性质相适应的生产关系的总和，包括生产资料所有制、人们在生产中的地位和关系、劳动产品分配形式，它表现为人与人之间的物质关系。生产关系的性质决定人们在经济关系中的地位和作用，从而决定管理活动的组织构造、价值取向和行为方式的社会倾向，因此经济成长论的六个阶段也是管理思想不断演进的必然路径。

二、管理发展过程的特点

人类对管理的认识经历了从笼统的总体感知到具体的内部分析再到理性的综合归纳的循序渐进过程。因此，管理实践也相应经历了从无序管理到专业管理再到综合管理的曲折发展过程。

（一）资本主义以前的管理处于无序管理阶段

1. 管理是随原始社会产生而产生的

管理是在原始社会的生产、生活实践中自发产生的。原始社会的管理组织是氏族议事会，管理人员是氏族首领，管理活动涉及到生产、军事和祭祀等活动，这一时期的管理具有随意性和管理职能无序性的特点。

2. 管理的无序性是由客观认识条件所决定的

在早期管理阶段，由于管理组织、职能、领域、对象、环节等都没有明确的逻辑划分，管理规律没有明显暴露出来，人们只能凭感性经验从总体上笼统地认识管理现象，还不可能充分认识管理活动的内部联系。这一时期的管理实践和管理认识都是支离破碎的。因此，还不可能建立独立的管理科学和提出明确的管理学概念。

3. 出现了管理理论萌芽

在奴隶社会和封建社会中，尽管建立管理科学的条件尚不成熟，但是，人们在管理实践中对管理理论进行了大量探索，提出了一些卓有建树的管理思想，涌现了大量的管理学术著作。就我国而言，例如，孙武的《孙子兵法》是较早的军事管理著作，孔子的《论语》是较早的社会管理理论，贾思勰的《齐民要术》是较早的农政管理理论，史学家的《尚书》和《资治通鉴》是较早的行政管理纪要，开明君主的治政体会、诸子百家的治理之术、史学家和艺术家的"权、势、术"结合之说，这都是管理思想体系的萌芽。

（二）资本主义时代的管理进入专门管理阶段

随着生产力和商品经济的发展，15世纪中叶在欧洲出现了资本主义生产关系的萌芽。18世纪下半叶在欧美国家发生了用机器生产代替手工劳动的重大变革。产业革命加速了资本主义经济发展，简化了资本主义生产关系，巩固了资本主义国家政权。从而，进入资本主义时代的专门管理阶段。

1. 资本主义专门管理的时代背景

一是"三权鼎立"的政治体制为专门管理提供了政治条件。资本主义革命胜利之后，资产阶级为了从根本上否定封建专制、司法专横和宗教特权，提出了"三权分立"原则，建立了立法、行政、司法三权分立、相互制衡的政治体制，在机构设置、职能分工、权力运行诸方面，为管理活动的专门分工创造了政治条件。

二是社会化的机器大工业生产为专门管理提供了经济环境。一方面，机器工业属于社会化大生产，它推动着专业化分工与社会化协作向纵深发展，从而为专门管理创造了宏观经济环境；另一方面，在以机器生产为基础的工厂制条件下，经营环节日益明细，工艺流程成龙配套，资本周转节奏清晰，经济运行的规律性暴露出来，为开辟专门的经营管理门类提供了微观经济条件。

三是近代管理科学的建立为专门管理提供了理论指导。资本主义的政治体制、经济制度和科技成果，为实现精细的专门管理开辟了广阔前景，提供了紧迫任务，创造了实现手段，从而刺激着管理理论的开发研究，相应产生了信息论、系统论、控制论三大管理理论成果。管理理论又指导着管理实践的深入发展。

2. 资本主义经营管理理论的发展阶段

一是科学管理阶段。主要特点是适应机器大工业生产的工厂制度，按照工艺流程，运用技术手段，对生产过程进行管理，因此也可称为工场管理。泰勒是科学管理的奠基人，其主要特点是根据工人的技术水平，实行有差别的激励工资制，以提高工作效率。

二是系统管理阶段。主要特点是把企业组织、再生产过程、内部条件、外部环境看作一个有机联系的系统，从总体上进行系统分析和控制，偏重于管理主体的组织建设、职能配置和过程监控。例如，法约尔的管理过程理论把经营过程分解为技术、商业、财务、会计、安全、管理六种相互贯通的活动。

（三）人类社会的发展再次进入综合管理阶段

如前所述，几乎所有经济、科技、社会、文化、政治各方面环境的演变，都可能对管理产生或多或少的影响。

1. 组织特点和规模的变化

（1）组织特点的变化

从世界范围来看，第二次世界大战结束后短短十几年中，第三产业的迅速崛起，一方面其发展速度之快令人瞩目，而今已成为社会经济生活中的一大重要组成部分，并且从目前来看，仍在不断发展之中。第三产业这类组织的性质特点，与传统产业组织有很多的不同之处，由此也引起人们关注第三产业管理理论和方法的研究，以期满足其新的实践需要。另一方面，随着一国经济向全球经济的转化趋势，公司组织的发展，出现了跨国公司及复合企业。一个企业可以跨地区、跨国界经营，也可以同时进入不同市场及互不相干的行业。随着全球性经济的迅速发展，这种趋势将有增无减，这类组织（公司或企业）则呈现出其独有的组织特点，组织规模也随之变化，因而其管理也呈现出其独特之处。

从今后来看，还将会有另一类型的组织在我们的社会生活中日趋重要，它们出现在教育、国防、太空、海洋、医药及城市等各种领域，其共同特征表现为：

①没有"例行化"的解决办法，更不可能应用生产流水线方式大量生产。所需要的，是不断找到新的解决方法。

②它们以科技为基础，工作人员以科学家和工程师为主，极少有非技术性质的工人。

③其产品可能只是一个计划，即使是电子计算机系统，其产品单位也不会很多。

④其产品涉及问题极广，有赖各方面（包括政府、教育、工商界）的协调合作。

⑤这类组织所追求的，多数并非是传统的利润，而是服务，因此难以具体衡量。

（2）组织规模的变化

18世纪的工业革命，使西方国家进入工业社会。在当时的社会技术、经济条件下，规模庞大的组织（公司或企业）显示出其强大的生命力，因而得到人们的青睐；古典经济学家们的"规模经济"理论也久负盛名。但是，历史进入20世纪90年代，随着社会生产力的发展，"大就是美"的时代已告结束。自20世纪70年代末期以来，为美国创造十几万个就业机会，开发无数科技产品的是小公司，小公司逐渐取代大公司而成为美国经济的支柱。这些小公司绝大部分是高新技术企业，弹性大、创造力强、效率高、敢于冒险，所以有人认为美国经济能在国际竞争中生存，全靠这些小公司。

美国的情况虽然代表了一种发展趋势，但这并不意味着"小才是美"。正如《哈佛商业评论》的编辑西欧多·莱维（Theodore Levitt）所说的："有些事只有大机构才做得来。"杜邦化工公司的资深副总裁亚历山大·米切纳（Alexander Michener）也说："我觉得大有大的好处，小有小的优点，两者兼得岂不更美！"所以，今天美国的大公司正在设法努力学习小公司的优点——弹性大和效率高；而小公司也不断扩张自己，希望能像大公司一样拥有丰富的资源和广大的营销网络。

2. 工作性质与价值观的变化

（1）工作性质的变化

随着上述组织特点和组织规模的变化，自然影响到组织内工作性质发生变化。从事制造业或直接生产的人员将显著减少，代之而增加的是从事营销、金融保险、交通运输、通讯、文化、卫生保健、社会福利、教育、娱乐以及政府工作等的人员。这些人大多是教育水平较高、受过某种专业训练的人，与他们上一代的工作者有着迥然不同的价值观和工作态度。

（2）价值观的变化

主管人员要运用激励等手段，促使组织全体成员产生某种特定的动机，引导其贡献自己的全部力量为实现组织目标而奋斗。但是这种动机的产生，又受到被激励者的价值观和工作态度的影响。

在西方，特别是美国，正如未来学家约翰·奈斯比特（John Naisbift）所言，教育和富裕改变了人们的价值观。原有的清教徒的道德观，即"工作本身（以及本质上）就是光荣的和可贵的，而工作必然具有某种单调乏味的成分"，已发生动摇，代之以关于工作的新概念："工作是个人或社会应该完成的使命"，"工作也应该是有趣的"。因而，促使人们努力工作的吸引力不再是以金钱报酬为主，而更多的是工作本身使他们感到快乐，并且能够发挥自己的专长和能力，能够表现出工作者本身及其价值观以及个人成就的满足程度。

3. 科技的发展

管理实践、管理思想和管理理论是随着社会生产力水平的发展而发展的。社会生产力的发展，归根结底是科学技术的发展。

西方的经济学家、未来学家、社会学家们已经看到，从上世纪末到本世纪初，有很多已突破的新技术运用于生产、生活和社会，这势必带来社会生产力的新的飞跃，相应地带来社会生活的新变化。

总之，管理环境发生了凡此种种的变化，对管理理论和实践而言，无疑提出了新的挑战。特别是人类社会进入21世纪以来，各个方面都在发生着巨大的变化，管理的载体——组织以及管理职能本身都呈现出新的特点，管理理论和管理实践所面临的问题日益复杂。为解决不断出现的问题，人们在做着各种有益的探索，管理理论与实践也呈现出新的发展趋势，再次从专门管理发展到综合管理，从而推动着管理学走向未来。

三、管理思想的发展趋势

1. 管理职能向信息职能延伸

传统的和现代的管理职能构成了一个管理循环体系，使管理活动周而复始地进行，每循环一次，管理水平就提高一级。但随着由工业经济向信息经济转变的进程加快，随着信息技术的推广应用与信息资源的开发利用，信息管理得到了普及和提高，信息管理在整个管理中地位逐渐提升。缺乏信息渗透的管理活动将使管理质量得不到保证。信息管理渗透于各种管理的一切方面的全部过程，可以说若无信息管理也就谈不上任何管理了。

因此，在管理活动中，强化信息职能将是管理学发展的趋势之一。其表现有三：首先，信息职能能革新企业内部的生产力要素结构，使资源转换系统的生产率大幅度提高，并同时以不断增加的柔性适应市场需求结构和消费结构的快速变化。其次，信息职能能促成管理系统的优化，促进组织的创新，使组织的绩效不断上升。最后，信息职能能提高计划与决策的科学性和及时性，成为信息时代企业生存、发展、竞争制胜的有力武器。信息职能的引入，其与传统管理职能将构成一种相互依存、相互促进的管理职能系统。

信息职能为传统管理职能的发挥提供了全方位、全过程的信息；反过来，传统管理职能又促使信息职能去开发、收集、处理、传播、分配信息资源。

2. 管理模式倡导人本管理

在知识经济时代，人则被摆放在了首要的地位，网络的诞生更是使人类知识的传播有了一次质的飞跃，有人曾用"农业经济100年=工业经济10年=知识经济1天"这样一个公式来形象地表达这种质的飞跃。互联网的诞生和普及正悄悄地改变着人们的工作方式和生活方式，并带来管理方式新的变革，脑力劳动者所占比例的提高，使得人的因素正日益成为有效管理的核心内容。

知识经济的特点决定了其需要优秀的创造型人才，且越优秀越好。只有充分发挥优秀人才的良好创新意识和创造能力以及工作经验，提高产品的附加值，才能获得更大的利润回报，所以其管理模式必须向人性化管理过渡，其成功代表为美国的IT业。

知识经济时代背景下，知识创新和折旧速度为每五年25%，只有终身学习，才能与时俱进，才能把准时代脉搏，紧跟时代步伐。知识经济的核心原则是：人类创造力的发挥是经济增长的根本源泉，因此，在知识经济中，提高人的素质是最基本的课题。彼得·圣吉在此背景下提出了以"五项修炼"为基础的学习型组织理论：企业要在快速变化的市场中生存和发展，就要建立学习型组织，就必须具备两个本领，即应变能力和创造未来能力。它要求人们充满自信，提高竞争动力；决不停止发展，终生学习对于职业的成功显得愈来愈重要。五项修炼为：系统思考——自我超越——改善心智模式——建立共同愿景——团队学习。

学习型组织有着不同凡响的作用和意义。它的真谛在于：学习一方面是为了保证企业的生存，使企业组织具备不断改进的能力，提高企业组织的竞争力；另一方面，通过学习不断突破企业和个人的极限，使人们在工作中跟上时代发展的步伐。

在以人力资源为第一资源的知识经济时代，"以人为本"管理不仅是已有的人性化管理手段的延伸和发展，同时它还体现出现代企业管理理念从旧的"人是工具"到"人是目的"的历史性进步。承认人的各种需要的合理性，千方百计地创造条件予以满足，促进人的全面发展，这是人本管理的核心问题。工作扩大化、工作丰富化、弹性工作时间、员工参与管理、团队建设、职业生涯设计与管理等管理方式都体现了管理模式向人性回归这一时代特点。

企业是经济组织，不能不追求利润、效益，但同时企业也是一个社会组织，要尊重人、关心人，使人和企业共同发展，同时要承担相应的社会责任。将功利目标和人文目标及社会责任整合起来，实行以人为本的管理并兼顾企业社会责任，将是管理的最高境界。

3. 管理手段将趋向智能化

智能化和信息化技术给企业管理带来的变化是革命性的。莫顿（Michael.S.Scott Morton）的研究表明，这种变化至少可以归纳为六个方面：一是信息化和智能化的应用给企业生产、管理活动的方式带来了根本性的变革。二是信息技术将企业组织内外的各种经营管理职能、机制有机地结合起来。三是信息化将在许多方面改变产业竞争格局和态势。四是信息化给企业带来了新的、战略性的机遇，促使企业对其使命和活动进行反思。五是为了成功地运用信息技术，必须进行组织结构和管理方法的变革。六是对企业管理的重大挑战是如何改造企业，使其有效地运用信息技术，适应信息社会，在全球竞争中立于不败之地。此外，智能化的应用将帮助人们从烦琐的工作中解脱出来，实现人力资本的节省，智能化的应用还实现了人脑和电脑的有机结合，极大提高了管理效率。随着物联网、云计算、大数据、区块链、人工智能等先进科技的迅猛发展，以及量子技术商用化的速度不断加快，这一趋势将更趋明显。

4. 管理思想从学派分化到兼容并包

管理思想的各个理论学派都从不同的角度体现了某个方面的有效性。随着当代社会、经济、科学技术的飞速发展，在学科高度分化、高度综合的趋势下，许多学者发现一种管理思想是解决不了问题的，管理思想也不可避免地要走向融合，即吸取众家之长，促进管理思想的民主化、科学化。在管理思想进入成熟阶段后，越来越多的管理学者开始注重创新管理的重要性。

总的来说，管理科学今后面临的最大挑战就是如何有效地处理愈来愈复杂的环境中涌现出的不确定性问题。这是传统的思维和方法无能为力的地方，然而这正是复杂性科学探索的领域，复杂性科学也将因此而不断拓展自己的学科分支。可见，只有与复杂性科学结伴而行，管理科学才能走出孔茨所谓的"管理理论丛林"。

第四节 管理阶梯的形成

管理是社会活动的产物，管理学的发展与经济发展水平、制度因素以及社会发展阶段密切相关。自从有了人类活动，管理思想就伴随着人类的社会活动而萌芽、发展和不断壮大。

笔者从人类社会发展史的宏观历史角度出发，研究发现管理存在规律性和逻辑性，即在不同的经济发展阶段，人类的管理活动具有不同的特征。具体可分为七个时期。

一、原始经济时期

原始经济时期指封建社会之前的经济发展阶段，主要包括原始社会、奴隶社会和封建社会时期。

1. 原始社会的管理活动具有平等性、经验性和自愿性的特征

（1）地位的平等性。生产资料归公所有，人们在生产中地位平等，劳动产品平均分配。人们在经济上的平等关系决定他们在管理组织中的平等关系。

（2）管理的经验性。科学文化尚未形成，人们对客观规律没有清醒认识，氏族首领凭实践经验在活动现场直接发令、组织和指挥，管理方式简单。

（3）服从的自愿性。氏族议事会是民主选举的群众组织，手中没有暴力和特权，氏族首领根据传统习惯及个人威信进行管理，人们在生活中直接感受到个人对组织的依赖性，因而自觉服从首领的指挥。

2. 奴隶社会和封建社会的管理活动具有职业性和野蛮性的特征

（1）管理的职业性。随着生产资料私有制的逐步建立，形成了奴隶主与奴隶两大对立的社会阶级。个人与组织的矛盾打上了阶级烙印，并且从非对抗性转化为对抗性。奴隶主为了镇压奴隶的反抗，组建了自己的国家政权。他们组织各级各类国家机关，委派各级各类政府官吏，制定各种各样的法律制度，出现职业性的管理组织及管理人员。

（2）手段的野蛮性。在君主专制条件下，个人与组织之间的矛盾十分尖锐。统治阶级不断强化军队、警察、法庭、监狱等暴力机构，以镇压人民的反抗，其刑罚和手段十分野蛮残忍。

二、小农经济（手工作坊）时期

1. 家长式管理是该阶段最主要的管理模式

这一阶段人们结成了一定的社会关系，有了集体劳动的分工、协作，为了谋求生存而进行各种活动，管理职责主要是由家长担任，并进行着管理活动和管理的实践。但是人们从未对管理活动本身的重要性和必要性加以认识，提出某些见解。仅有的管理知识是代代相传或从实践经验得来的，人们凭经验去管理，尚未对经验进行科学的抽象。

2. 管理组织逐步出现

在这一时期，社会生产力、商品生产有一定的发展，从经济活动管理来看，主要出现两种类型的社会经济活动的组织形式：一种是商业行会（Trade Union）和手工业行会（Craft Guild）；一种是厂商组织（Firmoroganization）。此外，合伙（Pattnership）和联合经营（Joint Venture）等未来公司的前身开始出现。

3. 管理水平大幅提高

在中世纪，管理实践和管理思想都有很大发展。15世纪世界最大的几家工厂之一的威尼斯兵工厂（Aresenal of Venice），早在当时就采用了流水作业，建立了早期的成本会计制度，并进行了管理的分工，其工厂的管事、指挥、领班和技术顾问全权管理生产，而市议会通过一个委员会来干预工厂的计划、采购、财务事宜。威尼斯兵工厂是管理实践的一个出色范例，也体现了现代管理思想的雏形。

三、资本主义初期

中世纪后期，18世纪到19世纪中期，欧洲逐渐成为世界的中心。几次大规模的产业革命，城市（主要是商业城市）的发展，资本主义生产方式从封建制度中脱胎而出，这期间家庭手工业制占主导地位逐步被工厂制所替代。始于英国的工业革命其结果是机器动力代替部分人力——机器大生产和工厂制度的普遍出现，对社会经济的发展产生了重要影响。这一时期的管理呈现以下特征：

1. 经验式管理是这一阶段的主要管理模式

许多理论家特别是经济学家，在其著作中越来越多地涉及有关管理方面的问题。很多实践者（主要是厂长、经理）则着重总结自己的经验，共同探讨有关管理问题，并将管理经验总结提炼形成较为系统的管理理论。这些著作和总结，为管理理论的形成打下了基础，是研究管理思想发展的重要参考文献。概括起来，其重要意义有三：一是促使人们认识到管理是一门具有独立完整体系的科学，值得去探索、研究、丰富和发展；二是预见到管理学的地位将不断提高；三是区分了管理的职能与企业（厂商）的职能。

2. 管理专业化趋势明显

随着工业革命以及工厂制度的发展，工厂以及公司的管理越来越突出，也有很多的实践。一般说来，这一时期资本家仍担任管理者，凭自己的经验和判断去管理自己的工厂，经理人员也没有独立出来成为现代意义上的专门的管理者，但管理人员独立出来做专业管理的趋势加快，倾向更加明显。

3. 管理理论开始兴起

这一时期随着生产力的高度发展和科学技术的飞速进步，管理学者们经过不断研究、观察和实践，对管理的科学认识不断丰富和具体，进而对其进行概括和抽象，这才逐渐地形成管理理论，管理作为一门科学才真正蓬勃兴起。

四、前工业化时期

随着社会经济的不断发展，企业的规模和数量不断增长，在这一时期管理活动呈现以下特征：

1. 管理逐步科学化

随着管理实践的不断丰富，人们考虑问题的重点已经转移到厂商内部的各种问题中，如加工过程、设备排列、场地布置、生产技术、刺激制度等。对管理的研究已逐步转向注意"物"的管理以及突出组织与效率等问题管理实践的研究，在这一时期，管理也更加科学化。

2. 管理理论发展成为较为独立的学科

随着管理职能系统化和管理体制法制化的推进，人们对管理的认识已经发生了较大的变化，把它看成是对人类经济活动有影响的一门较完整的知识。管理过程的环节、职能、特点日益暴露出来，为人们进一步揭示管理规律创造了客观条件。管理人员被公认为受尊敬的人，管理原理这一主题已经从工业界扩散到大学的课堂，管理发展成为独立的学科。

3. 管理职能的专业化

资本主义早期发生了用机器生产代替手工劳动的重大变革，为人们认识自然规律、社会规律和管理规律提供了可能性，管理职能走向专业化。建立了"三权鼎立"的政治体制，立法、行政、司法、军事、外交各类国家机构科学分工、相互制约、协调运行。

4. 管理手段的技术化

随着科学技术的发展，物联网、大数据、云计算、区块链、人工智能、虚拟现实、增强现实、量子技术等先进的科技成果不断在管理领域推广运用，印刷技术、通讯技术、计算机技术不断与管理活动相结合，管理过程中的技术应用程度不断提高。

五、工业化时期

20世纪中期以来，随着生产力及科学技术的不断发展，资本主义经济发展呈现多样化，生产自动化程度不断提高，科技的迅速发展，对管理提出了更高的要求。特别是信息技术（IT）的发展推动着管理理论的不断创新。这一时期的管理有以下特点：

1. 管理理论极大地丰富完善

以现代数学、系统论、信息论、博弈论和网络技术等为理论基础，从而诞生了众多学派并存的现代管理理论学派。主要包括：行为科学理论学派、权变理论学派和管理文化学派等。

2. 重视管理过程中人的因素

由于管理的主要内容是管人，而人又是生活在客观环境中，虽然他们也在一个组织或部门中工作，但是，他们在其思想、行为等诸方面可能与组织不一致。重视人的因素，就是要注意人的社会性，对人的需要予以研究和探索，在一定的环境条件下，尽最大可能满足人们的需要，以保证组织中全体成员齐心协力地为完成组织目标而自觉做出贡献。

3. 广泛运用电脑网络等先进技术

随着社会的发展，科学技术水平的迅速提高，先进的科学技术和方法在管理中的应用愈来愈显得重要。通过电脑和网络，对信息的采集、分析、反馈等的要求愈来愈高。管理人员必须利用现代技术，建立信息系统，以便有效、及时、准确地传递信息和使用信息，促进管理的现代化。

六、后工业化时期

社会发展到后工业化时期包括学术知识上的科学化，政治上的民主化，经济上的工业化，社会生活上的城市化，思想领域的自由化和民主化，文化上的人性化，技术上的智能化等。在这一时期，管理将呈现出虚拟化的特征。

虚拟管理将实现管理时间和空间上的分离，管理不再局限于企业的物理组织，在一定程度上突破了企业的物理组织，实现了不受物理空间和地域空间限制的管理阶段，在广阔的空间上实现对企业的虚拟管理，从而最后达到"云"的境界。

七、创新开创未来

创新是永恒的主题，也是驱动发展的关键引擎。随着管理环境的改变，使得今后各种组织所承担的任务、采用的方法以及所面临的问题都将和过去有很大的不同。这样一来，创新能力便成为决定今后各种组织成败的主要条件。所谓创新，可以有不同的含义，但在这里所指的是任何"创造改变的程序"。这个含义所强调的，并不是"改变"的内容，例如新产品、新技术、新材料等，而是带动、促成、实现这些新事物的力量、因素及程序。例如一家制造公司开发或设计一种新产品，经过试制、试用或试销，而后决定正式上市，这一过程称为创新。又如一个组织采用一种新的规划技术，应用于本组织业务中，这一过程也可以称为创新。创新永无止境，创新是企业打造蓝海战略的必然选择，更是企业开创未来，保持核心竞争能力的重要途径，正所谓创新开创未来，创新驱动发展。

八、管理阶段划分与界定

管理理论的发展和管理方式的变革，与生产力的发展阶段密切相关。正如前文所述，在不同经济阶段，管理活动呈现不同特点。随着人类社会在不同发展阶段的变革和螺旋式上升，管理理论也从低级阶段向高级阶段和更深层次的领域发展，从野蛮、血腥、非理性逐步朝理性、科学、人性、智能化方向发展。"管理既是人性驱使的社会活动，也是社会经济发展、科学技术进步的思想总结"。因此，在人类不同发展阶段呈现出了不同的管理特点，根据前文提到的管理思想的演进及发展趋势分析，根据不同经济阶段管理的特征，可以归纳总结出人类管理发展史的规律和深刻内涵。

（1）历史上看，管理与人类社会几乎同时产生。自从有了人类社会，人们的社会生活就离不开管理，所以管理的实践早就出现了。

（2）经过长期的积累和总结，对管理实践有了初步的认识和见解，从而开始形成管理思想，这种管理思想也是管理理论的萌芽。

（3）对管理思想加以进一步的总结，提炼管理中存在的规律性的东西，并经过管理实践的反复检验，形成了管理的基本理论。

（4）进一步对这些理论进行实践验证，并进行理论的不断修正，形成了系统的管理理论，随着社会的不断进步，管理理论在扬弃中不断完善和丰富，并指导着人类进行更为复杂的管理实践。

因此，管理的发展历史就是从管理实践、管理思想、管理理论萌芽，到最终形成管理科学的不断发展历程。

笔者结合对中西方各九大管理学派等管理理论的深入研究，以及本人三十多年的国内外管理实践，从人类社会发展史的宏观历史角度出发，通过"理论与实践"的紧密结合、"国外与国内"的兼容并蓄、"分析与研究"的方法应用、"传承与创新"的延续融合、"成功与失败"的案例论证，系统分析了管理理论发展的逻辑主线，创立了管理学上新的管理理论——管理阶梯理论，即从早期管理、家长式管理、经验式管理、科学化管理、现代化管理、虚拟化管理到创新管理由低到高的七个阶段，以期对政府、企业、个人管理者提供重要帮助。管理阶梯的七个阶段，每个企业都能从中找到自己的缩影。

第一个阶段：早期管理

早期管理是指在远古时代，人们在管理部落、家庭、作坊等进行实践活动过程中，形成的无序的、公有的、朴素的、零碎的、随意的管理思想。早期管理思想是在古代社会生活条件下，在社会组织活动中萌芽的简单的管理思想。早期管理的突出特点是"基础化"，即无序的、朴素的、零碎的。

第二个阶段：家长式管理

家长式管理是指基于家族式信任和家长权威，管理权高度集中于最高领导者个人，管理者凭直觉、个性、家长权威、家族温情、血缘亲情进行决策的管理。家长式管理的突出特点是"集权化"，即家长具有绝对权威，凭借家族信任和自我直觉进行管理决策。家长式管理在企业创建初期发挥着积极作用，但决策的独断性、随意性往往把企业带向危险境地。

第三个阶段：经验式管理

经验式管理是指管理者根据自身在管理实践中摸索、提炼、总结的管理体会、认知、经验、方法，对企业的人、财、物等进行唯我的、独立的、凭经验决策的管理过程。经验式管理的突出特点是"二化"，即主观化、随意化，管理者凭借经验进行管理决策，决策随意性强，经常出现"头痛医头、脚痛医脚"、担任"救火队长"角色的情况，缺乏对管理的系统思考和整体把握。

第四个阶段：科学化管理

随着企业发展壮大，管理层级、管理幅度不断增加，经验式管理难以为继，需要进入更高级的科学化管理阶段。科学化管理是指把人们在实际管理工作中积累的成功经验提炼出来，通过梳理形成制度、标准和规范，从而使各项管理工作达到制度化、标准化、规范化。科学化管理的突出特点是"三化"，即制度化、标准化、规范化。在此基础上，本人通过对发达国家、世界500强企业管理经验的大量实证分析，提炼出了以"三化"为主体、以"三高"为标准、以"三严"为保障的科学化管理体系。"三化"即制度化、标准化、规范化。"三高"即高质量、高效率、高效益。"三严"即在执行"三化""三高"方面，不仅管理者自身要严于律己，还要对下级严格要求，整个公司严肃合规守纪，最终使各项工作达到"三高"标准。在科学化管理体系实践中，"三高"中的每一"高"都是在激烈的市场竞争中出奇制胜的法宝。需要指出的是，科学化管理是管理阶梯七个阶段承上启下的转折点，是企业管理水平提升的关键阶段。

第五个阶段：现代化管理

由于科学化管理过于强调制度的严肃性和执行力，忽视了人的社会属性，缺少人文关怀和信息技术在管理方面的应用，使员工的工作积极性受到影响。这就要求管理必须向更高的阶段转变：现代化管理。现代化管理是指在科学化管理的基础上，将现代管理理论、科学技术、信息和网络技术，全面和系统地用于管理中，通过建立科学的、人性的、精确的管理流程再造，使管理达到制度化、标准化、规范化、信息化、网络化和人性化的要求。现代化管理是对科学化管理在新时期的继承和发展，突出特点是"六化"：即制度化、标准化、规范化、信息化、网络化、人性化。

第六个阶段：虚拟化管理

虚拟化管理是指在管理中利用现代通讯技术、网络技术、视频技术、信息技术等超越物理空间限制的技术，对分布在不同地理位置的被管理者，通过计算机、网络、视频进行相对独立的、远程的、实时的管理，达到虚拟化、全球化、宇宙化的管理要求，最终实现跨越时间、空间和组织边界的管理。虚拟化管理是对现代化管理的进一步完善，突出特点是"九化",即制度化、标准化、规范化、信息化、网络化、人性化、虚拟化、全球化、宇宙化。

第七个阶段:创新管理

物联网、云计算、大数据、区块链、人工智能、量子技术等先进科技的迅猛发展,将为人类社会带来"前所未有"甚至"翻天覆地"的巨大变革,创新管理成为人类管理理论和实践发展的必然选择。创新管理是指企业把新的管理要素(如新的管理方法、新的管理手段、新的管理模式等)或要素组合引入企业管理系统,加强知识资产管理、机遇管理和企业战略管理,有效运用企业资源,把管理创新、技术创新和制度创新有机结合起来,形成完善的动力机制、激励机制和制约机制的管理,以便有效地实现组织目标的创新活动。突出特点是"十化",即制度化、标准化、规范化、信息化、网络化、人性化、虚拟化、全球化、宇宙化、智能化。

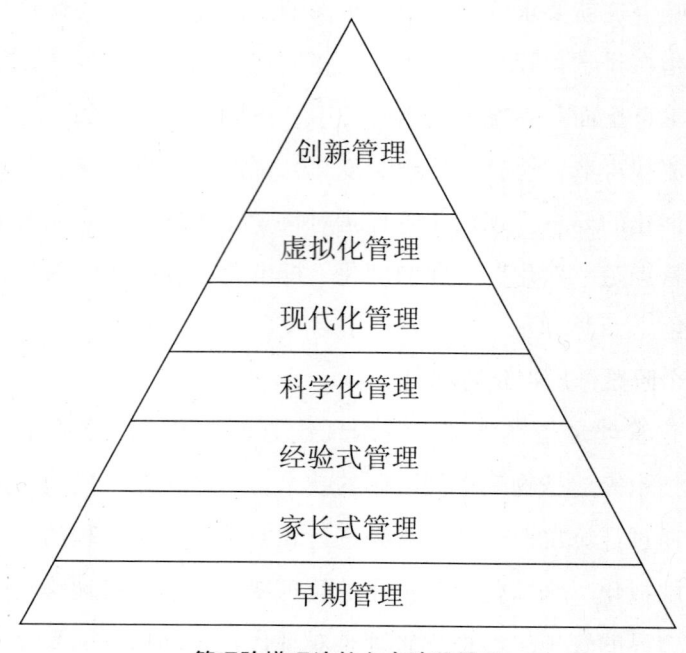

管理阶梯理论的七个阶段图示

正如马斯洛"需求层次理论"五个层次逐层递进一样,管理阶梯理论的七个管理阶段不是简单的罗列,而是由低到高、由浅及深不断深化的过程。每一阶段都是在特定的经济发展水平和企业发展阶段,通过管理者的不断探索和实践而形成的管理方式,都存在固有的特点和不足。每一阶段的思想理论都是在前一阶段基础上的发展和完善,最终形成管理阶梯的理论体系。

从企业发展规律来看,受市场变化、技术冲击和经济危机等多重因素影响,企业的管理水平达到一定阶段,如果不能上升到更高级的管理阶段,企业就会出现衰退甚至倒闭。管理阶梯理论的七个阶段,是伴随企业发展规模壮大、管理层级增加、适应外部环境的自然演进过程。

因此,管理阶梯理论所涵盖的七个管理阶段,既是管理学发展的逻辑主线,也是社会发展的历史主线,同时也是企业由小到大、由弱到强、由原初到现代的管理层次发展的里程碑。

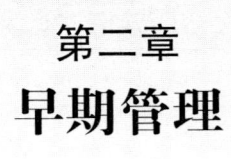

第二章
早期管理

第一节　早期管理实践案例

案例4　万里长城的建造

万里长城是秦始皇于公元前214年，命令大将蒙恬率兵30万北击匈奴时，役使40多万人把原来燕、赵、秦等国修筑的长城连接并加以扩建而成的。万里长城总长6000多公里，气势雄伟。长城建筑在地势险峻的山巅，工程复杂而浩大，而当时施工仅凭肩挑手抬，其困难可想而知。然而，得益于古老中国的早期管理智慧，最终成就了闻名中外的长城奇观。

案例分析

长城的建设，是早期管理思想的生动实践。具体体现为以下方面：

1. 有严谨的工程计划。对工程所需土石及人力、畜力、材料、联络都安排得井井有条，一环扣一环，使工期不至于延误。

2. 严格的工程质量管理。主要是工程验收制度，如规定在一定距离内用箭射墙，箭头碰墙而落，工程才算合格。否则返工重建。

3. 有效的分工制。长城建设在事先确立走向前提下，分区、分段、分片同时展开，保证工程进度的同步性，体现了有效的分工。

案例5 商鞅变法

商鞅（约公元前390年～公元前338年），卫国（今河南安阳市内黄梁庄镇一带）人。战国时期政治家、思想家，著名法家代表人物。姬姓，卫氏，全名为卫鞅。因卫鞅本为卫国公族之后，故又称公孙鞅。后封于商，后人称之商鞅。

商鞅变法是指战国时期秦国的孝公即位以后，决心图强改革，便下令招贤。商鞅自魏国入秦，并提出了废井田、重农桑、奖军工、实行统一度量和郡县制等一整套变法求新的发展策略，深得秦孝公的信任，任他为左庶长，开始变法。经过商鞅变法，秦国的经济得到发展，军队战斗力不断加强，发展成为战国后期最富强的封建国家。

案例分析

商鞅在主持变法的过程中，制定的一些具体政策措施，是中国早期管理思想的体现。

1. 重农抑商的基本管理思想。商鞅推行重农抑商的政策。规定生产粮食和布帛多的，可免除本人劳役和赋税，以农业为"本业"，以商业为"末业"。因弃本求末，或游手好闲而贫穷者，全家罚为官奴。商鞅还招募无地农民到秦国开荒。为鼓励小零经济，还规定凡一户有两个儿子，到成人年龄必须分家，独立谋生，否则要出双倍赋税。禁止父子兄弟（成年者）同室居住，推行小家庭政策。这些政策有利于增殖人口、征发徭役和户口税，发展封建经济。

2. 提出了论功封爵等激励约束措施。强调论功封爵的吏治准则，废除世卿世禄旧制，除了从事农战以外，不得授予官爵。"是故不以农战，则无官爵"（《农战》）。商鞅明令奖励耕织，奖励军功，规定"粟爵粟任"，"武爵武任"（《去强》），即允许人们纳粟换爵，按军功大小授予二十级的不同爵位。此项改革，是与当时普遍推行的县制结合在一起进行的，旨在加强中央集权。

3. 以法律准则约束社会行为的观念初步建立。商鞅强调依法治国的治国方略。商鞅对于如何管理国家这个问题，坚持不法古，不循礼，反对以"仁义"说教的儒家思想。他说，唯有"以刑治，民则乐用；以赏战，民则轻死"（《弱民》），这样才能达到"以刑去刑"，"以战去战"（《画策》），因此，非以"法治"无以治国平天下。

案例6　金字塔的建造

金字塔是古代埃及人民留给人类的伟大艺术品，自建成以来就成为令人惊叹的建筑奇迹，尤其以胡夫金字塔为代表，其高超的建筑技巧和巨大的建筑规模历来为人们称赞。胡夫金字塔是用上百万块巨石垒起来的，每块石头平均有2000多公斤重，最大的有100多吨重，10万人用了30年的时间才得以建成胡夫金字塔。金字塔是古代埃及人民智慧的结晶，是古代埃及文明的象征，也是古代埃及人民早期管理伟大实践。

案例分析

1. 金字塔的修建表明，古代埃及人在管理方面已经有了分工和协作的思想，较好地把科学技术运用于劳动过程，体现了较为严密的组织制度。

2. 作为如此浩大的工程，在建造金字塔的过程中，古埃及人精心计划、组织和控制，安排和解决食物、住宿、运输问题，表现出了非凡的管理和组织能力。

3. 在工程管理中，每个监工大约管理10名奴仆，反映出他们已经有"管理跨度"的管理理念，已知道每个管理者所能监督人数的管理跨度是"以十为限"。尽管这些管理思想尚不系统，但初步管理思想已经萌芽。

案例7 《汉谟拉比法典》

汉谟拉比（hammurabi），古巴比伦国王（公元前1792～公元前1750年在位）。公元前18世纪初，古巴比伦王国崛起，在汉谟拉比领导下，一跃成为囊括整个两河流域的帝国。为了强化统治，汉谟拉比制订了世界上第一部比较完备的成文法典——《汉谟拉比法典》。他还利用宗教来巩固自己的政治，称自己是神宠爱的人。

汉谟拉比是不朽的，正如这块法典碑是不朽的一样。汉谟拉比类似中国的秦始皇，他不仅在4300多年前统一了两河流域，建立了阿卡德王朝，而且还兴修水利、统一度量衡、对外通商、发展经济，为后来更加强大的古巴比伦王国的出现奠定了基础。

《汉谟拉比法典》是人类历史上的第一部文字法律。它涉及社会及商业管理的许多方面，如出售、契约、合伙、协议、期票、借贷、租赁、转让、抵押、遗产、奴隶等，对各种职业、各个层面上的人员责、权、利关系给予明确的规定，提出了民事控制、事故责任、生产控制与激励以及最低工资的规定。法典的内容宗旨铲除邪恶、弘扬道德的思想贯穿全篇。为世界各国人民以法治国，立下了最早最正规的标本。

案例分析

1. 法律在西方的早期管理中是重要的统治工具。《汉谟拉比法典》中有着严酷的法律，其中有一条是"盗窃者砍手"，其法律的严酷性可见一斑，正是依靠这部法典，汉谟拉比时代的巴比伦，成为古代东方奴隶制国家中统治最严密的国家。

2. 利用宗教强化管理者的管理权威。《汉谟拉比法典》是记录在石碑上的，"法典碑"上半部用浮雕形象表现了汉谟拉比从太阳神手中接过法典的场景，体现出那个时代的君权神授意识，那时候管理者已经借助宗教迷信获得被统治者的认可。

> 3. 总体来讲，由于早期人的思想意识的野蛮和非文明的特点，早期的管理者在维护自身利益的时候体现出了更多的强制性和野蛮性，但统治者为了维护阶级利益，各种随意的、无序的管理思想已开始萌芽并在实践中不断发展。

第二节　早期管理思想产生的背景

管理作为一门古老的知识和实践，自原始部落的群体劳动出现分工和合作时起，管理活动便开始了。美国学者罗杰·科隆斯在《工厂生产——公元元年》一文中写道："中国人早在公元元年就已通晓劳动分工和组织的部门化。刻在一只饭碗上的文字表明，它是一家官办工厂制造的。在这家工厂，各个工匠之间的劳动有着高度的专业化分工。这家工厂分三个部门：会计、安全与生产（门丹尼尔·A.霄恩，2000）。"这段话明白地告诉我们，在2000多年前的公元元年，古老中国在生产领域里已经有了成熟的管理实践。

其实从公元元年上溯到历史的深远处，早在5000年前，中国已经有了部落和国王，有了雏形的古老组织。有了组织，便有了管理。到了约公元前17世纪后的商、周时代，中国的官僚机构已经发展成为一个分等级层次的完备体制，出现了从中央到地方的等级森严的金字塔式的权力机构。在公元前200多年的秦朝，已经形成了与现代中国国土相近的统一国家。此后虽然也曾历经了"分久必合，合久必分"的沧桑曲折，但从总体上看一直是统一的。历代统治者在对这个统一的泱泱大国的有效控制和管理实践中，积累了丰富的管理思想。

这些管理思想，虽然没有形成完整的理论体系，更谈不上形成一门独立的科学，但其内容是无限丰富和博大的。"中国传统的管理思想，分为宏观管理的治国学和微观管理的治生学。治国学适应中央集权的封建国家的需要……，治生学则是在生产发展和经济运行的基础上通过官、民的实践逐步积累起来，包括农副业、手工业、运输、建筑工程、市场经营等方面的学问"。（周三多等，1999）综合中国古代管理思想，最重要的是重人。重人就是要重人心向背，重人才归离，重团结和气。儒家"行仁德之政""因民之所利而利之""和为贵"等思想成为传统管理思想的重要精神。无论治国还是治生，都需要天下归心，都离不开人才，所谓得民心者得天下；离不开"天时、地利、人和"，所谓和能兴邦，和气生财。中国古代管理的另一个重要思想是诚信不欺。儒家坚持"君子信而后劳其民"的观念，治国要守信，从商也是如是。我国历来有"诚工""诚贾"的传统，商而不诚，苟取一时，终致瓦解。诚信被儒家视为"进德修业之本""立人之道"。体现在管理思想中就是"人无信不立，政无信不威，商无信不富"。此外，勤俭敬业，实事求是，注重预谋策划等等，都是传统管理思想宝库中的重要内容。这些被提到以及更多的没有被提到的古圣先贤的管理思想和原则，早在几千年前就被载入了不同的典籍中，就已经体现在人们治国治生的实践活动中。几千年来，这些思想薪火相传，生生不已，直至今天，在全球化的浪潮中与西方管理思想兼容并蓄，催生出新的内涵。

在西方，如果以千年为起点，我们可以从诞生于公元一世纪的基督教经典《圣经》中找到有关管理思想的最早的记载。《圣经》记载，希伯来人的领袖摩西采纳他岳父"从以色列人中拣选有才能的人，立他们作百姓的首领，作千夫长、百夫长、五十夫长和十夫长，他们随时审断百姓的案件，有难断的案件就呈到摩西那里，各样小事由他们自己审判"（W.J.邓肯，1999）的建议，建立了一个比较有秩序的部族管理的组织结构，并运用了类似今天常用的授权原理和例外原则等管理法则。当然，管理的历史比这段文字的记载要久远得多。正如管理大师彼得·德鲁克所说的，历史上最优秀的管理者是那些修建埃及金字塔的人，因为他们当时在时间短、交通工具及科学手段缺乏的情况下创造了世界上最伟大的奇迹之一。优秀的管理实践在5000年前埃及人修建金字塔时就出现了。

公元2世纪，古罗马帝国取得了统治欧洲和北非的成功，这种统治延续了几个世纪。古罗马帝国之所以兴盛，在很大的程度上应归功于卓越的组织管理才能。他们采取了较为分权的组织管理形式，从一个城市直至发展成为一个世界级的帝国。在欧洲的中世纪出现了两类社会经济组织，即行会和厂商组织。贸易的发展需要管理贸易的机构，于是在11世纪初产生了商业行会。工匠在城镇的聚集于12世纪催生了手工业行会在欧洲城镇的出现。生产力的发展孕育出"前店后厂"的厂商组织。由于筹措资金方式的不同，厂商组织又形成了合伙和联合经营两种不同的形式，这就是未来公司的前身。对行会组织和厂商的管理实践使欧洲人获得了企业管理的初步经验。文艺复兴之前，管理思想和实践都有很大发展。早在15世纪威尼斯兵工厂就采用了流水作业，并建立了早期的成本会计制度，开始了分工管理，由管理、指挥、领班和技术顾问全权管理生产，市议会通过一个委员会来干预工厂的计划、采购、财务等工作。16世纪，意大利人尼古拉·马基雅维里在其传世之作《君主论》中对统治者怎样运用权威管理国家作了探讨，肯定了群众认可对管理者的重要性。

第三节　早期管理的基本内涵

一、早期管理的定义

早期管理是指在远古时代，人们在管理部落、家庭、作坊等进行实践活动过程中，形成的无序的、公有的、朴素的、零碎的、随意的管理思想。

早期管理是人们进行早期实践活动和阶级统治的产物。早期的管理思想大都散见于埃及、中国、意大利等国的史籍和许多宗教文献之中。如《周礼》对行政管理制度和责任进行了具体叙述。《孟子》和《孙子》对于管理的职能如计划、组织、指挥、用人等有记载。以古今中外的管理实践来看，素以世界奇迹著称的埃及金字塔、巴比伦古城和中国的万里长城，其宏伟的建设规模足以生动证明人类的管理和组织能力。总体来看，早期管理尚无形成完整系统的管理思想，但早期管理思想为管理理论的发展奠定了基础。

二、早期管理与中外管理学派的关联

受社会、经济、政治等历史局限性影响，早期管理大多表现为局部的、无序的、朴素的、零碎的，尚无形成完整系统的管理思想。

从中国早期的管理思想来看，主要包括夏商时期、西周时期和春秋战国时期的管理思想。夏商两代的社会管理以习惯法为主，包括礼与刑两部分内容。西周时期，社会管理主要通过"分封制""世袭制""定期考核制"、编订刑书、确立典章礼仪制度和宗法等级秩序来维护阶级统治。春秋战国时期，随着生产关系与阶级关系的变动，新兴统治者为了争取自身权力地位，开始强烈反对旧贵族以宗法制垄断各级官职爵位

的制度，一致要求按才能大小或功劳高低选任官吏，促使原来的世卿世禄制向君主集权控制下的官僚制转变。

从西方早期的管理思想来看，主要包括古埃及、古巴比伦、古希腊和古罗马等管理思想。中央集权的专制政权是古埃及管理的基本特征，形成了以法老为最高统治者的金字塔式的管理机构。古巴比伦管理的突出特色是国家权力高度集中在国王手里，司法占据重要地位。著名的《汉谟拉比法典》以法律形式来调节全社会的商业交往、个人行为、人际关系、工薪、惩罚以及其他社会问题。崇尚民主管理是古希腊管理的特色，希腊人发展出了一种新型的城市政府——城邦。城邦鼓励自由交换意见，提供了自由讨论的实践经验。古罗马利用等级原理和委派、授权办法，把罗马城扩展为一个前所未有的、组织效率很高的帝国。

因此，早期管理阶段的思想渊源，反映到中外管理学派中，就是以"劳"为核心、注重农业生产、通过劳动创造价值、简单朴素的中国农家思想，两者理念相通，思想上存在密切关联。

三、早期管理的特点

早期管理的突出特点是"基础化"，即无序的、朴素的、零碎的。具体可从中国和西方早期管理思想予以体现。

（一）中国早期管理思想的特点

中国早期管理思想的基本特征是通过对中国早期思想家的管理思想进行提炼、综合的结果。尽管今天的概括难免有局限性，但是我们还是可以借助已有资料发现其带有共性的和突出的特征。

1. 初步建立了较为明晰的组织体系

早期管理已经意识到组织与分工是管理的基础，初步建立了层次较为分明的组织体系，强调家庭是最基本的组织形式，儒家和法家的富国富民之学都是把一家一户作为一个单位，以男耕女织的个体农业作为社会生产的基本形式，强调"齐家"是管理的重要方面。

2. 强调了农本商末的固国思想

受生产力发展阶段的影响，满足自给自足仍然是社会实践的重点。因此，重农限商的思想一直在中国古代管理思想中居于主导地位，倡导以农富国。《管子》认为农业是富国富民的本事、本业，韩非提出"富国以农"，"仓廪之所以实者，耕农之本务也"。商鞅主张以农固国，认为"国不农，则与诸侯争权不能自持也，兵力不足也。"只有通过政治、经济、法律等手段把农民稳定在土地上，国家才能安稳。

3. 把中庸思想作为管理行为的基准

中庸思想在中国早期管理思想中始终占重要地位，把中庸作为道德标准、决策准则，在管理的过程中，强调中庸思想，避免偏激行为，讲究处事中庸，把中庸作为管理行为的基准。

4. 把求同视为管理的重要价值

重求同是中国早期管理思想的重要特征。孔子毕生致力于"克己复礼"；董仲舒甚至把封建统治制度——"道"与"天"联系起来，提出"道之原大与天，天不变，道亦不变"。国家的统一始终成为当政者的追求，这种思想被扩展到社会生活的各个方面。

（二）西方早期管理思想的特点

1. 法律成为国家管理的重要工具

苏美尔人建立了最早的法律体系，《汉谟拉比法典》现在看来大体上是苏美尔法典的修订本，这部法典是巴比伦人、亚述人、加勒底人和希伯来人的法律的基础。巴比伦人首先认识到责任不能推诿给下级这一原则。希伯来人同样注重依法管理，其法典要比《汉谟拉比法典》开明进步一些。罗马的立法和司法的分权制则为后来的立宪政府的制约和平衡体制树立了一个典范。

2. 中央集权的专制政权是早期国家管理的基本特征

古埃及人建立起以法老为最高统治者的中央集权的专制政权。法老是全国土地的最高所有者，拥有对埃及国家财产的全部支配权。法老政权制定了土地制度、税收制度、档案制度，把权力和财富都集中在自己手上。古罗马人建立并实行一种连续授权的组织制度，这是一种行政授权与军事控制相结合的集权型等级制度，在税收上体现了管理智慧。苏美尔人庙宇中的祭司通过庞大的赋税制度积累了大量财物，如畜群、钱财和房地产等。为了管理这些财物，他们在泥板上用文字记载账目、文件。

3. 利用宗教来控制人和管理国家

希伯来人很善于利用宗教来控制人和管理国家。大卫王统治时期，为适应政治统一的需要，将耶和华神的地位进一步提高。以西节为首的犹太祭司宣扬耶和华神是宇宙间的唯一真神，是犹太人的"救世主"，他将帮助犹太人复国，建立一个祭司宗教权力与贵族政治权力合一的统一的神权政体国家。

四、早期管理的局限性

早期管理思想没有形成一种系统化的理论体系，由于受当时社会、政治和经济等因素的影响，这些思想存在很大的局限性，这是因为：

（1）古代经济和社会基本上是静止的，政治准则就是由一个中央权力机构或宗教领袖做出片面的决策。

（2）受社会生产力的限制，古代最初的社会生产方式是部落制和手工业行会制，市场比较小，且市场有限，只能导致朴素的管理思想。

（3）科学技术上不发达，很少或者完全没有创立正式管理思想体系的需要。人们也不可能总结出比较完善的管理思想和理论。但是，随着工业革命的到来，部落或行会的生产制度逐步被工厂制度所代替，这种早期管理思想已远远不能解决工业革命所带来的管理问题。

第四节 管理阶段的递进

经济基础决定上层建筑，管理思想的发展亦如此。由于古代社会生产方式主要是单个家庭、自给自足和小作坊式作业，市场规模小且有限，很难形成完整的管理思想，只是形成了早期朴素的、零碎的和不系统的管理思想。

随着社会的不断进步和经济的不断发展，家庭作坊制企业在不断发展壮大，市场竞争日益加剧，单靠传统的、早期的和零碎的管理思想很难适应自身发展和外部竞争，管理者在不断总结管理实践的基础上，逐步形成了基于家族权力与家长温情相结合的较为系统的管理方法和管理思想，并依托这些管理思想，依靠家长权威和宗族亲情进行企业组织和生产经营管理，进一步形成了一套较为完整的管理思想，早期管理就上升到了一个新的管理阶段：家长式管理阶段。

第三章
家长式管理

第一节 家长式管理实践案例

案例8 福特公司的沉浮

老亨利·福特从1899年起两次创办汽车公司,都因缺乏专业知识而失败。1903年再次创业,选用能人,请来汽车工业专家库兹恩斯担任总经理。库兹恩斯上任后,运用科学的管理手段,调查市场,建立销售网,苦心经营,建成了世界上第一条汽车装配流水线,使生产率提高了十几倍,成本和售价大幅降低,每辆"T"型车的售价从780美元降到290美元,开始了福特公司繁荣发展的阶段,一跃成为世界上最大的汽车制造企业,福特也由此获得了汽车大王的称号。但是后来老亨利·福特被一时的成功冲昏了头脑,主观武断,实行家长式管理,1915年辞退了为公司发展立下汗马功劳的库兹恩斯,接着又辞掉了大批有才干的人,甚至于在1921年一天之内赶走了30名经理。

老亨利·福特的独断专行和相对落后的经营管理方法,使福特公司的经营状况很快陷入困境,世界第一的位置很快被广招人才、管理先进的通用汽车公司所取代。1945年竟到了每月亏损900万美元的地步,濒临破产。同年9月,老福特下台,让位于他的孙子小亨利·福特。

小亨利·福特接管公司后,汲取了老福特失败的教训,重整旗鼓,聘用了通用汽车公司的副总裁布里奇全面主持公司的业务,甚至破格聘用了包括后来的美国国防部长麦克纳马拉在内的年轻人。经过几年的努力，终于使福特公司复现往日的繁荣，坐上了美国汽车制造业的第二把交椅。

富于戏剧性的是小福特后来也重蹈祖父的覆辙，独断专行，以主人自居，先后辞去了布里奇、艾柯卡等人，结果使历经艰辛换来的振兴没有保持多久，公司地位一跌再跌，业务经营每况愈下，最终也不得不辞去董事长的职务。

案例分析

如同福特公司一样，大多数中小企业的起点相对较低，创业举步维艰，以家族成员为最初的创业班底，在发展壮大的过程中逐步形成家族式企业。其实，家族式企业的存在有其合理性和必然性。家族式企业本身并不是产生问题的根源，而决策随意性较大的家长式管理，才是被人诟病的众矢之的，众多中小企业因此陷入发展困境。

案例9　澳柯玛危机

2006年4月14日，澳柯玛（600336.SH）发布重大事项公告：公司接到青岛市人民政府国有资产监督管理委员会《关于青岛澳柯玛集团公司占用上市公司资金处置事项的决定》，青岛市人民政府将采取措施化解澳柯玛集团面临的困难。至此，澳柯玛危机事件公开化。

澳柯玛危机的最直接导火索，就是母公司澳柯玛集团公司挪用上市公司19.47亿元资金。澳柯玛集团利用大股东优势，占用上市子公司的资金，用于非关联性多元化投资（包括家用电器、锂电池、电动自行车、海洋生物、房地产、金融投资等），投资决策失误造成巨大损失。资金链断裂、巨额债务、高层变动、投资失误、多元化困局等众多因素，使得澳柯玛形势异常危急。

澳柯玛症结并非仅仅是多元化投资下的资金问题，关键问题还有自身的管理模式问题，是鲁群生近17年的家长式管理模式问题积累的结果而已。鲁群生在特定环境中创业成功，然而在扩张中缺乏应有的风险意识，澳柯玛近亲繁殖任用领导现象使企业对市场缺少应有的敏感度。

扩张几乎是每个企业追求的目标。而同在青岛的三家家电集团（都是上市公司）却有不同的选择：海尔的扩张基于品牌战略；海信的扩张基于技术突围；澳柯玛的扩张却选择了不相关多元化道路。

"发散型的多元化扩张，不但没有让澳柯玛做大做强，反而使其一盘散沙"。澳柯玛集团大量占用上市公司资金，用于其非相关多元化投资；然后频频发生的投资失败和管理不善，致使资金链断裂，也把集团风险转嫁给上市公司。应当说，造成澳柯玛危机的根本原因是管理层投资决策失误、投资监管不到位、管理能力不足的综合因素造成的。

企业多元化投资，包括非主业投资和非相关性投资，是进入一个新的行业领域，企业往往对其认识模糊，容易引发决策失误；另外，高度依赖借款投资，是引发风险发生的重大诱因。也即多元化投资伴随的经营风险和财务风险都很大，因而发生的概率和损失也会很大。尤其在中国，金融体制对大型国有企业的纵容和资本市场监管不力，都增大了此类风险发生的概率。家长式管理的独断专权，使个人决策代替或凌驾于集体决策，致使"成也萧何，败也萧何"。

案例分析

多元化投资风险很多都归因到决策失误，尤其是企业高层管理人员出现强势个体领导时，由于管理权主要集中在最高领导者手中，特别容易受到领导个人权威的影响。管理者的强势，必然导致管理团队处于弱势，使团队成员的自主性减弱。这种粗放的、依赖主观能动性的做法，在企业发展初期是迫不得已的，但当企业达到一定规模时，企业领导者就会力不从心，增加管理者的决策风险，从而对企业正常运营带来重大影响。

案例10 "鞋王"集团的没落

"鞋王"霸力的辉煌是从20世纪90年代初开始的。

1993年是温州刚从"投机倒把、假冒伪劣"中复苏过来的年代。元旦过后,温州市政府开了一场表彰大会,对象是为温州经济发展做出特殊贡献的35位厂长。

不过,这里面没有一家是皮鞋企业。5年前,武林门那把"火烧温州劣质皮鞋"的大火,让温州鞋企直到此时依然心有余悸。它们在失掉信誉的同时,也失掉了政府的宠爱。

有一个人在这个时候,开始想办法。他甚至试图用一己之力,重新唤起人们对温州皮鞋的信任。

这个人就是王跃进。

从小就和舅舅学做鞋的他,在1984年创办了鹿城跃进皮鞋厂。随后企业不断壮大,到了1990年,他把鞋厂改名"霸力皮鞋厂"。"这名字很像他的个性,很自信,有霸气。"一位和他同时代出道的皮鞋老板,在多年后这样评价。

20世纪90年代其实是一个全社会意气风发的年代。1993年,邓小平在深圳的那番激动人心的讲话刚刚过去一年,温州的市长书记们在不同的场合,鼓励那些老板们要"放开手脚,发展市场经济",这一年,温州到广州、深圳的长途电话也正式开通了。

一些经常看报的市民们甚至还发现,在严肃的《温州日报》上,居然也出现了"丰胸"广告。虽然只是在角落,还是引起了很多人的注意。不过,和别的地方不一样,这里的人们更多意识到的是,社会和以前真的不一样了。

于是一直"脑子很活"的王跃进,想办法来让大家关注他。虽然他的霸力品牌已经获得了"中国鞋王""中国名牌产品"等鞋业顶级称号,可他觉得影响力和预期还是存在着差距。

只有小学文化的王跃进这时候朴素地想到，"鞋王"称号应该有个巨大的表现形式，于是他用7张牛皮，造出当时世界上最大的一只男式皮鞋，长2.05米。

王跃进农民式的狡黠获得了巨大的成功，此后霸力鞋业名声大噪，生意也就越做越大。之后，他屡试不爽，每隔几年就要弄一个巨大的怪物鞋出来，以此来获得市场的关注。王跃进组建了温州首家鞋业集团后，事业迅速达到顶峰，20世纪90年代，他的销售收入最高能达到2个亿，不过他的家长式管理风格使企业逐渐开始走下坡路。

主观武断，不听劝诫，贸然进入陌生行业。

随着皮鞋行业的竞争日益激烈，产业的毛利润也被同行越拉越低，这再也不是之前无论是谁都能赚钱的年代了。日益感觉经营吃力的王跃进，和当时大多数的温州老板一样，转而把目光瞄向了矿业。

2005年，他在广西贺州投资了矿产，总投资约在7000万元。他接手的是一个已有百年历史的老矿区，那家企业曾经有超过1万名职工，甚至有自己的学校和医院。

"不听劝诫，贸然进入陌生行业。"王跃进的老朋友，现任温州鞋革行业协会秘书的谢榕芳说。两人相识20多年。这一次，王跃进进入了一个完全陌生的商业环境。

这远比他管理一个按部就班的工厂复杂得多。他多年来无比成功的经验又给他戴上了"自负"的枷锁。

这一点在很多人看来是致命的。"他是一个事业心很强的人，但性格太主观了，完全要他自己说了算。"谢榕芳说。另一位常年跟随他的公司副总评价："他的想法在很多人看来都不切实际，他太不相信别人了。"

危险的苗头在王跃进投资的第二年就出现了。2006年，贺州市国土资源局、安全监督管理局等多个部门以"涉嫌非法开采贺州白面山矿段"为由，对王跃进的矿场进行了查处整顿。这在王跃进看来简直难以置信，要知道在他刚去贺州的时候，当地政府还许诺，让他牵头整合当地的所有矿区。虽然事后风波得到了化解，但却是个不祥的预兆。

缺乏制度，用人决策随意性极大。

他似乎也预感到了危机，在矿场遇到麻烦的时候，他居然像个任性的小孩子一样，开始一茬一茬地换副总。"都不知道换了多少了，我是在2007年去的。"前文所说的那位新任副总说。而他非常熟悉这位怪老板的脾性，之前一直在温州的鞋厂任副总。最后，矿场在2007年下半年基本停掉了，这也直接导致了王跃进资金链的紧张。2008年金融危机爆发以来，企业经营更加困难，2009年8月企业宣布停产解散。

案例分析

1. 家长式管理的独断文化是其失败的主要原因。一个温州鞋业的领军企业，一个事业心很强的企业家，为什么说倒就倒了？答案在于，温州企业多数是白手起家，老板们大多独断专行，完全凭家长式作风在管理企业，或许正是因为这样，在企业成立之初就已埋下了祸根。王跃进几乎从来没有完全信任过他人，公司决策完全独断专行，一个人说了算，随意性极强，这也是企业集团倒闭的重要原因。

2. "以血缘关系或者族人的价值观为核心的家族文化，在创业初期有过许多积极的意义。"温州另一家著名鞋企老板说。在"风暴"来临时，家族文化便成了企业跨越的瓶颈。"家族文化有较强的排他性，'家族成员'视为利益获得者，'家族外成员'只有'同甘'思想，却不会有较强的'共苦'意识，所以只要风暴来临，他们就会毫不犹豫地另攀高枝"。因此，管理模式直接决定了企业的能否成长与壮大，在企业发展到一定阶段如不进行管理模式转变，势必带来企业的分化或灭亡。

案例11　印尼苏玛银行倒闭

在印尼乃至东南亚，说起谢建隆以及其掌管的印尼第二大企业集团——阿斯特拉国际有限公司，可谓无人不晓。

30年前谢建隆靠25000美元起家，经多年的努力，终于建立起一个以汽车装配和销售为主营业务的庞大实体，年营业额突破25亿美元，集团资产达15亿美元以上。更主要的是它占据了印尼汽车销售市场55%的份额，形成了独霸一方的势态。

谢建隆在为集团的未来考虑时，也颇费了一番心思。当时阿斯特拉公司的股票受到众多投资者的追捧，因为公司在印尼的汽车装配和销售行业一枝独秀，多年苦心经营使公司进入了良性循环。谢氏家庭拥有阿斯特拉70%的股票，自然享有绝对的控制权。对于谢氏家庭的权力移交，谢建隆心里早有打算。

大儿子爱德华在国外获得企业管理硕士学位，回国后跃跃欲试，准备放手大干一场。他生性喜欢冒险，性情比较冲动，善于接受新生事物并有自己独特的创意。二儿子艾温性情温和，做事踏实，喜欢循规蹈矩。身为慈父的谢建隆对两个儿子的个性差异非常了解，于是他安排二儿子艾温接掌阿斯特拉集团，让他负责汽车装配这类稳扎稳打的实业，而大儿子一心想涉足成长和高风险的领域，谢建隆便出资支持他在这些新兴领域大展宏图。

1980年，爱德华以极少的资金成立了苏玛银行，苏玛在拉丁语中是"最佳"的意思。当时正值印尼经济腾飞之初，政府信用扩充，加上谢氏家庭良好的信誉和庞大的势力，政府对苏玛银行也另眼相看。爱德华充分利用了天时、地利、人和，将贷到的资金投入金融保险业务和房地产开发上，短时期内苏玛银行的资金迅速膨胀。1989年，苏玛银行位居印尼民族私营银行的第10名，仅所属的22家银行就有1774亿美元的投资，其业务遍及欧美和东亚，在印尼金融界有举足轻重的地位，成为与阿斯特拉旗鼓相当的企业集团。

但是，繁荣的背后却潜伏着重重危机，因为苏玛银行从创建的那天起就一直是负债经营。负债经营要求经营者必须通过转让资产或提供劳务履行债务，但苏玛银行却不计成本，一味地追求高速发展。在大环境经济发展的前提下，这种危机可能被掩盖，以至于经营者自己都会被繁荣的假象所迷惑。爱德华的绝招是以债养债，说穿了就是拆东墙补西墙，一旦环境条件发生变化，这种不计成本举债发展是非常危险的。

1990年，印尼政府为了控制过热的经济增长势头，采取了一系列紧缩政策，其中最重要的措施之一便是银行紧缩。一贯靠贷款发展的苏玛集团一下子断了粮炊，顿时陷入窘困。贷出的款项无法定期收回，经营房地产又不能脱手，而利息高达20%的5亿美元债务则如同磨盘压在苏玛集团的身上，足以让它迅速窒息。

谢氏家族一下子也拿不出这么多的现金，唯一的办法就是将家庭拥有的阿斯特拉的股票作质押贷款。但是，由于国内经济的萎缩，汽车市场也陷入疲软，阿斯特拉的股价一路下跌，结果不但没能拯救儿子的企业，反倒将有着几十年历史的阿斯特拉集团拖进了泥沼……

案例分析

1. 家长式管理的温情管理理念是苏玛银行倒闭的关键。在家长式管理的温情理念下，谢建隆犯了一个不可饶恕的错误。本来从法律关系上讲，苏玛集团与阿斯特拉集团不存在任何所属关系，二者各为独立法人，仅仅因为爱德华是谢建隆的爱子，所以谢建隆顾及家庭的声誉和舐犊之情，决定出手相救，最终将全部企业拖向了泥淖。

2. 决策仅凭家庭亲情关系而非制度和理性思考。没有对外部形势的充分判断，仅凭对爱子的浓厚感情和血缘文化，一荣俱荣、一损俱损，感情用事，造成管理决策的非理性和随意性，最终导致企业经营失败。

第二节 家长式管理产生的背景

家长制源于家庭、家族等血缘群体。在母权制和父权制的家庭中，权力集中于家长一人手中，后又推行于社会群体，如手工业作坊、店铺、行会。地主阶级尤其是以皇帝为主的地主阶级，把天下看成是"家天下"。

在家族中，责任与义务往往是一个局部的概念，也就是说信用本身是局部的。儒学所倡导的"五伦"关系是针对特定的人而定立的规则，并非是针对所有人的规则。因而，一个人值得信任一方面是由于他与自己的亲密关系而非他的品质；另一方面，儒学强调"在其位，谋其政"，其潜台词是不在其位的人必须本分。这样的文化使社会上充斥着大量的机会主义行为和不安全感。

为了规避风险，人们需要投靠亲友，加入组织，以求保护。显然，家庭是人们首选的避风港。东方（尤其是中国）悠久的历史与文化，造就了东方人极强的家庭观念。人们不仅在就业、婚姻与经济等方面以家庭（族）为中心，而且为人处世行为也以家风为依归。因而，家庭行为范示就极大地影响着社会所有范示的选择、规则的建立、体制的固定。而在家庭中这种不安全感得以消除的行为范示正是以上隐含契约的内容：家长关照家庭成员，作为回报，家庭成员恪守对家庭的忠诚，对家长的服从。这种范示在企业建立后必然影响企业中行为规则的确立。

从企业中被管理者角度来看，环境的不安全感使他们寻求更多的类似家庭的心理保障。而一旦这种不安全感成为现实，即个人遇到威胁时，往往只能在物质、人群与信仰中寻求帮助。由于物质能提供的帮助微乎其微，所以一旦风险来临，人们要么求神拜佛，要么求助于周围亲近的人群；另一方面，社会中英雄情结体现在个人负责事务，并控制主宰局势，这在企业中表现为家长制现象。家长式的管理者认为照顾员工的同时也照顾了自己，因为用忠诚作为对家长式关照的回报是在情理之中的。

在家长式管理的企业中，员工首先表示出对"在其位，谋其政"的认同和对一些不言自明的规则的遵循，这使得集权成为可能。当这种管理模式确立之后，必须适应企业内部与外部环境才能生存。而宏观环境与微观环境的相应特点都使得这种管理模式得以强化。

首先，外部环境的不稳定性使企业内部的稳定更为重要，这就强化了家长式管理模式的作用。在相对稳定的地区中，集权政治依旧是最有力的社会力量，"父母官"与"子民"的观念并未消失，这种观念的认可也是家长式模式的基石。

这种宏观环境中缺乏稳定的筹资和投资的机制，使得每个企业的成长都不得不经历一个很长的积累过程。由于局部信任问题，这一阶段的主要承担者是具有亲缘关系的合作者或一个家庭，这使得家长式管理模式有可靠的家庭背景。而企业中的管理者选择的困难是家长式管理得以存在的另一原因，是由于没有经营市场，每个企业只能从内部培养自己的经营者，即使在经营不善时也不会轻易调换经营者，这使家长式的个人管理得以延续。

从微观层次上看，企业独有的发展过程中权力集中也得以确认。如前所述，大多数家长式企业由家庭发展而来，产权与经营权往往是统一的，这使得管理者具有先天的权力。在企业成长的过程中，创业者往往对企业的某一职能有透彻了解，这种能力随企业发展得以加强，并渐渐成为企业的核心能力。作为企业核心能力的培养者、创业者也会有更高的个人威信，随着企业的发展，创业者会渐渐具备对局势进行明晰判断的能力。监督机制的缺乏使集权倾向进一步得以强化。由于产权和经营权的统一，所以没有外部出资者对企业管理人员进行牵制。这样在家长式企业内部的最高层并不存在通常的委托代理问题。这实际上确定了管理者的家长地位。

第三节　家长式管理的基本内涵

一、家长式管理的定义

家长式管理是指基于家族式信任和家长权威，管理权高度集中于最高领导者个人，管理者凭直觉、个性、家长权威、家族温情、血缘亲情进行决策的管理。

在企业成长初期，家长式管理是普遍存在的一种管理方式。前文提到，早期管理强调家庭是最基本的组织形式，随着生产力的发展和人们实践活动的不断丰富，以家庭作坊为基础成长起来的企业，管理者往往由大家公认的家长来担任。家长凭借家族的信任、家长权威和自我直觉进行管理决策并带领企业发展。

二、家长式管理与中外管理学派的关联

家族企业是全世界范围内重要的企业组织形式。历史实践表明，大多成功的企业都发迹于家族企业的前身，很多闻名全球的大企业也仍然带有家族的色彩。关于家长式管理，中西方管理学派有着不同的理论支撑，并分别以儒家学派和交易成本理论为代表。

儒家学派是中国对家长式管理阐述最深刻、联系最紧密的一个学派。儒家学派强调以"忠"为核心，强化对家长的忠义，注重"缘约"，譬如血缘、亲缘、地缘、友缘，认为以这些关系组成的群体，群体内易于获得彼此的信任与认同。家长式管理以家长为中心，这与儒家思想一脉相承。儒学的架构体系在中国传统文化史上具有鲜明的特点，

它的独特之处是儒家思想体系是立足于日常人伦社会中最常见最普遍的社会现象。在中国传统社会中，几乎没有割裂了血缘和家庭纽带而能真正独来独往的个人，即便有，也被视为特例甚至被人另眼相看。一切几乎都与自己的家族脐带相连。中国传统的文化伦理结构是以人伦，即人际关系为主的结构，在人际结构中，首先就是家族内部人际关系。中国家族式企业，组织中的领导往往在无形中会逐渐形成一种家长式的权威，并且他们容易将这种权威建立在某种道德伦理的基础上。因此，以儒家文化为底蕴的关系治理，造就了中国家族企业独特的管理文化。

交易成本理论是西方管理学对家长式管理的重要理论阐述。交易成本理论由诺贝尔经济学奖得主科斯（Coase，R.H.，1937）提出。所谓交易成本，就是在一定的社会关系中，人们自愿交往、彼此合作达成交易所支付的成本，也即人与人之间的关系成本。交易成本主要包括搜寻成本、信息成本、议价成本、决策成本、监督交易进行的成本、违约成本。在现代企业管理理论中，交易成本突出表现为信任成本和代理成本。交易成本发生的原因，来自于人性因素与交易环境因素交互影响下所产生的市场失灵现象，造成交易困难。由家庭作坊发展起来的家族企业，为避免可能存在的过高的信任成本和代理成本，更易相信家族内部的人，由家族内部的人担任管理人员，不仅避免了可能存在的信任成本和代理成本，而且使经营风险大大降低。因此，基于对信任成本和代理成本的规避，作为一家之长自然而然地承担起了对企业的管理责任，家长凭借自身能力，对企业进行管理决策。

总体来看，儒家思想侧重从伦理道德的意识形态领域对家族成员进行先义后利的思想教育，以家族利益为核心，强调家庭气氛，强化对家长的忠义，增加员工的忠诚度，从而形成良好的组织凝聚力。交易成本理论则从更加理性的角度分析在经营决策和市场交易的过程中，为有效规避交易成本，家长式管理成为最优选择，从而能够更好地追求经济效率和经济效益，降低经营风险。

三、家长式管理的特点

家长式管理一般产生于企业创业阶段。在企业初创阶段，企业规则和家族规则具有互补作用，家长式管理借助亲情保持适当的凝聚力，有助于减少企业的委托代理成本，信任和忠诚可以减少市场交易成本。因此，家长式管理的突出特点表现为"集权化"，即家长具有绝对权威，凭借家族信任和自我直觉进行管理决策。

1. 家长有绝对权威，企业的所有权与经营权合一

（1）不存在代理成本。家长式管理通常实行所有权与经营权合一，不存在委托代理关系，因而不存在代理成本。

（2）人员成本低。家长式管理一般结构简单，层级少，人员精干，人员成本很低。

（3）家长式管理带来的忠诚信任关系和家族伦理约束，降低了监督和流动成本。

（4）家长式管理企业领导有绝对权威，能有效降低员工沟通成本，迅速达成共识并付诸实施。

（5）借助于个人关系和信用，依靠亲缘、宗族和同乡组成的社会关系网，可以降低企业搜索信用、订立和履行合同的成本。

2. 企业组织统一于家长这一核心人物

家长式管理的企业组织统一于一个核心领导人物，形成所谓的家长式权威，并且将此建立在家庭伦理道德基础上，组织内形成类似于家族伦理中按尊卑长幼的顺序确认族群各成员名分，并且建立私人感情以维持这种特殊伦理关系，依靠关系的亲疏形成组织内差异化的格局，进而形成以组织领导为中心的团体，使组织内的层次化更加明显。

3. 决策流程短，管理层级少

家长式管理往往实行集权式领导，决策流程短，遇到问题能及时处理，并根据市场变化及时灵活快速地决策。核心领导人物往往历经风浪，具有丰富的阅历和敏锐的洞察力，他们的决策基于个人经验和直觉，因此决策迅捷。由于所有权与经营权统一于一个强有力的领导核心，这样企业不仅能直接掌握第一手资料，把握全局，利于企业决策的制定、执行和反馈，还可以减少企业领导层次，缩短了上下级之间的距离，减少了中间环节，加快了信息传递，减少了因企业成员信息不对称而给企业带来的损失。

4. 认同与忠诚的企业文化

任何企业都有其文化特征，企业文化是这种特征的集中表现，家长式管理的企业文化特征包括以下方面。

（1）在权力分配和权力结构中，强调的是"家长"的绝对权威。

（2）所倡导的价值观基本上就是儒家文化中的"忠"与"孝"，将家族的利益放在第一位，将家族与企业等同视之。

（3）在人际关系的处理上更注重"关系文化"，也就是差序格局式的"血缘关系"，强调"缘分"，将"缘分"——地缘、学缘等泛化扩大了的"血缘"作为处理人际关系亲疏远近的一个重要标准。

（4）在看待个人与集体的关系方面，强调的是"家族集体主义"，不重视个人的权利与利益。对人性的认识完全是家族主义的集体主义，在企业内部也像在家族内部一样，每个人并不是平等的，而是按照差序格局的等级制被编织在企业不同的位置上。

5. 家族式信任的管理机制

家长式管理的企业之所以主要靠"心约"来管理，一个重要的原因在于家族式信任机制。家族式信任在家长式管理企业里的表现就是：

（1）由于不轻易相信家族以外的人，自然愿意更多地使用家族内部的人。因此，相当多的家长式管理企业里的重要岗位都是由家族内部的人占据着。

（2）对外人的雇佣首先看重的是与家族中重要人物的个人关系怎样，这里面，对家族或对家族企业老板个人的忠诚是最重要的考察因素，能力则往往被放在其次。

（3）越往高层，用家族以外的人越少也越慎重，即使在企业的高层用了家族以外的人，这个人也往往要被同化为"自己人"。

6. 决策易受家族利益影响，随意性较强

家长式管理的企业中，作为管理者的家长既要考虑企业利益，也要关照家族关系，难以实现家庭利益和企业利益的有机统一，企业决策考虑因素较多，稍有不慎就可能导致家族内部利益冲突和家族分化。此外，家长管理中，受家长的亲情和情感因素影响，容易导致决策的非理性，最终对公司利益造成损害。

四、家长式管理的局限性

家长式管理由于群体或组织的权力集中于最高领导者手中，也必然产生裙带关系和任人唯亲现象。具体来说，家长式管理存在如下局限性。

1. 产权不明晰

家族成员间的产权界定不清。家族企业创立阶段，需要资金和人力，吸收家族成员进入企业是大多数家族企业的共同做法。但很少有企业对家族成员之间的产权进行界定，这为日后家族成员之间产权不清留下了隐患。

2. 用人机制的弊端

忠诚是家族企业用人的首要标准，工作能力则是次要的。于是，一些忠诚而少才的人，尤其是家庭成员，容易走上重要的工作岗位，成

为掌握企业命运的关键人物。"安内排外"是家长式管理在用人上的一大痼疾。一般而言，家长式管理奉行的是家长专制作风，一家之长在企业中享有至高无上的权威，下属只能贯彻、服从和执行其指示。在"家长"的压制下，企业没有民主可言，员工意见不能充分表达，堵塞了员工的"进谏"之路，难以调动员工积极性和培养其主人翁意识和归属感，致使人才遭到压制或人才外流。

3. 企业战略决策易失误

家族企业在决策时最明显的特征是家长权力和溺爱倾向，也就是说，当企业决策家族化时，企业的命运实际上和家族的利益联系在一起。由于现代科学决策与家族企业家长制决策之间的矛盾难以克服，使家族企业的决策失误难以避免。家长式管理的局限性、随意性，容易造成企业经营决策的理想化、模糊化，决策过程只是凭借非理性的判断进行。

4. 对"家长"的过分依赖

家长式管理模式突出的特点是"成也萧何，败也萧何"，企业的发展系于一把手的智慧，一旦管理层变动，则企业极有可能迅速从成功走向衰败，当前我国很多民营企业的兴衰成败也验证了这一点。

第四节　管理阶段的递进

家长式管理在企业原始资本积累的初期，其优势颇为明显。但是在企业做大之后，家长式管理难以克服的两个困难即大型化和长期性就不可避免地显现出来，前者使集权管理与个人忠诚难以奏效，后者使管理艺术难以延续。

此外，由于家族企业不轻易相信家族以外的人，因此在事关企业根本利益的财务等涉及资本管理方面的问题上，基本上是完全排斥"外人"的。这一点，对于规模比较小、经营的业务不太复杂的家族企业来说，还是能够行得通的。当企业发展到一定的规模，经营的业务变得较为复杂之后，由于家族内部不可能储备所有的企业管理的专门人才，企业经营管理就会产生严重的问题。家族中的人往往又不愿放弃对财务等资本管理的控制权，因而常常造成不必要的损失，从而限制了企业的发展。

家长式管理中权力高度集中于一个人，家长凭借自我感觉进行决策，家长决策的独断性和决策的随意性往往把企业带向危险的境地。在家族式企业管理中，待企业发展壮大之后，在面临利益冲突时，由于内部利益与群体利益的不一致，容易导致企业的分化甚至灭亡。

在企业面向世界，面向东西方文化交融的大趋势下，家长式管理决策的独断性、随意性和主观性的弊端使企业经营变得更加困难，企业要想长远的发展，更好适应社会环境的变化，必须摆脱家长式管理的模式，使企业管理上升为更高的管理阶段：经验式管理阶段。

第四章
经验式管理

第一节 经验式管理实践案例

案例12 公鸡晨鸣带来的启示

我们在日常生活中发现，公鸡一晨鸣，太阳就会升起。公鸡的晨鸣和太阳的升起之间有着显著的相关关系。为了验证公鸡晨鸣引起太阳升起这个合理的假设，我们做了一个大样本的实证研究。我们采集了各种不同地域的50只公鸡两年的每只730个样本点、关于晨鸣时间与当地太阳升起时间的数据序列。运用统计学的方法，我们对其进行回归分析和显著性检验，发现其存在极其显著的相关性，在置信水平的程度上，相关系数达到95%以上。

据此，我们可以得出这样的结论：公鸡的晨鸣和太阳的升起之间具有极其显著的相关关系。因此我们有理由确信公鸡的晨鸣能够引起太阳的升起。

案例分析

现实生活和管理实践中，我们往往会像上述案例一样，看待问题时喜欢凭借传统惯性思维，依赖于既往经验，自觉不自觉地进入"经验式"误区。然而，人的经验毕竟是有限的，过往的成功经验在工作实践中的预见性和适用性，往往无法满足实际需求。尽管如此，不少人还是习惯于凭借经验办事,习惯于拍脑袋决策,习惯于活在过去的影子里,最终导致事物认识和管理决策的失误。

案例13 美国杜邦公司的演变

美国杜邦公司(Du Pont Company)是世界上最大的化学公司,成立至今已近200年。杜邦公司在这200年中,尤其是20世纪以来,企业的组织机构历经变革,其根本点在于不断适应企业的经营特点和市场情况的变化。杜邦公司所创设的组织机构,曾成为美国各公司包括著名大公司的模式,并反映了企业组织机构发展演变的一般特点。

历史上的杜邦家族是法国富埒王室的贵族,1789年在法国大革命中化成灰烬,老杜邦带着两个儿子伊雷内和维克托逃到美国。1802年,儿子们在特拉华州布兰迪瓦因河畔建起了火药厂。由于伊雷内在法国时是个火药配料师,与他同事的又是法国化学家拉瓦锡,加上美国历次战争的需要,工厂很快站住了脚并发展起来。整个19世纪中,杜邦公司基本上是单人决策式经营,这一点在亨利这一代尤为明显。

亨利是伊雷内的儿子,军人出身,由于接任公司以后完全是一套军人派头,所以人称"亨利将军"。在公司任职的40年中,亨利挥动军人严厉粗暴的铁腕统治着公司。他实行的一套管理方式,被称为"恺撒型经营管理"。这套管理方式无法传喻,也难以模仿,实际上是经验式管理。公司的所有主要决策和许多细微决策都要由他亲自制定,所有支票都得由他亲自开,所有契约也都得由他签订。他一人决定利润的分配,周游全国,亲自监督公司的好几百家经销商。在每次会议上,总是他发问,别人回答。他全力加速账款收回,严格支付条件,促进交货流畅,努力降低价格。亨利接任时,公司负债高达50多万美元，但亨利后来却使公司成为行业的翘楚。

在亨利时代，这种单人决策式的经营基本上是成功的。主要是因为：①公司规模不大，直到1902年合资时才2400万美元；②经营产品比较单一，基本上是火药；③公司产品质量占了绝对优势，竞争者难以超越；④市场变化不甚复杂。单人决策之所以取得了较好效果，这与"将军"的非凡精力是分不开的。直到72岁时，亨利仍不要秘书的帮助。任职期间，他亲自写的信达25万封之多。

但是，正因为这样，亨利死后，继承者的经营终于崩溃了。亨利的侄子尤金，是公司的第三代继承人。亨利是与公司一起成长的，而尤金一下子登上舵位，缺乏经验，晕头转向。他试图承袭其伯父的作风经营公司，也采取绝对的控制，亲自处理细枝末节，亲自拆信复函，但他最终还是陷入公司的错综复杂的矛盾之中。1902年，尤金去世，合伙者也都心力交瘁，两位副董事长和秘书兼财务长相继累死。这不仅是由于他们的体力不胜负荷，还由于当时的经营方式已与时代不相适应。日后，在杜邦公司濒临危机、无人敢接重任、家族拟将公司出卖给别人的时候，要不是三位堂兄弟出来改变公司的管理方式和组织架构，也许杜邦公司就不会有今天的成就。

案例分析

正如美国哈佛大学教授拉里·格雷纳所言："在某一阶段有效的管理惯例，也许会导致下一阶段危机的出现。"企业是在一个变化多端的复杂环境下运作的，环境变化常常导致管理的变动性。企业不断发展与扩张，企业管理面对的经营环境已经发生变化，经验式管理不仅难于驾驭复杂的管理局面，还往往容易陷入担当"救火队长"的角色，疲于应付发展中出现的各种问题。只有走出过去的管理惯例，上升到更高的管理层级，才能带领企业越走越远。

案例14　辉煌不再的秦池集团

初为标王，秦池风光无限；再度称王，秦池却一败涂地。究其原因是，在外部环境不断变化的情况下，仅凭一时总结的成功经验去经营管理企业的管理模式注定是致命的——这好比一瓶烈酒，没有酒量的人，就不要逞强去喝。

秦池集团原董事长姬长孔，军人出身，正营级，服役期间曾任赫赫有名的"硬骨头六连"连长，后来又进大连陆军指挥学校学习，1983年退役，做事果断大胆。姬长孔还清晰地记得他到山东省潍坊市临朐县秦池酒厂报到那天的情形。几间低矮的平房，一地的大瓦缸，厂里的杂草长得有一人多高，全厂500多工人有一半想往外走，产品从来没有跑出过潍坊地区。到秦池报到数月后，姬长孔开始了他征服中国市场的壮烈之旅。

1993年，秦池酒厂采取避实击虚战略，在白酒品牌竞争尚存空隙的东北，运用广告战成功地打开了沈阳市场。姬长孔带着50万元现金支票，移师沈阳。他先是在当地电视台买断黄金时段，密集投放广告；然后带着手下的推销员跑到街上，沿街请市民免费品尝秦池白酒；最轰动的一招是，他租用了一艘大飞艇在沈阳闹市区的上空游弋，然后撒下数万张广告传单，场面十分壮观。

1994年，秦池进入整个东北市场。1995年，进入西安、兰州、长沙等重点市场，销售额连续3年翻番，当年年底组建以秦池酒厂为核心的秦池集团。

1995年，中国已有酿酒企业37000家，年产白酒约700万吨。随着买方市场的形成，白酒行业一场空前惨烈的品牌大战即将来临，结果可能形成名酒大厂垄断的格局。在反复权衡之后，秦池人选择了一条令人望而生畏却充满希望的险道：争夺1996年CCTV广告标王。根据测算，1996年标王额在6500万元左右，相当于秦池集团1995年全部利税的两倍。这意味着秦池如果达不到预期目的，将遭灭顶之灾。

1995年11月8日，秦池以6666万元的价码竞标并最终中标，受到了媒体的充分关注，"标王"概念被空前恶炒，黑马秦池一夜红遍神州。秦池老板姬长孔豪情万丈："每天向央视开进一辆桑塔纳，赚回一辆奥迪。"

勇夺标王，是秦池迈出的决定性一步，给秦池带来难以估量的影响。夺标，使秦池的产品知名度、企业知名度大大提高，使秦池在白酒如林的中国市场上成为知名品牌。在原有市场基础之上，秦池迅速形成了以全国范围为市场的宏大格局。秦池从一个默默无闻的小酒厂一跃成为全国闻名的大企业。

当时，秦池集团的领导曾透露其看家本领：一是广告轰炸；二是人海战术。连夺标王就是广告轰炸的最好印证。人海战术方面，市场营销队伍占集团人数大半，同时还在各地聘用相当数量的营销人员。广告只能锦上添花，并不无中生有。广告能造成一时的名，一时的势，甚至一时的市场，但它却不能构造出企业的核心能力，也就不能造就真正意义上的品牌和真正强大的企业。因此，那些靠广告"吹"起来的企业最后落得个"短命"的下场就不足为奇了。

首夺标王带来的巨大品牌效应与经济效益使秦池人放松了对经营风险的心理防范，出于对市场形势过于乐观和对传统"广告+人海"的市场拓展经营方式的过分崇拜，秦池人终于决定二度争夺标王。

1996年底，在北京梅地亚中心，"标王"开箱揭晓之时，在场的所有人都惊呆了，甚至央视的广告负责人谭希松也惊呼："酒疯子疯了！"

当时秦池给出的准确价码是3.212118亿元。当时有记者问："秦池这个数字是怎么计算出来的？"姬长孔回答："这是我的手机号码。"这成了当时传播甚广的黑色幽默。

秦池集团二次夺标后，企业并没有像他想象的那样实现销售收入的快速增长，反而由于负面报道使得销售大幅下滑，最终导致企业集团覆灭。

案例分析

1. 在本案例中，秦池集团的管理属于典型的经验式管理。管理决策仅凭对过去总结的"广告+人海"的市场拓展经营方式的崇拜，就不计成本地夺取第二年的标王，其管理决策完全是以自我感觉的方式，对企业的人、财、物等进行唯我的、独立的、凭经验的管理，经验的复制没有随着外部环境的变化而变化，机械地搬用以前的经验，必然导致企业的覆灭。

2. 决策缺乏制度化。仅凭过去标王的成功，就经验性地认为来年的标王会再创辉煌，对投标标的不经科学评估，没有形成投标与否的制度约束，竟然以自己的手机号作为投标标的，企业决策形同儿戏，毫无制度可循，企业岂能良好发展。

3. 秦池集团的倒闭再次说明，外部环境发生改变，而一味照搬以前经验，对管理决策缺乏制度约束和规范指导，仅凭经验进行拍脑袋决策，就难以在激烈的市场竞争中基业长青。

案例15　万家乐缘何"乐"不下去了

"万家乐，乐万家"，这曾是一句风靡全中国、数次被评为中国十大广告创意的广告词，万家乐公司与太阳神等一度被视为"新粤货"的代表企业，可是由于投资决策和品牌经营的重大失误，致使这家新兴企业在刚刚度过十周年生日之际就被迫踏上了被收购的悲惨之路。

1988年，万家乐诞生于广东"四小虎"之一的顺德市。顺德是国内著名的小家电城，加工能力之强、制造企业之多无出其右。在1997年6月于北京召开的"顺德名优产品博览会"上，人们再次为下面的数字惊愕了：电风扇产量占全国1/3，微波炉占1/3，电饭锅占1/2，冰箱占1/8，热水器占1/2。不过，这些数字的背后却掩藏着一个令人担忧的事实：产业严重同构，盲目投资趋多。有消息说，顺德11个镇都设有自己的镇级电风扇厂，有6个镇同时上马空调厂，另有四五个镇一起申报了摩托车项目。

1993年以后，随着万家乐的崛起，顺德市一夜之间冒出无数燃气具生产企业，仅政府批准领有"身份证"的企业就多达30家，而招之即来、挥之即去的地下工厂更是无法统计。万家乐在这些有形、无形的竞争对手的夹击下，虽然苦苦保持了国内市场1/3份额的"大哥"级地位，但经营成本始终无法降下来，而与此同时，由于竞争企业的急剧增多，热水器以平均30%的售价下降，也让万家乐难以提高主营业务的利润水平。

跟市场的无序竞争相比，经营决策上的失误是导致万家乐最终走向萎缩的根本原因。在现代科技飞速发展、市场竞争日趋激烈、各种情况瞬息万变、信息量大而繁杂的今天，仅凭过去的经验，很难做出正确的决策。

20世纪90年代中期以来，国内热水器市场逐渐出现电热水器走俏的趋势。然而，作为业界老大，万家乐却一味地靠着对传统市场的判断，决策层始终顽固坚持燃气热水器的发展思路，仅凭着对市场的经验式判断，不能突破经验思维模式，完全凭经验沿袭过去的策略，固执地坚守在自己已经错误的判断上。在1997年的统计数字中，万家乐电热水器产量只有6.5万台，是燃气热水器产量的1/8。失去战机等于失去生机，万家乐由此逐渐失去市场主导权。

1998年，不堪亏损的万家乐突然宣布，以3.2亿元的价格将其29.8%的法人股让给同城一家知名度不高的企业——新力集团，并交出了品牌经营权。

> **案例分析**
>
> 1. 经验式管理的出发点是"过去是这样的,现在也应该是这样"。在管理实践中,不能辩证地用发展的眼光看待事物的发展,特别是当外界环境已经发生重大变化,而仍然一味地坚持过去经验式的总结必然导致管理的失败。或者说,当外部环境变化,没有现成的经验去借鉴,企业的决策就失去了方向,最终导致了经营的失败。
>
> 2. 在本案例中,当外部市场环境已经改变的条件下,万家乐仅仅凭借以前形成的经验进行决策判断,依然固执地坚持燃气热水器市场,造成了客户和市场的丢失,最终导致失去品牌的经营权。因此,在瞬息万变的市场环境中,仅凭过去的经验,很难做出正确决策。
>
> 3. 万家乐的经营失利再一次印证了,企业在发展壮大过程中,管理模式必须随着企业的发展而不断更新,仅凭一时形成的经验去实施管理,只能导致企业的覆灭。

第二节 经验式管理产生的背景

历史上各个社会制度的更替,都是生产力与生产关系矛盾运动的结果。生产力不断发展,要求有与之相适应的生产关系。到了资本主义社会,由于其生产关系适应了生产力发展的要求,促使生产力得到了迅猛的发展,家长式管理决策的随意性弊端日益暴露出来,部分成功的企业对行业形成了示范效应,其他一些企业开始模仿和探索成功企业的管理经验,并将其成功经验归纳、总结,逐渐形成了较为系统的管理思想,而管理方式也由家长式管理逐步向更为合理的经验式管理方面迈进。

经验式管理在资本主义初期乃至中期都发挥着巨大的作用,并表现出这一时期的管理特点。事实上，资本主义的经验式管理是对封建社会管理实践的总结和提升，是新的生产方式在当时社会条件下的实践和运用。管理的确离不开经验和直觉，经验和直觉能够最大程度地节省交易成本，特别是信息成本和谈判成本。但同时要注意，经验和直觉应该被限制在一定的界线之内，尤其不能随意侵占科学应该主导的领域。每个人的个性偏好、资源禀赋、社会经历等都不一样，感观和直觉的敏锐程度也各不相同，若纯粹依靠经验管理就很难适应工业化大生产的要求。

第三节 经验式管理的基本内涵

一、经验式管理的定义

经验式管理是指管理者根据自身在管理实践中摸索、提炼、总结的管理体会、认知、经验、方法，对企业的人、财、物等进行唯我的、独立的、凭经验决策的管理过程。

经验是管理者在实践的过程中不断摸索出来的，摸索就不可能不带有一定的盲目性。摸索中既要总结成功的经验，更要总结失败的教训，企业管理者在不断总结经验和教训的过程中，凭借自己的经验体会实现对企业的管理。经验管理并不是说凭经验做事就不行，企业管理的理论实际上都是从实践中提炼和总结出来的，但经验式管理缺乏制度化、标准化和规范化，经验充满了只可意会不可言传的特性，因此，基于经验的管理，随意性较强，也使企业管理决策充满了不确定性。

二、经验式管理与中外管理学派的关联

在中西方各九大管理学派中，经验式管理与中国的名家学派、西方的经验主义学派、经理角色学派具有密切关联。

名家的核心思想是"理"。名家注重事理，强调"名符其实"，善于总结实践经验，被称为名流之家。经验式管理通过总结经验进行管理实践，这与名家思想基本一致，注重事理，善于总结，积极推广。

经验主义学派以向企业的经理提供管理企业的成功经验和科学方法为目标，认为有关企业管理的科学应该从企业管理的实际出发，以大企业和成功企业的管理经验为主要研究对象，加以概括和理论化，不必企图去确定一些原则，只要通过案例研究分析一些成功经理人员的成功经验和他们解决特殊问题的方法，便可以在相仿的情况下进行有效的管理。

经理角色学派以对经理所担任"挂名首脑、领导者、联络者、信息收受者、传播者、发言人、企业家、故障排除者、资源分配者、谈判者"等十个角色的分析为中心来考虑经理的职务和工作，从而帮助职业经理人认清自己的价值，并依据职业经理人自己的工作特点，准确定位自己的类型。

综上，无论是中国的名家学派，还是西方的经验主义学派、经理角色学派，都非常重视对经验的总结提炼，从而更好达到预期目标，也即达到经验式管理阶段。

三、经验式管理的特点

经验式管理的突出特点是"二化"，即主观化、随意化，管理者凭借经验进行管理决策，决策随意性强。具体表现为：

1. 依据经验进行管理决策

顾名思义，经验式管理就是基于以往的管理经验对企业进行管理。企业管理者在过去管理中所形成的思想、观念以及自身对管理的认识和经验判断，作为管理的依据，对管理对象进行组织管理的一种方式。经验式管理理论把管理实践经验看作指导未来管理实践的重要依据，它的形成和发展主要是以大企业管理经验和方法为主要研究对象，从而形成按成功的经验进行管理的方法。应该说，经验式管理理论重视管理经验的这一做法，符合"理论来源于实践"这一普遍真理，也在很大程度上将人类的管理从早期管理和家长式管理的随意性的管理带到了逐步提升的新阶段。

2. 管理者能力直接影响管理效果

企业管理的好坏，往往取决于管理者本人的文化水平、知识丰富程度、经验智慧、胆略，靠"一把手"的以往经验来领导管理企业，企业的命运主要掌握在企业领导者个人手里，企业的经营业绩主要取决于领导者个人的能力。由于对同一种事物或同一种经历，不同的人所总结、感悟的角度和结果不一样，因此，经验式管理的成败受管理者的能力直接影响，经验式管理具有强烈的随意性、唯我性和独立性，管理经验难以模仿和言传。

3. 强调管理的艺术性

经验式管理理论已经意识到管理首先是一门艺术，管理者需要具备相关的能力和技巧，因而十分重视培养管理者的综合技能。经验主义学派提出了管理学是对人进行领导和控制的技能和知识，管理者需要通过实践逐步积累经验，学习如何领导和管理下级。此外，由于经验式管理凭借以往的经验进行管理，管理中充满了许多难以言传身教的经验，因此，对管理者的管理艺术要求较高，管理者必须学会实现管理经验和现实管理实践艺术的有机结合。

四、经验式管理的局限性

1. 无法克服的管理经验上限问题

经验式管理最大的问题在于经验管理是有上限的，对一个管理者来讲，他的实践经验是有限的，其经验积累也是有限的，经验式管理对企业管理的空间和管理水平的提升都是有限的。在管理的不同阶段，经验应用的程度、效果会完全不一样。越到相应的高度，可能经验越少，甚至没有经验可言，又或者经验不管用，在遇到新问题新矛盾时，单单凭借以往的管理经验难以形成有效的决策和判断。

2. 决策随意性强，缺乏对管理的系统思考和整体把握

经验式管理"头痛医头、脚痛医脚"的特点，耗费了组织及管理层过多的精力，造成资源的极大浪费。虽然也可能取得一时的成功，但最终难以把握企业管理的一般规律和特殊规律，不能使企业做到持续、稳定、快速发展。

3. 经验式管理"以因为果"的管理逻辑容易导致决策失败

经验式管理在实施管理的过程中，其基本出发点是"因为过去是这么做的，所以现在也这么做"，即以因为果，随意性和盲目性很大。而在现代科技飞速发展、市场竞争日趋激烈、各种情况瞬息万变、信息量大而繁杂的今天，仅凭过去的经验，很难实现对企业的人、财、物等各种资源的优化配置和快速、科学的决策。

4. 经验式管理缺乏科学的制度约束

经验式管理对于管理者本人的管理偏重于个人的自律而不是制度的监督。越是上层管理者这种现象越明显。再者，经验式管理往往伴随着管理者本人的高度集权，一旦决策失误，给企业造成的损害是致命的。

第四节 管理阶段的递进

随着企业规模的发展,产品线的扩张,战略的提升,市场的变化等,组织事务也会越来越复杂,凭经验管理的企业家会越来越感觉到心有余而力不足,经验式管理就成为组织发展的障碍。习惯于经验管理的企业认为经验是其成功的关键因素,因此遇到问题时首先去找经验——用经验解决由于经验管理而导致的问题,其成功方程式中充满了只可言传不可身教的经验。

"起家靠产品,壮大靠制度"。企业原本就是一个依靠各种制度支撑的营利组织。缺乏对企业管理的制度化、标准化和规范化是多数企业随意决策、凭经验办事而最终失败的关键原因。经验式管理决策的随意性强,缺乏实践性、传承性,要想实现对企业更高层次的管理,必须强化制度约束,建立制度规范。

著名经济学家吴敬琏先生曾提出过一个很著名的观点:制度重于技术。因此,在科技革命的推动下,资本主义生产日益社会化,经验式管理的"头痛医头,脚痛医脚"以及拍脑袋决策已经难以满足企业发展的需要,这时管理就需要上升到一个新的阶段:科学化管理阶段。

第五章
科学化管理

第一节　科学化管理实践案例

案例16　亨利·福特的管理之道

亨利·福特（Henry·Ford，1863—1947）是美国著名的汽车制造者，是福特汽车公司的缔造者，被大众普遍认为是大规模生产的第一位倡导者。福特根据当时社会化大生产的需要，制定了一套行之有效的生产和管理制度。

1. 制造方式标准化

福特公司在生产过程中实行零部件标准化和作业标准化，大大提高了制造的精密性，零部件的互换性，提高了汽车的性能和质量，延长了汽车的寿命。

2. 流水式装配线

为缩短生产作业途中搬运材料和部件的时间，福特公司发明了用自动搬运材料和部件的传送带组成的流水式装配线，并于1913年在海兰特·派克工厂建成使用，生产率大为提高。

3. 把服务大众作为宗旨

福特经常说，他办汽车工厂不是为赚钱，而是以服务大众为宗旨，并提出让每一个美国人都有能力购买汽车。由于福特公司采用标准化和流水式装配线等先进措施，汽车的价格逐年下降。1910年T型车的售价为950美元，1924年已降为290美元，汽车的生产成本和销售价格逐渐降低，使福特汽车公司销售收入大幅上升。福特还在工人中实行利润分享计划，大大促进了生产率的提高。

4. 建立人事部门，关心员工生活

"以确保他们的家是整齐干净的，他们饮酒不过量，他们的性生活没有不清白之处，并确保他们的空闲时间用在有益的事情上。"福特还设立了设备完善的拥有专职人员的医疗部门和福利部门，为工人开办职业学校，从1926年开始实行每周5天的工作制度。

案例分析

零部件标准化和作业标准化，从制度流程上确保了产品规格的统一性，同时也确保了产品质量的统一性。流水式装配线的引入，从产成品用时方面提高了公司的工作效率。以服务大众为宗旨和关心员工生活的人文关怀，让福特公司不仅实现了经济效益，也赢得了社会效益，获得了员工认同也即实现了员工效益。最终，福特公司凭借有效的管理保持了良好的市场竞争力。

案例17　奔驰：高质量打造元首专车

一个多世纪以来，世界汽车业几经沧桑，许多汽车公司在激烈的市场竞争中几度沉浮，然而德国戴姆勒-奔驰汽车却始终"吉星高照"，成为世界汽车业的佼佼者，是世界上许多国家元首和知名人士的重要交通工具和接待用的专车。戴姆勒股份有限公司在2016年世界500强排行榜中排名第16名。之所以能取得这样的成就，很大程度上归功于它一以贯之的质量管理，持续保持业内无可比拟的质量优势。

1. 选材制作高质量

奔驰公司对产品的每一个部件的制造都一丝不苟，即使在座位这个极少引起人们注意的部位，奔驰公司也是精挑细选。奔驰车座椅的面料大都是用新西兰进口的羊毛纺织而成，其粗细度必须控制在23至25微米之间。细的用于高档车，柔软舒适；粗的用于中档车，结实耐用。纺织时还要根据需要掺进从中国进口的真丝和从印度进口的羊绒。至于用来制作皮革座椅的面料，他们考察了世界各地后，认为还是南德地区的最好，于是专门在那里设立了供应点。一张6平方米的牛皮也只用一半，太薄或太厚的都不用。在部分零部件采购方面，奔驰公司对于外厂加工的零部件，一箱里只要有一个不合格，就会把这箱零部件全部退回。

2. 测验检查高质量

高品质、信赖性、安全性、先进技术、环境适应性是奔驰造车的基本理念，凡是公司所推出的汽车均需达到五项理念的标准，缺少其中任何一项或未达标均被视为缺陷品。为了保证产品的高质量，奔驰公司始终坚持严格的产品测验检查制度。每10个奔驰员工中就有1个人负责安全检查；每一台发动机都要经过42道检验关；即使是一颗小小的螺丝钉在组装到车上之前，也要先经过检查。生产中的每个组装阶段都有检查，最后经专门技师总查签字，车辆才能开出生产线。为了检验新产品的质量和性能，除了由计算机控制的质检系统检查外，还有一个占地8.4公顷的试验场，场里有各种不同路面的车道、障碍物等，公司每年都要用100辆崭新的新车在试验场内作各种破坏性试验测试。

3. 员工培训高质量

奔驰公司认为，要保持并不断提高产品的质量，人是决定的因素。因此，奔驰公司不惜血本，高度重视员工培训，努力打造一支重视质量、技术过硬的员工队伍。奔驰公司在国内设有52个"培训中心"，培训范围包括新招学徒工的基本职业训练、企业管理的培训和在职职工的技术提高。学徒工进入公司后，要培训3到3年半，经考试合格后才能正式参加工作。培训期的要求非常严格，学员必须学会做钳工、红炉锻打、手工翻砂造型、焊接、热处理和开机床等，特别注意培养学徒工的良好操作习惯，树立重视产品质量的观念。同时，公司的职工以及从工长到经理等管理人员也要定期进行轮流脱产培训。

4. 营销服务高质量

一般的 CS 都是售后的，而奔驰公司 DOCS 从生产车间就已经开始。厂里在未成型的汽车上挂有一块块的牌子，写着顾客的姓名、车辆型号、式样、色彩、规格和特殊要求等。不同色彩，不同规格，乃至在汽车里安装什么样的收录机等千差万别的要求，奔驰公司都能一一满足。顾客买奔驰车首先买到了满意的质量。同时，奔驰公司的售后服务无处不在，使奔驰车主没有任何后顾之忧。在德国本土，奔驰公司设有1700多个维修站，在公路上平均不到25公里就可以找到一家奔驰车维修站。在世界范围内，奔驰公司共设有5800个服务网点，提供保修、租赁和信用卡等服务。从急送零件到咨询服务，奔驰公司的服务效率令顾客满意、放心。

高质量的选材制作保证了奔驰车的高品质，高质量的测验检查保证了奔驰车的高性能，高质量的专业培训保证了公司员工的高素质，高质量的售前售后服务使奔驰车主绝无半点烦恼，最终使得奔驰公司生产的汽车耐用、舒适、安全，赢得了全世界人们的青睐。

案例分析

作为生产型企业，只有严格把控从选材制作到测验检查、从专业培训到高效服务的质量管理，讲究精工细作，追求精益求精，强调"质量先于数量"，为做得更好、最好而斗争，才能在人们心中树立起高品质的形象，才能保持经久不衰的核心竞争力。

案例18　高效率铸就的"索尼的神话"

创立于1946年的索尼公司是世界视听、电子游戏、通讯产品和信息技术等领域的先导者，是世界最早便携式数码产品的开创者，也是世界最大的音乐公司。在2016年世界500强排行榜中排名第113名。索尼公司之所以在数十年之内成为横跨数码、生活用品、娱乐领域的世界巨擘，成为日本的代表性企业，创造了"索尼的神话"，核心在于其始终走在市场前端的市场快速反应能力和经营管理效率。

1. 快速的市场反应能力

索尼公司是开发海外市场的先驱。在海外市场拓展方面，索尼公司的市场营销战略是，迎合社会发展的变化，"创造"未知的市场，开发符合海外市场特性的典型产品。索尼公司建立了广泛的售后服务体制，继在美国之后，又在瑞士、中国香港、加拿大、巴拿马、德国、波多黎各、荷兰、巴西、西班牙、法国、澳大利亚等国家和地区建立了销售网点，从而进一步巩固了"世界的索尼"的基础。

2. 高效的经营管理效率

根据日本分离事业成立独立分公司的原则，明确责任和权限，进而提高经营效率。同时，随着企业的成长，可以防止由于组织过于庞大而带来的僵化和官僚主义现象，并且使组织富有活力。在管理阶层，由于实行大幅度的有权限的责任，参加经营管理的意识大大提高。此外，由于实行无解雇宣言和内部提拔制度，重视劳资无差别的宣传，工人劳动积极性提高。通过以上举措，公司不仅提高了生产率和产品质量，价格竞争力也随之提高，出现了良性循环。

得益于在市场反应方面的迅猛举动，在经营管理方面的高效率，索尼公司将其独特的经营能力、技术力量、市场力量充分发挥出来，从而有效支撑了"索尼的神话"。

案例分析

兵贵神速。市场竞争激烈的时代，也是一个快鱼吃慢鱼的时代。快速代表领先，代表主动，代表实力。企业的生存与可持续发展，需要快速应对市场变化，第一时间根据市场变化作出策略调整，并以高效的生产经营管理效率为依托，第一时间抢占市场，取得领先优势。

案例19　沃尔玛：高效益的赢家

沃尔玛公司是全球最大的连锁零售企业，每周光临沃尔玛的顾客就达2亿人次。2014~2016年，沃尔玛公司连续三年荣登《财富》世界500强榜首。同时，沃尔玛也位居美国企业慈善榜首位，被誉为美国最慷慨的公司。从1962年创始人山姆·沃尔顿开办第一家沃尔玛平价商店开始，在短短的几十年，沃尔玛公司一路发展壮大，从零售业中脱颖而出，建立起了当代独特的零售王国，堪称零售业的一个奇迹。沃尔玛之所以能取得如此辉煌，实行"成本最小化、效益最大化"的高效益管理是其核心的成功之道。

1. 控制成本

沃尔玛提出"帮顾客节省每一分钱"的宗旨，这一指导思想使得沃尔玛成为本行业中的成本控制专家，它最终将成本降至行业最低，真正做到了天天平价，吸引了众多消费者。严谨的采购态度，完善的发货系统和先进的存货管理是促成沃尔玛做到成本最低、价格最便宜的关键因素。

（1）控制采购成本。在进货方面，沃尔玛主要采取"三大措施"控制采购成本：一是采取中央采购制，尽量实行统一进货。尤其是在全球范围内销售的高知名度商品，如可口可乐等，沃尔玛一般将一年销售的商品一次性签订采购合同，由于数量巨大，其价格优惠远远高于同行。二是买断进货，并固定时间结算。沃尔玛实施买断进货政策，并固定结算货款，决不拖延。三是和供应商采取合作的态度。沃尔玛由于采购量巨大，一般从工厂直接进货，并同供应商保持长期合作的关系，通过电脑联网，实现信息共享，供应商可以第一时间了解沃尔玛的销售和存货情况，及时安排生产和运输。由于效率的提高，供应商成本降低，沃尔玛也就能将从中获得的优惠让利给顾客。这种合作模式下，供应商、沃尔玛和顾客三者都是赢家。

（2）控制库存成本。沃尔玛在存货管理上也让同行望尘莫及。总部的高速电脑与16个发货中心以及1000多家的商店连接。通过商店付款台激光扫描器售出的每一件货物，都会自动记入电脑。当某一货品库存减少到一定数量时，电脑就会发出信号，提醒商店及时向总部要求进货。总部安排货源后送往离商店最近的一个发货中心，再由发货中心的电脑安排发送时间和路线。沃尔玛可以保证，商品从配送中心运到任何一家商店的时间不超过48小时，沃尔玛的分店货架平均一周可以补货两次，而其他同业商店平均两周才能补一次货。这种高效率的存货管理，使公司能迅速掌握销售情况和市场需求趋势，及时补充库存不足。通过维持尽量少的存货，沃尔玛既节省了存储空间、减少存货风险，又加速了资金运转速度，降低了库存成本。

（3）控制管理成本。为适应如此巨大的零售商业的需求，沃尔玛拥有一个规模空前的计算机网络系统，微机工作站有5500多个，总站和全世界各地的计算机工作站保持着热线联系。公司于1987年便建立了全美最大的私人卫星通信系统，以便节省总部和分支机构的沟通费用，加快决策传达以及信息反馈的速度，提高整个公司的运作效率。沃尔玛与INFORMIX合作建立了IN—FORMIX数据库系统，系统信息总量达到4000千兆的海量，总部每天和各地分支机构交换的数据达1.5亿个字节。依靠先进的信息系统，沃尔玛总裁可随时调用任何一个地区、任何一家商场的营业情况数据，知道哪里需要什么商品，哪些商品畅销，从哪里进货成本最低，哪些商品利润贡献最大等，始终和消费者保持着密切联系。

2. 提高效益

虽然沃尔玛为了降低成本，一再缩减广告方面的开支，但在对非营利组织和公益事业进行捐赠时，却不吝金钱，十分慷慨。如：为美国各州"联合之路"慈善机构捐赠5200万美元；举办亲猪大赛为慈善机构募捐；筹集5700万美元成为各儿童医院开设的"儿童的奇迹"电视栏目最大的赞助商。创始人沃尔顿还积极资助公、私立学校，成立特殊奖学金，协助拉丁美洲的学生到阿肯色州念大学。他还将自创品牌"山姆美国精选"商品营业额的一定比例捐作奖学金，提供给研究数学、科学与计算机的学生。有付出便有收获，沃尔玛在公益活动上大量的长期投入以及活动本身所具的独到创意，大大提高了品牌知名度，成功塑造了品牌在广大消费者心目中的卓越形象，在提升品牌效益、社会效益的同时，反过来促进了经济效益的提升，可谓是高效益的赢家。

案例分析

成本竞争是企业核心竞争力的重要体现，是提高企业盈利能力和可持续发展能力的制胜关键。控制采购成本是沃尔玛实现高效益的基础，控制库存成本是沃尔玛实现高效益的重要原因，控制管理成本是沃尔玛实现高效益的重要保证，而依托提升社会形象实现社会效益与经济效益的协同发展，则是沃尔玛持续实现高效益的助推器。

案例20　大连万达集团股份有限公司的科学化管理

大连万达集团股份有限公司是一家以商业地产为核心竞争力，以住宅地产、高级酒店和文化产业为主业的大型企业集团。万达集团良好的品牌形象、持续的创新能力、雄厚的资金实力和科学的管理模式，为企业又好又快发展创造了良好的基础。其中，万达集团科学化管理模式在行业中被树为典范。

1. 大连万达集团发展历程

1987年，现任大连万达集团股份有限公司董事长王健林从部队转业至大连市西岗区区政府任办公室主任。

1988年，负债149万元的西岗区住宅开发公司濒临破产，区政府为了拯救这个"烂摊子"，面向全区公开招贤。王健林主动请缨，自愿担任西岗区住宅开发公司经理。1988年底，王健林注册成立大连市西岗住宅开发总公司，重点从事住宅小区及办公楼的建设。这一时间建设的南山住宅、北京街小区、西岗区个体大厦、辽宁省外贸展厅等项目，都是大连城市建设中较早的一批现代建筑。

1991年，国家体改委和大连市体改委拟在大连选3家企业作为东北地区首批股份制试点，大连市西岗住宅开发总公司改制申请获得批准。随着改制的完成，1992年大连市西岗住宅开发总公司更名为大连万达集团股份有限公司。

万达集团发展大致分三个时期：单一地区发展时期（1988～1998年）；跨区域单元经营发展时期（1999～2001年）；跨区域主业发展时期（2002年至今）。

前两个阶段，万达集团立足于大连市并逐渐试点部分大城市，成功开发了大量的住宅产业，积累了丰富的从业经验并完成了资本的最初积累。现阶段，万达集团已形成以商业地产、住宅地产、文化产业、高级酒店为四大主业的大型企业集团。特别是2006年和2007年万达集团在北京、上海、宁波、成都、哈尔滨、西安万达广场的开业，标明万达集团成功完成了从住宅为主的房地产开发企业向住宅、商业、文化和高级酒店综合性大型集团的演变。2016年1月，万达集团以35亿美元收购美国传奇娱乐公司的大部分股份。这是电影史上，中国企业在外国的最大一笔并购投资。

2. 大连万达集团发展现状

经过20多年的高速发展，万达集团已从当年注册资金100万元的小企业发展成以商业地产、住宅地产、文化产业、高级酒店为四大主业的大型企业集团。

截至2015年底，万达集团资产达到6340亿元，年收入2901.6亿元。2016年8月，全国工商联发布"2016中国民营企业500强"榜单，大连万达名列第六。作为率先实现全国布局的大型商业地产投资及运营商，公司在中国商业地产行业内居于绝对领先地位，是中国商业地产的领军企业。

3. 大连万达集团科学化管理模式

（1）万达集团科学化管理内容。

大连万达集团之所以发展迅猛并取得如此成绩，与其实行科学化管理模式密不可分。

制度化。制度化管理是万达长期倡导的基本管理理念和始终坚持的管理原则。为此，集团提出了"靠制度管人，不靠人管人"的口号，倡导和推进企业管理的现代化，反对家族式管理。迄今为止，包括王健林在内的万达高管没有一个亲属在万达工作。万达集团建立了近200万字且操作性极强的企业经营管理制度汇编，这些制度涉及到公司行政、人力资源、财务，以及房地产开发业务等方方面面，其中绝大部分是万达拥有自主知识产权的独创制度。

标准化。万达集团首创的"订单式"商业地产模式开创了国内商业地产开发的先河。集团"项目管理中心"从项目前期规划设计、招投标、计划施工，乃至营销策划、竣工验收等方面，对各地项目公司进行全面的管理和指导。万达集团一直提倡"产品一体化"，在做"产品一体化"的过程中，万达建立了自己的标准，不管是在哪个城市的分公司都按照这个标准去做，不管各地消费水平有怎样的差距，公司产品配置均实现统一。

规范化。管理制度的作用必须通过制度执行来实现，因此明确并强化制度执行的监督检查机制尤其重要。万达集团在管理制度中规定了不同层次和不同方式的检查、评价和改进机制，包括例行的制度执行检查和专项的抽查，各地公司的自查自纠和集团公司的监督检查等。制度文件的主要内容都是关于工作方式方法的规定，随着工作能力、经验和环境的变化，会不断地总结和创新更好的工作方法，因此万达在每年的第一季度都要对制度进行专门研讨、修订，推行新版制度，对集团管理加以规范。

（2）万达集团科学化管理实施手段。

随着房地产行业竞争日趋激烈，房地产企业在实现规模化扩张、跨区域发展时，需要借助信息化手段提升和优化现有经营管理模式，增强企业快速响应市场能力，以适应房地产企业组织架构庞大、分散的现状。2006年，万达集团投入1000多万元建设了全国首个房地产企业ERP系统，将集团管理制度流程信息化。

万达集团管理信息系统包括十个子系统，且每个系统都按照严格的标准规范。

招投标系统：主要功能包括招、投、开、评、定标全过程，并建立招标信息库、合格供方管理，实现招投标全业务流电子化处理、存储和查阅。

项目过程管理系统：包含了房地产管理的几大核心业务，主要功能包括目标成本控制体系、资金计划体系、工程进度计划体系以及合同管理体系的管理。

营销管理系统：系统将项目的策划、推广、销售、房源、客户及入伙后的物业管理等功能进行有机的整合。包括销售费用管理与报表分析、客户关系管理等。

运营管理系统：是根据万达商业地产运作模式定制开发的商业运营管理系统，以客户和合同为中心，实现各部门之间的信息共享，支持多部门多岗位的协同服务。能够即时反应各商业广场的经营状况，为决策层随时提供决策依据，同时适用于住宅物业管理模式。

财务系统（FI）：满足企业日常核算和财务报表管理的系统，各业务系统数据自动流入财务系统并生成相应凭证。

人力资源系统（HR）：是基于集团集中管控并兼顾各分子公司个性需求的多级管理应用软件，通过系统的应用，可以达到规范统一人力资源管理模式、整合人力资源管理流程、提高人力资源整体管理水平和效率的目的。

OA系统：是万达集团协同办公平台，主要功能包括文档管理、流程审批管理、新闻公告发布等内容。通过OA系统的使用，使业务流程审批全面进入电子审批阶段，加快审批流程；通过文档的管理，实现文档的快速传递和共享。

信息门户：是企业与客户之间进行信息交互的平台。通过信息交互，可提高企业内部经营信息与外部市场信息的利用效率，降低管理运营成本。使外部客户充分了解企业产品与业务需求，加强企业客户关系管理，实现与客户双赢。

万达院线营销系统：依托集团在地产集聚的实力，与具有国际背景的服务供应商联盟，万达院线在中国电影界创造与刷新电影终端乃至电影行业的多项纪录。

万千百货营销系统：依托万达集团的强大实力，与多个企业和品牌形成战略联盟，实现万达集团和万千百货品牌共拓市场、共同发展，实现双赢。

4.大连万达集团科学化管理的特点

从房地产管理公司第一套正式的制度汇编,到目前集团经营管理制度,历经多年的制度化建设,无论是作为开发企业,还是商业经营企业,万达集团经营管理已达到相当高的水平,其科学化管理具有以下基本特点。

(1)全面遵循和贯彻了先进的管理理念和方法。

管理理念和原则是设计和编制各项业务运作制度的前提,万达集团管理制度的编制并不是简单地对各项具体业务流程和事务性工作进行描述和规定,而是从提炼和规定基本的业务管理原则着手,如"顾客中心原则""过程导向原则""效率与控制平衡原则""持续改进原则",以及"以市场需求为导向,以质量保证为前提,以过程控制为手段,以规范运作为基础,以提高综合经济效益为目的"的项目开发原则等。

(2)制度的系统性较强,结构逻辑合理。

无论是从制度规定涉及的管理和作业活动范围,还是制度文件本身的层次结构,万达集团管理制度具有较强的系统性和逻辑性。从涉及的管理和作业活动来讲,制度包括了企业日常基础业务,以及围绕具体项目开发、物业经营、文化产业经营等业务。从制度文件本身的结构来讲,制度文件分为管理政策性的文件、业务流程文件、操作指引等不同层次的文件。

(3)在经营管理层面建立了执行力的保证机制。

万达集团管理制度的规范内容有两个基本的层次,一个是企业经营层面,另一个是具体业务的作业层面。从企业经营层面来看,整套制度以目标管理、计划管理和绩效考核为主线,有效将企业发展目标、日常业务计划和人员绩效衔接起来,从而确保企业发展目标顺利落实,计划连续、有序和均衡化,以及个人努力客观评价、奖罚分明并能持续改进。

（4）作业层面的制度规定具体、细致，可操作性强。

作业层面制度文件力求准确和细致，为了保证制度文件的严谨和规范，万达集团的制度文件明确区分了不同类型和性质的工作，如常规工作和专项工作的区分，集团范围内可统一操作方法的工作与需要根据各地具体情况进行规定的工作的区分等。

（5）着重明确部门间工作接口关系，较好地满足了目前集团业务运作的需要。

万达集团经营管理制度初步做到了以业务流程为导向，通过业务流程的梳理、优化和规范，明确了各项业务活动的工作目标、任务、责任（主办、配合），以及工作步骤和方法等，特别是着重针对需要集团多个部门及集团部门与各地下属公司协调运作的工作接口进行了详细的规范，对关键和重要的工作节点明确了各自的责任、协作方式和工作要求。

为理顺管理公司与各地项目公司的工作关系，在明确管理公司、各地项目公司责任和权限的基础上，设计"审批""核准""报备"三类不同的工作对接方式，既保证了上级公司的有效控制，又保证了下级公司实际操作的时效要求。

5.大连万达集团科学化管理取得的成效

万达集团科学化管理使企业产品质量、工作效率、经济与社会效益得到大幅提升，并得到了社会的肯定。

（1）高质量。

万达集团在推行科学化管理的过程中，一直把诚信经营和工程质量作为重点工作来抓。公司专门出台了项目运作过程管理的若干文件，从项目设计、原材料采购、项目施工、项目销售及物业管理等方面对产品及服务质量加以规范。

万达1991年建设的大连市民政街小区成为东北第一个住宅工程质量全优小区，被首届"中国质量万里行"组委会授予当年全国唯一"优质住宅工程"奖牌。1995年，万达开发建设的项目中有三个获得"鲁班奖"。1996年初，万达在全国率先提出保护消费者利益的"三项承诺"对当时的全国房地产市场影响极大，带动相当一部分房地产企业掀起销售放心房活动。2000年6月，建设部、中消协等六部门召开千人大会，推介万达销售放心房经验，时任建设部部长俞正声称赞万达集团是改革开放以来建设部首次推介的房地产企业典型经验，也是全国房地产企业中仅有的殊荣。

（2）高效率。

万达科学化管理还体现在高效率上。万达洛阳项目、宜昌项目均用了不到3个月时间就完成了项目的考察、定位、规划设计等工作，并进入到施工阶段。深入地了解万达集团化运作和项目操作模式后，就不难理解这样的速度。

拿地程序简化——万达商业模式采取的是主力店定制方式，当对一个城市、一个项目有兴趣的时候，与战略合作伙伴（如沃尔玛）共同来对土地进行评估，并借助合作伙伴的力量审查土地，限期答复。主力店通过则进入拿地流程，减少了万达对土地评估的时间和费用。

主力店招商瞬间完成——在万达进行全国扩张之时，已将全国的城市按照一二三的级别进行了分级，并对主力店的租金也按城市级别规定了范围，大大缩短了招商谈判速度。

资源整合——在确定主力店意向的同时已经完成了业态组合的过程，并快速进入到规划设计阶段。万达的战略合作伙伴中世界500强有十几家，自有品牌和业态有十几个，可以在拿地之前完成业态组合和招商工作。

专业化分工——住宅部分由住宅团队完成，商业部分由商业团队完成，规划设计工作由规划设计院完成。万达设计院对各业态对建筑参数的要求已经形成了模式，出设计图之后就是全套施工图和准决算，极快的合作流程确保了项目开发的周期。

（3）高效益。

万达集团在追求高质量、高效率的同时，也实现了经济效益与社会效益的双丰收。已形成商业地产、高级酒店、文化产业、连锁百货、旅游度假五大产业，企业资产1400多亿元，万达集团已在全国开业33个万达广场、15家五星级酒店、600块电影银幕、26家连锁百货店、30家量贩KTV。计划到2012年，企业资产达到2000亿元，年销售额1200亿元，年纳税200亿元，成为世界级的企业。

在取得高经济效益的同时，万达集团还实现了高社会效益。一是解决了就业。每个万达商业广场均可提供数千个稳定的就业岗位，每年累计为社会新增3万个以上就业岗位。二是增加税收。每个商业广场每年税收5000万元以上，每年累计为国家新增3亿元以上税收。三是促进商业升级。万达商业广场是一站式综合购物中心，提升了各地的商业水准。四是提升城市形象。每个万达商业广场均成为当地的地标性建筑。

案例分析

1. 坚持科学化管理是万达集团成功的关键。万达集团在实施高质量、高效率和高效益标准时严格要求，是其能够在激烈的市场竞争中战胜对手、保持行业龙头地位的秘密武器。在保证质量基础上，从项目奠基到开门营业，要求8个月之内完成，其工作效率在同业中无人能及，俗话说，"时间就是金钱"，对万达来讲，效率就是其赢得核心竞争力的重要法宝。

2. 制度化是其成功的秘诀。万达集团的文化即"靠制度管人，不靠人管人"，倡导企业管理的科学化，万达集团有近200万字且操作性强的企业制度汇编就是其成功的最大秘诀。

3. 强有力的执行力是其成功的重要法宝。很多企业制度不少，科技水平也不低，但依然管理不好，重要原因是奖惩不明，员工积极性调动不起来。万达的做法是所有考核量化，严格执行奖罚。对企业实施半军事化管理，制订严格的管理制度，对每个程序和步骤都做了详细界定，在保证制度贯彻实施方面完全按照军事化要求处理，能者上庸者下，完全按照制度办事，不留情面，不拖沓累赘，确保制度严格执行，并取得了良好的经济效益和社会效益。

案例21　　科学化管理理论在商业银行的实践探讨

——以某大型国有商业银行某省分行为例

新一届分行党委于2015年成立后，某大型国有商业银行某省分行业务持续快速健康发展，在总行年度绩效考核等级为A，考核得分排名由2014年末的全国第24位上升至第5位、系统同组第8位上升至第1位；净利润增幅达31.54%，增幅居系统同组第1、全国第2；境内分行贡献度排名由第27位上升至第15位，提升12位；集团贡献度排名由第34位上升至第21位，提升13位，绩效考核和效益贡献均创历史最好水平。

那么是什么原因促使该行在短短一年时间之内，市场竞争力和工作绩效持续提升呢？本案例从管理的角度探讨该行运用科学化管理理论，在内部管理、流程梳理、资源整合等方面的实践。

科学化管理理论在该大型商业银行某分行的实践应用

该行的科学化管理架构，就是以"三化"为主体，以"三高"为标准，以"三严"为保障，以周例会、月总结、季考核、年总评为主要措施的科学化管理体系。通过加强内部管理，整合系统资源，全行管理质效显著提高，经营管理水平大幅提升，实现了由经验式管理向科学化管理的有效转变，提升了全行整体竞争力。

1. 围绕"三化"抓落实

（1）制度化方面。全面建立分行"规章制度信息库"，确保经营行为有据可依、有规可循，形成"用制度管人、按制度办事"的制度化管理氛围。把制度传导执行作为推动工作的核心抓手、履职问责的重要方面，增强制度传导执行的责任感和主动性，全力培育高效传导落实的执行文化。加强对制度执行的检查、整改的监督落实和责任追究，严防检查流于形式、整改停于表面、问责蜻蜓点水，以真检实查严问责倒逼制度执行，推进整改落实。

（2）标准化方面。明确提出"高质量、高效率、高效益"的工作标准，持续优化流程、改进服务，工作质效显著提高。坚持立标为先，将工作标准量化和细化，形成可描述、可操作、可分析、可衡量的标准流程，为工作推进和绩效考核提供重要遵循和执行依据；坚持对标为重，围绕总分行各项工作标准，对标管理、对标执行、对标考核，严格按标准推进落实各项工作，严防标准执行出现偏差；坚持达标为本，围绕管理要求和工作标准，紧盯标准的准确执行，紧盯过程的推动落实，严防标准执行打折扣，确保执行成效与既定目标相吻合。

（3）规范化方面。强力推进各项工作的规范化执行，从理念传导、考核引导、检查督导等方面着手，狠抓制度、标准的统一规范，强化各项工作要求的规范执行。全面落实全机构、全条线、全流程的规范化管理，从根本上解决操作不规范、服务不规范、内控管理不规范、网点布局不规范等执行不规范、做法不统一问题，推进规范化管理迈上新台阶。

2. 围绕"三高"抓成效

（1）高质量方面。高质量体现在方方面面，渗透于各个环节，涉及到所有岗位。要求各级管理者按照高质量的量化标准布置和推动各项工作，坚持"质量标准需量化、不达标准不罢休"的务实精神，着力抓好服务质量、数据质量、信息质量、执行质量、工作质量等质量管理。通过各个环节、各项工作质量的改进提高，全面打造分行高质量的"集合体"，实现监管及行政处罚零发生，力争业务零差错。

（2）高效率方面。在保证质量的前提下，效率越高，业务发展和管理运营也越有效。按照"任务目标化、目标节点化、节点责任化"要求，科学分解目标，规定完成时限，明确执行部门，落实主体责任，打造各司其职、各负其责的高效运行机制，从狠抓信息传导效率、执行效率、服务效率、审批效率等着手，提高整体工作效率。通过全流程高效率运作、全行上下高效率管理，全面打造效率最高的一流品牌，充分凸显高效率的强大生命力与核心竞争力。

（3）高效益方面。高质量、高效率带来的是社会效益、银行效益和员工效益的全面提升。通过提高经营管理质效，提升贯彻落实总行发展目标的战略执行能力，彰显分行最佳形象的社会效益；通过提高经营管理质效，促进业务持续发展，增强风险防控能力，提升银行经营效益水平；通过提高经营管理质效，实现全行员工收入持续增长，让每位员工在对标"三高"抓成效中，都有实实在在的获得感和成就感，提升全行员工效益。

3. 围绕"三严"抓作风

（1）领导干部严于律己。明确提出各级领导干部要严于律己、正身率人，时时铭记、事事践行、处处上心，从严从实做好各项工作。要始终牢记，当干部就必须付出更多辛劳、接受更严格的约束，带头营造风清气正的政治生态，杜绝"小圈子""小动作"，扬正气、避邪气，守公德、严私德，在思想、工作和生活等各方面做好表率。

（2）对待下级严格要求。要求领导干部对待下级要严格要求、严管厚爱，把从严管理干部、从严管理员工贯彻落实到队伍建设全过程。坚持从严教育、从严监督；对干部和员工身上出现的苗头性、倾向性问题，早提醒、早纠正，不能睁一只眼闭一只眼，更不能哄着、护着，防止小毛病演化成大问题，真正将"严格要求是最大爱护、放松要求是不负责任"的管理理念落到实处，体现管理者的"大爱"。

（3）严肃行规行纪。要求全行严肃合规、正风肃纪，立"明规矩"，破"潜规则"，始终把纪律和规矩摆在前面，严肃行规行纪，强化制度化管理。提出"在依法合规的前提下经营，在防范风险的前提下发展"的"两个前提"经营理念，以及"违者必究、有责必问、问责必严"的"热炉法则"，强调制度一经形成，就要严格遵守，坚持制度面前人人平等、执行制度没有例外，坚决维护制度的严肃性和权威性，坚决纠正有令不行、有禁不止的各种行为，使制度真正成为全行上下的硬约束，积极培育全行合规内控文化。

4. 科学化管理成效

该行以"三化、三高、三严"的科学化管理为第一抓手，要求省分行各部门以上率下，以月度为节点，以"四个层级服务大讨论"为契机，对标科学化管理要求，通过月度行务会的工作质效案例分享，持续提升全行管理质效，形成了一批通过抓管理促发展、抓管理提效益、抓管理防风险的成功案例。如：

风险管理部在"三位一体"全流程推动规章制度化、职责标准化、操作规范化，受理项目数量和金额分别同比增长10%和65%，授信审批效率系统排名第一，有效助推全行业务发展。

渠道管理部立足"三高"标准，通过加强"一级抓一级、层层负责制"的自助渠道对标管理，全辖ATM开机服务率从70%上升到96.35%，运营效率明显提高。全辖超过7天未清机的ATM数量由日均225台降至12台，自助渠道收入同比增长17.69%。

贸易金融部通过落实非现场检查周监控"回头三看"规定动作，

着力提高检查监督质量，全行票据业务发展中的屡查屡犯问题得到有效解决，有效助推票据业务稳健发展，并实现增幅42.96%。

运营控制部通过加强日查日督的过程管控，实现了身份核查、大额交易、账实核对等业务差错率下降53.53%。通过优化远程核准管理模式，实现全省282个网点"一点式"集中核准，核准平均时长由原32秒/笔下降至27秒/笔，前台等候时长控制在4.53秒，客户体验明显提升。通过加强头寸精细化管理，全辖人民币库存现金较上年同期压降了5.11%。

成效还不止于此。"三化、三高、三严"的科学化管理实践以来，该行行风行貌焕然一新，工作节奏明显加快，"头痛医头、脚痛医脚，拍脑袋办事"行为大幅减少，工作质量明显提高，工作效率明显加快，工作热情空前高涨，得到了内外客户的充分肯定和社会各界的积极赞誉，为全行加快发展提供了强大动能。

案例分析

1. 通过该案例的科学化管理实践，可以看到，制度化、标准化、规范化的管理体系对有效整合制度体系、提高管理效率、增强管理透明度、降低管理风险起到了积极有效的促进作用。

2. 科学化管理能够有力地促进企业制度的完善和执行建设。科学化管理理论可以帮助企业完善健全管理制度、考核制度、监督检查制度，规范人、财、物的管理建设。强化制度执行意识，规范员工行为，有力地保障企业健康经营和可持续发展。

3. 科学化管理有力地推动各项工作达到"三高"标准。通过规范化建设，能够强化精细管理、过程管理，做到深耕细作，精益求精，推动各项工作达到"高质量"标准；通过加强时间管理，做到突出重点，事半功倍，推动各项工作达到"高效率"标准；通过加强绩效管理，建立企业文化，做到优质高效，卓越发展，提高企业的品牌价值和社会美誉度，达到经济效益、社会效益和个人效益的协调统一，达到"高效益"标准。

4. 科学化管理有效推动"三严"内控文化的建立。科学化管理在"三严"理念中突出了重点业务和关键流程，灵活运用重点、抽样和突击检查方式，提高了内控工作的针对性和有效性，能够杜绝屡查屡犯行为，显著提高内控合规工作质量。

5. 近年来经营业绩的不断提升，市场竞争力的不断提高，充分说明了以制度化、标准化和规范化为核心的科学化管理理论在管理实践中的巨大成功。

第二节　科学管理理论产生的背景

一、科技革命与经济危机对管理的新要求

19世纪下半叶，资本主义国家先后走上了工业化的道路，其主要原因是在这一时期具备了实现工业化的两个基本条件，即大量资本的积累和科学技术的迅猛发展。一方面由于工业革命的发展和国际市场的开拓（包括殖民地和战争掠夺）为资本主义国家积累了雄厚的资本，最终形成了近代全球化大工业的市场体系，为资本主义各国逐步走向工业化提供了物质基础。另一方面，科学技术的发展给资本主义的工业进程插上了翅膀，同时也使社会生产力得到空前的发展。此外，随着工业化和科技革命时代的到来，资本主义各种矛盾日趋激烈，经济危机不断爆发，从19世纪70年代到20世纪初，主要资本主义国家先后经历了5次世界性经济危机的打击，经济危机导致了资本主义国家生产下降，企业大批破

产，资本贬值，工人失业，生产力遭到破坏，劳资矛盾激化，由于人们在企业管理中没有系统的管理理论作指导，也没有运用于工业化大生产的管理方式，使得矛盾长期得不到解决。为了提高抗危机的能力，大企业不断出现，逐渐形成了垄断组织，管理职能的专门化的需求变得非常迫切。为此，需要建立有效的管理体制，来维护资本主义的社会关系。

二、工业化进程对管理的迫切需要

美国的工业化速度自19世纪下半叶开始超过农业，从1850年至1900年美国的工业生产增加了15倍，在1900年至1914年间工业增长了70%，到19世纪和20世纪之交，工业中的重工业有相当大的发展，已在工业中起主导作用，基本能够满足国民经济各部门对技术装备的需要。至此，美国从农业国变成以重工业为主导的工业国家。与此同时，由于经济危机不断发生，在美国出现了资本更大规模的积聚和集中，出现了在经济生活中起决定作用的垄断组织，特别是信用制度和股份公司的建立及发展导致了所有权和经营权的分离。现实中越来越需要管理职能的专门化，需要建立有效的管理体系。另外，随着工业的高速发展，全世界大量劳动力涌向美国，但这些劳动力自身的技术水平和整体素质十分有限，不能适应大规模机器生产的需要，对他们进行基本的培训和科学的管理迫在眉睫。为了继续发展生产力，就必须在管理方面有一个较大的突破。

三、工业革命以来管理思想的积淀

18世纪中期的产业革命，使生产技术实现了飞跃，也使得人力资源与自然资源结合成为可能,进而使生产组织发生了重要变化——工厂生产制度代替了家庭生产制度。家庭生产制度,即以家庭为生产单位,家庭成员作为劳动力,购进生产资料从事生产,产品在力所能及的市场上销售。规模小、外部环境稳定,所以在客观上并没有发展和采用较高管理技术的要求。

工厂生产制,即较多的工人在同一时间和空间,为了生产在资本家的指挥下分工协作。由此生产效率大大提高,同时,如何对生产过程中各个工序之间的比例进行协调和控制的问题也日益显露。因为资本家虽可规定工人每天工作多长时间,但在很多情况下,资本家无法知道制造某个产品、某道工序需要多长时间。随着生产规模的进一步扩大,这个矛盾日趋尖锐,工厂主凭着个人经验实施管理已捉襟见肘,致使生产效率提高的速度大为减缓。

为提高管理水平,亚当·斯密在有关工作时间和工作方法问题上已经做了初步的考察;杜平、巴比奇等人又做了进一步的探讨;巴比奇还提出了进行作业研究的"观察制造业的方法";麦卡勒姆和普尔对企业的组织结构和职能控制进行了研究;汤和哈尔西对工资及收益的分配做了分析和实验。

为了进一步发展生产,必须在管理方面有一个较大的突破,而以往管理经验的积累、管理思想的种种萌芽,也为创建新的管理方法与管理理论提供了有利条件。在这样的背景下,以泰勒、法约尔、韦伯为代表人物的古典管理思想应运而生,从而在19世纪末20世纪初创建了被后人称为"古典"管理理论的管理理论。古典管理理论主要是从"经济人"假设出发,采用标准化的机械管理模式,集中于作业管理和研究。其中所谓的"经济人"假设,是指在处理管理问题时认为被管理者的唯一动机是经济利益。这样"孕育着科学管理诞生的客观环境和物质条件都已具备,在社会需要和学科成熟的交叉点上泰勒站了出来,科学管理的时代到来了"。

第三节　管理科学性与科学化管理

一、管理的科学性

管理是一个复杂的社会现象，当把上述认识自然和物质世界的科学方法应用到管理领域中时，一个自然的问题是这些科学标准究竟有多大的适用性，这就产生了所谓的管理科学性问题。从直接和狭义角度说，管理的科学性就是科学主义与管理的结合过程，是管理科学的产生、发展以及对管理实践的有效指导的过程。这个过程不仅仅是将自然科学的思想、研究方法和规范推广到管理问题研究领域中，还意味着人们对科学价值观的积极肯定，以及对人类理解和处理诸如管理这样复杂的社会问题的自信。管理的科学性不仅取决于科学的力量和科学研究方法的有效性，还决定于人类社会中的管理行为和过程的复杂性程度。

具体而言，管理的科学性问题包括三个层次的内涵。

1. 管理活动的科学性问题

管理作为一种人类活动和行为，其在多大程度上是科学理性的，或者说管理行为中"理性"和"非理性"各自占有多大成分？分界线在哪里？这个问题的本质是管理实践的属性问题还是其他？这些问题决定了科学分析方法和由之产生的管理科学知识、管理理论、管理原则能够在多大程度上指导管理实践，提高管理活动和行为的效率。

2. 管理学的科学性问题

管理学作为一门学科是否是真正的科学，在多大程度上是科学？也就是说，管理学是否属于"研究普遍原理""建立规律"的学科，或者在多大程度上是这类学科。

3. 管理现象认识和问题研究的科学性问题

是指运用自然和社会科学知识演绎、归纳、探索和研究管理现象与管理问题。管理现象认识和问题研究的方法的科学性决定了管理学知识中科学管理知识的比例，进而影响到管理学的科学性。

通过对管理科学产生与发展的历史过程的回顾和总结，可以看到，上述主要理论和学派都是特定历史阶段和背景下的产物，其内涵和渊源都不可避免地带有时代的烙印，往往只是从某个角度阐释了管理科学的某个原理，但未能形成一个完整的管理理论，无法指导企业在管理过程中建立完整的管理体系。所以，当前科学管理学派和管理理论存在一定的局限。

二、科学化管理与科学管理理论

科学化管理的理论与泰勒的"科学管理"理论从产生的背景和理论的内涵都有所不同。本书所提出的科学化管理的概念和理论是在"科学管理"理论的基础上进一步完善和提炼的结果，即把管理行为作为一个完全的理性行为，如同经济学在人是一个完全的"理性人"假设基础上能够建立数学模型、演绎经济理论和规律一样，通过一系列科学管理规律的研究，建立关于管理活动的科学理论和原则，并能够指导管理实践。两者的区别表现为：

1. 局限性比较

科学化管理理论从企业制度体系着手，针对全部经营流程和员工行为提出标准化、规范化的制度框架，且可操作性强，能够全面满足企业经营管理等各个方面的需要。

科学管理理论存在局限性。该理论推出的主要目的是提高劳动效率，并且主要是用于生产型企业，而对于企业的经营、管理和市场销售等关键流程和环节则缺乏具体的指导。

2. 时效性比较

科学化管理理论是笔者通过对全球先进国家和优秀企业的系统调研和实践分析，并经过逻辑归纳提炼，进行高度概括而逐步形成的理论体系，因此具有普适性和较强的指导意义。在企业管理过程中，科学化管理体系适用于任何企业的经营管理和发展，因此科学化管理理论具有长期的时效性和普遍的指导意义。

科学管理理论则对当代大部分企业的管理是不适用的或者是不适宜的，时效性不强。该理论的推出是在第二次工业革命时期，主要是针对当时生产企业，因而受到当时科技水平、管理知识的局限，不能适应现代企业集团的跨国经营和自动化的生产管理。

3. 完整性比较

科学化管理理论是针对企业各个经营流程和环节，制定制度化、标准化、规范化的管理体系，涉及企业组织架构、管理路线、员工培训、风险控制等各个环节，并且针对任何企业都可以实施科学化管理，因此无论是对于企业的整体还是对于企业的类型，都是相对完整、拿来即用的理论体系。

科学管理理论产生的目的是对生产企业的雇员实施标准化的计件管理，仅仅是针对企业的生产环节进行标准化的设计和管理，是局部的管理理论，因而对一个企业管理体系的整体而言是不完整的。

通过以上比较可知，科学化管理理论是高度概括、系统科学、长效完整的理论体系，能够满足绝大部分企业在管理上的需求，这也是本理论的主要创新点所在。

根据上述分析，笔者在继承和发展了管理学关注整体和变化的研究方向，借鉴前人理论以及美国、德国和日本的管理特点及经验，结合多年管理研究和实践经验的基础上，从制度和执行力两个方面进行了深入研究，提出了以"三化""三高""三严"为核心内容的科学化管理的概念，并逐步完善成为增强管理的稳定性和持续改善性的理论。

第四节 科学化管理理论体系

一、科学化管理的理论架构金字塔："三化、三高、三严"

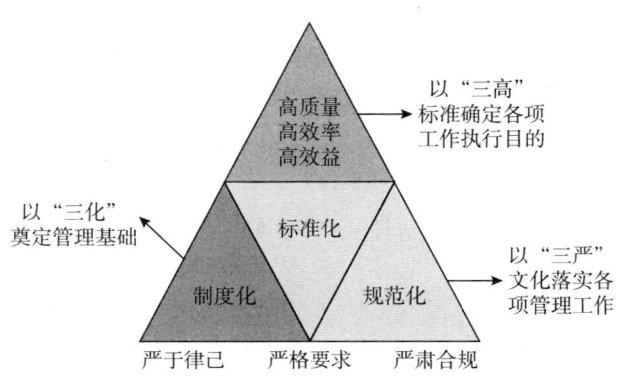

科学化管理模式：三个"三"金字塔

科学化管理的理论架构，可以用三个"三"来概括：

第一个"三"："三化"（制度化、标准化、规范化）。

制度化：建立、健全规章制度，按制度办事，用制度管人，制度面前人人平等。

标准化：针对每个岗位，制订详细的工作职责标准。衡量标准为

"高质量、高效率、高效益"。

规范化：规范化的内容主要包括管理规范、操作规范、服务规范、标准规范、制度规范等。

第二个"三"："三高"（高质量、高效率、高效益）。

高质量：高质量是一个企业成功的核心，企业从事的各项工作，无论在产品、服务、人员和管理各方面，都要追求高质量。高质量体现的是一种精益求精的"工匠精神"，是一种追求卓越的企业文化，也体现了一种对客户负责、对社会负责、对企业负责的高度责任感。

高效率：高效率是一个企业成功的保障，在保证质量的前提下，效率越高，客户的满意度和忠诚度就越高。高效率是企业采用现代技术，通过快速配置各种资源，以有效和协调的方式响应用户需求，实现运营的快捷性。快捷性是核心，是企业在不断变化、不可预测的经营环境中善于应变的能力，是企业在市场中生存和领先能力的综合表现，具体表现在产品的需求、设计和生产上具有快捷性。

高效益：高效益是一个企业成功的目标，效益一般体现在经济效益、社会效益、企业效益和个人效益等几方面。高质量、高效率最终落脚在高效益上，追求以较少的投入获得较高的回报。

第三个"三"："三严"（严于律己、严格要求、严肃合规）。

严于律己的领导作风：各级组织的领导要对自身做到严于律己。

严格要求的管理艺术：各级组织的领导要对下级严格要求。

严肃合规的企业文化：既要树立依法合规经营意识，又要鼓励和提倡创新。

上述三个"三"中，"三化"是主体，"三高"是标准，"三严"是保障。"三化""三高""三严"共同构成一个有机的整体，构成科学化管理的理论体系。

二、科学化管理的主体："三化"

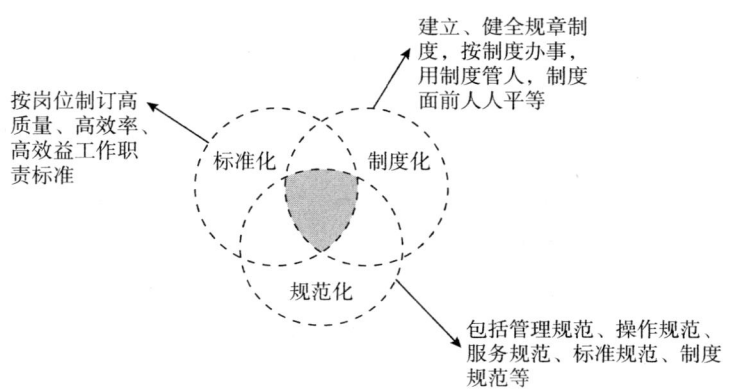

科学化管理的"三化"

1. 制度化

制度化管理是企业成长必须经历的一个阶段，是企业实现法治的具体表现。有一个故事充分说明了"制度的力量"。七个人每天分一大桶粥，但粥每天都是不够的。一开始，他们抓阄决定谁来分粥，每天轮一个。于是乎，每周下来，他们只有自己分粥的那一天是饱的。后来他们推选出一个号称道德高尚的人出来分粥。大权独揽，没有制约，也就会产生腐败。大家开始挖空心思去讨好他，互相勾结，搞得整个小团体乌烟瘴气。然后大家开始组成三人的分粥委员会及四人的评选委员会，互相攻击扯皮下来，粥吃到嘴里全是凉的。最后想出来一个方法：轮流分粥，但分粥的人要等其他人都挑完后再拿剩下的最后一碗。为了不让自己吃到最少的，每人都尽量分得平均，就算不平，也只能认了。大家快快乐乐，和和气气。

同样的人，不同的制度，可以产生不同的文化和氛围以及差距巨大的结果。这就是制度的力量。一个好的制度可以使人的坏念头受到抑制，而一个坏的制度会让人的好愿望四处碰壁。因此，建立起将结果和个人责任和利益联系到一起的制度，能解决很多社会问题以及在管理实践中出现的种种怪相，特别是能够有效避免以往管理实践中凭借主观臆断、拍脑袋办事的经验式管理带来的种种弊端。

综合来看，制度化管理对企业具有以下作用：

（1）有利于企业运行的规范化和标准化，促进企业与国际接轨。"一切按制度办事"是企业制度化管理的根本宗旨。制度化管理是企业的"低文本文化"向"高文本文化"过渡的具体表现。企业通过各种制度来规范员工的行为，员工更多的是依据其共同的契约即制度来处理各种事务，而不是以往的察言观色和见风使舵，使企业的运行逐步趋于规范化和标准化。这些处事原则更加符合国际惯例，更加接近欧美发达国家的处事风格。

（2）有利于企业提高工作效率。制度化管理意味着程序化、标准化、透明化。因此，实施制度化管理便于员工迅速掌握本岗位的工作技能，便于部门与部门之间，员工与员工之间及上下级之间的沟通，使员工最大程度地减少工作失误。同时，实施制度化管理更加便于企业对员工的工作进行监控和考核，从而促进员工不断改善和提高工作效率。

（3）制度健全而规范的企业更容易吸引优秀人才加盟。一方面，规范的制度本身就意味着需要有良好的信任作为支撑。在当今社会信任普遍处于低谷之时，具有良好信任支撑的企业在人才竞争中很容易获得优势。另一方面，规范的制度最大程度地体现了企业管理的公正性和公平性，人们普遍愿意在公平、公正的环境下参与竞争与合作；同时规范而诱人的激励制度是企业赢得人才争夺战的最为有力的武器。

（4）制度化管理是防止腐败的最有效的措施之一。腐败产生的根源在于权力失去监控和约束。制度使企业的各项工作程序化和透明化，任何时候任何人的工作都处于企业员工的监视之下，强化了对权力的监控和约束，产生腐败的可能性减小；同时，制度中对腐败行为的严厉制裁措施，也使腐败的风险和成本增大，从这个意义上讲，制度化管理从源头上防止了腐败行为的产生。

（5）制度化管理可在很大程度上减少决策失误。制度化管理使企业的决策从根本上排斥一言堂，排斥没有科学依据的决策，企业的决策过程必须程序化、透明化，决策必须要有科学依据，决策的结果必须要经得起实践的检验和市场的考验，决策人必须对决策结果承担责任，从而在最大程度上减少了决策失误。

（6）制度化管理能强化企业的应变能力，增强企业的竞争力。制度化管理使企业管理工作包括市场调研、供应商及客户的管理和沟通等工作都得以规范化和程序化，在企业内部形成快速反应机制，使企业能及时掌握市场变化情况并及时调整对策，也使整个供应链的市场应变能力得到增强，从而提高供应链和企业本身的竞争力。

企业进行制度化管理需要做好以下几方面的工作：

（1）建立制度，必须充分考虑其可行性和可操作性。在建立制度的时候，一方面，要充分考虑企业的实际情况和传统，必须保证制度能获得大多数员工的认同和支持，便于制度的顺利推行与实施；另一方面，企业的制度并不是越多越好，也不是越严越好，关键在于制度是否可行，是否具有较好的可操作性。在建立制度时，还必须注意制度的量与度的问题。有些制度如果暂时推行不了，可先缓一缓，待制度本身具备了可行性和可操作性后再予以实施。

（2）推行制度，必须维护其严肃性和权威性。在企业实施制度化管理过程中，应该严格保证制度能够公正、公平、公开地实施，制度面前不能出现特殊化。在企业内部形成人人遵守制度，维护制度，监督制度实施的良好氛围，保证制度的严肃性和权威性不受侵害。

（3）增强创新意识，防止制度僵化。制度创新是企业增强核心竞争力的重要途径，也是激发员工创造性地开展工作的有效措施之一。因此，企业在建立制度时，要为制度的健全与完善及持续改进留有余地，为制度创新搭建好平台。在实施制度化管理的过程中，必须随着企业的发展和环境的变化，及时对一些制度内容进行修改和调整，使企业的制度符合企业的实际情况并满足企业发展和环境变化的需要，从而增强企业的应变能力和市场竞争力。

（4）正确处理制度化管理与情感管理之间的关系。企业的制度化管理必须和情感管理和情感交流融合在一起才能充分地发挥其作用。如制度化管理使企业承担着更大的经营风险，而恰到好处地渗透一些情感管理方式可以使这种风险降至最低，同时制度化管理的渗透又可使情感管理难以解决的权力失控问题迎刃而解。

（5）妥善处理非正式组织的抵制行为。非正式组织对企业生产经营活动的影响力是巨大的。企业在推行制度化管理过程中，可能会损害非正式组织的利益或对其行为有所约束，使得非正式组织对企业的制度化管理过程产生抵制行为。此时，切忌采取简单的强制执行方式，而是应该在坚持原则的基础上，采取较为缓和的处理方式，如与非正式组织领袖进行沟通，说明利害关系，或在开始时就邀请这些领袖们参与制度的拟定与讨论等，使其接受、理解并自觉遵守制度。

制度的生命力在于执行。但人们往往喜欢说"变则通"，喜欢"搞变通"，"上有政策，下有对策"，所以当规则出台时，人们习惯性地思考如何规避规则，如何变通规则，如何绕道行之。这也是为什么中国向来不缺法律、法规、条例、规章、制度，缺的只是执行。事实上，"上有政策，下有对策"是一种消极的变通，它是一种替换性的执行、选择性的执行、附加性的执行、象征性的执行、欺骗性的执行和对抗性的执行。变通的心理是一种在毁坏既定规则前提下的功利主义的价值选择，是人们为了个人利益而篡改规则的社会现象和社会行为，它是对规则的无视和藐视。对绝大多数企业而言，在制度执行方面，依然是任重而道远。

2. 标准化

标准化是指在经济、技术、科学及管理等社会实践中，对重复性事物和概念通过制定、发布和实施标准达到统一，以获得最佳秩序和社会效益。

标准化的基本特性主要包括以下几个方面：①抽象性；②技术性；③经济性；④连续性，亦称继承性；⑤约束性；⑥政策性。标准化的实质是通过制定、发布和实施标准，达到统一。标准化的目的是获得最佳秩序和社会效益。

对一个企业来说，企业的经济活动、技术活动、科研活动和管理活动的全过程及其要素都可作为标准化的领域和对象。只要这些企业活动和要素具有"重复性"，都可以进行标准化。

所谓"重复性"，是指同一事物和概念反复或重复出现或进行的性质。如同一产品的反复生产，同一检验方法的反复多次进行，同一概念的多次使用，同一管理事项的重复进行等。因为这些事物和概念的多次重复活动，就产生了按统一标准进行的客观需要和要求。如果同一事物和概念在反复多次进行时没有统一的标准可遵循，就失去了共同的客观依据。没有统一的衡量准则和尺度，那么，企业就无法正常进行生产和管理活动，全部企业活动就失去准绳而一片混乱。

标准化是制度化的最高形式，可运用到生产、开发设计、管理等方面，是一种非常有效的工作方法。作为一个企业能不能在市场竞争中取胜，决定着企业的生死存亡。企业的标准化工作能不能在市场竞争当中发挥作用，同样决定着标准化在企业中的地位和存在价值。

有些企业领导人或管理人员，不懂或不善于利用标准化这个有效工具，每次遇到同样的问题都要从头研究、开会、讨论、做出决定。这样做不仅浪费时间和精力，影响办事效率，而且常常丧失良机。如果对大量重复事务进行标准化，遇到同类问题照标准办就是了，免去因人事变动造成的同一问题前后处理不一致而带来的麻烦。这样，领导人员、技术人员或管理人员可以把主要精力用在研究、处理企业根本性和方向性的大问题或新问题上。

企业要进行标准化管理，需要针对每个岗位，制定详细的工作职责标准。具体来说就是要走好三步：

第一步：制定好能确切反映管理需求，能够保证实现总的管理目标的各方面经营管理活动、管理业务的具体标准。

第二步：建立起以管理标准为核心的有效的标准体系。

第三步：把标准化向纵深推进，运用多种标准化形式支持标准化管理。

这三步中的每一步，都要遵循市场经济下企业经营管理的客观规律，每个企业都要从自身的情况出发，通过创新开辟自己的道路。

3. 规范化

规范化管理就是从企业生产经营系统的整体出发，对各环节输入的各项生产要素、转换过程、产出等制定制度、规程、指标等标准（规范），并严格地实施这些规范，以使企业协调统一地运转。

企业规范化管理的内容主要包括管理规范、操作规范、服务规范、标准规范、制度规范等。实行规范化管理在理论和实践中都证明是极为重要的。

首先，这是现代化大生产的客观要求。现代企业生产是具有高度分工与协作的社会化大生产，只有进行规范化管理，才能把成百上千人的意志统一起来，形成合力为实现企业的目标而努力工作。

其次，实行规范化管理是变人治为法治的必然选择。每个员工都有干好本职工作的愿望，但在没有"干好"的标准的情况下，往往凭领导者的主观印象进行考核和奖惩，在管理中难免出现时紧时松、时宽时严的现象，很容易挫伤员工的积极性。按照统一的规范进行严格管理，人和人之间可以公正比较、平等竞争。

最后，实行规范化管理是提高员工总体素质的客观要求。规范使员工明确企业对自己的要求，有了努力的标准，必然能逐步提高自己的素质；员工还可以对照规范进行自我管理。因为规范是在系统原则下设计出来的，管理人员依据规范进行管理，也能提高立足本职、纵观全局的管理水平。

需要特别指出的是，制度化管理、标准化管理都不等于规范化管理。企业规范化管理，也需要制度化，也需要标准化，但它的重点在于为企业构建一个具有自我免疫、自动修复的机能。也就是说，使企业组织形成一种内在的自我免疫功能，能自动适应外部环境的变化，能抵御外部力量的侵害。并且当企业组织在发展过程中遭遇外部创伤后，能自动地修复愈合，使企业实现持续稳定的发展。

企业是由人构成的，企业发展的核心资源也是人，而主导人的意志行为的直接因素是他的价值观念。所以企业规范化管理必须有一套企业内部一致认同的价值观念体系，作为指导思想来协调企业组织运行和管理的行为，使企业方方面面的管理方法和技术，融合为一个整体，并彼此协调照应。这是企业规范化管理的首要特征。一套系统的在企业内部广泛认同的价值观念体系，是构成企业组织自我免疫、自动修复机能的基础。企业组织有了这样一套价值观念体系为企业组织的运行提供指导思想，才能及时纠正任何有违于企业发展正道的行为和做法，避免不利于企业持续稳定发展的各种行为的发生。

在经验式管理向科学化管理的演进过程中，由于领导者才能及外部条件的差异，不同企业管理的制度化、标准化和规范化的进程可能不一致，最初企业的管理可能是处于"三化"的完全相离状态，随着企业管理水平的提高，开始出现了"两化"的相交甚至"三化"的相交，随着企业管理水平的进一步提高,"三化"交集范围越来越大,直至完全重合,企业管理真正达到了科学化管理阶段。因此,作为科学化管理的主体的"三化",是要求制度化、标准化和规范化完全统一或交集范围完全重叠的"三化"。

三、科学化管理的标准:"三高"

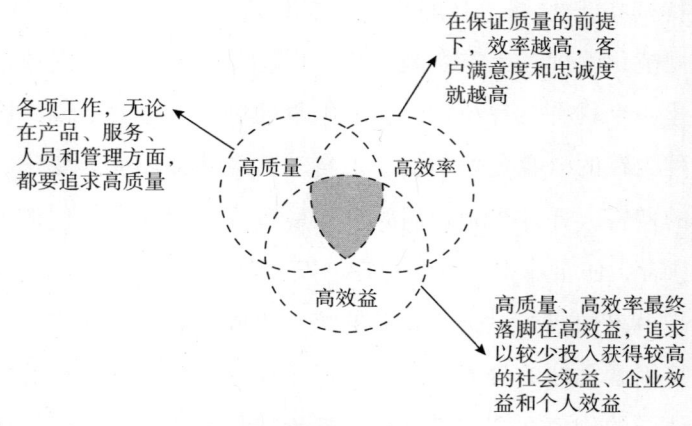

科学化管理的"三高"

1. 高质量

在世界三大企业管理模式中(美国、日本、德国),德国的企业管理模式是近年来受到世界企业界广泛推崇和学习的,就连美国企业界也普遍认为,德国的企业管理比美国更富有活力和有效。

德国人追求高质量,而且将这种高质量意识贯穿融入到方方面面。拿他们的房屋建筑为例,每一种材料,如玻璃、锁、铰链、搭钮、开关、灯罩、窗帘、衣架等等,纵然是极微末的,也都讲究精益求精,追求高品质,确保质量可靠。

德国企业十分重视产品的质量和完善周到的售后服务,强烈的质量意识已成为企业文化的核心内容，深深植根于广大员工心目之中。汽车工业是德国质量管理的典型代表，几大汽车公司都有一整套健全的质量管理机构与体系，有扎实的质量管理措施，十分强调质量预防，对质量管理的投入相当巨大。比如，奥迪公司吸引世界范围的顾客有四项原则：领先的产品、精美的形象、引起顾客对汽车的兴趣、以客户为导向。这四项原则说到底就是一个产品的质量和品牌问题。又如，大众公司各类质量管理人员就有1.6万人。庞大的质量管理机构和人员，不仅对产品出厂进行质量检查，而且参与到产品的研究、设计、生产等各个环节中。如奔驰汽车公司每天要从生产线上抽出两辆汽车，对1300个点进行全面检测，对所有协作厂商提供的零部件也同样进行检查，只要发现任何一箱外协零件中有一件不合格，此批产品就要全部退回。正是靠着严格的产品质量管理，德国产品在世界上赢得了声誉，很少因质量问题引发纠纷。

随着我国经济的发展，中国制造已经走向世界。毋庸讳言，目前中国制造留给世界的印象还远未摆脱价廉质次的阴影。因此，高质量可以说是中国企业的生命线。面对日趋激烈的市场竞争，中国企业必须从自身实际出发，以质量为本，密切关注市场需求的变化，瞄准市场空隙，不断推陈出新，生产特色产品，创造新的市场需求。

2. 高效率

20世纪80年代，全球都在学习日本的企业管理模式，分析研究日本的企业文化，当时日本的经济几乎要超越美国。

为什么日本企业能够如此迅速地从二战失败的阴影中崛起，通过分析和对比可以发现，日本企业是以整体取胜，他们能够在较短的时间内将企业的整体带入了组织发展的第二阶段，企业组织进入了一种整体默契配合的阶段，在整个企业中形成了一种员工之间无意识的默契配合，从而使整个组织的效率最高。日本企业正是充分发挥自身民族组织性强的特点，通过形成组织整体的配合，提高了组织的整体效率，使自己的经济和企业在战后取得了令世人瞩目的快速发展，从而超越了世界上的大多数国家。

日本的例子充分说明了高效率在企业发展中的重要性。在保证质量的前提下，效率越高，客户的满意度和忠诚度就越高，这就是我们在上世纪80年代所看到的情况。

高效率的实现离不开企业现代管理制度的建立和完善。企业管理模式要从简单的控制机制向能够调动职工积极性、创造性的管理体系和管理机制转化，必须重视企业管理制度的建设和实施。企业要建立一套完善的科学决策体系、人才管理体系、生产经营体系、资金运营体系、质量监督控制体系和技术工作体系。同时，企业还应建立一套高效率的运行机制，如激励机制、竞争机制、约束机制、淘汰机制等，利用组织机制的力量克服管理中的不足。企业的成长发展要具有能够激活的管理机制和保障体系，找到一种企业不断成长和发展的内在推动力以及企业可持续成长和发展的内在动力，要不断调整、改革、创新和完善企业内部价值评估和价值分配体系，克服发展过程中不平衡的利益机制。

需要特别指出的是，现代科学技术的发展也大大促进了企业效率的提高。当今世界，经济竞争实际上是科学技术的竞争，同时也表现为管理竞争。随着科学技术的发展，尤其是电子计算机技术和通讯技术的迅猛发展，信息在社会经济发展中起着越来越重要的作用，信息在管理中日益被各国所重视，在企业机构中设置信息中心和信息沟通体系，加强信息管理，已成为管理现代化的极为重要的组成部分。

3.高效益

效益一般体现在经济效益、社会效益、企业效益和个人效益等方面。高质量、高效率最终落脚在高效益上，追求以较少的投入获得较高的回报。

美国是当今世界上最成功的经济体。从上世纪90年代开始，一种以信息技术为基础的新兴产业又重新带领美国的经济回到了领先的位置,无论是作为计算机核心的芯片,还是计算机的软件及操作系统;无论是计算机的生产和制造,还是互联网的发展和应用,都发源和发展于美国。美国的经济模式又开始超越了日本和德国的经济模式,重新成为世界企业管理的榜样。

为什么美国能够取得这样的转变,能够不断维持自己的领先地位,保持自己企业和经济模式的高效率和持续发展,这是我们最应该研究和分析的。如果我们从投入产出角度来看,美国企业的成功是一种高效益的成功,主要是由于公司治理结构合理、所有权和经营权分离、鼓励创新等带动了企业效益的发展,所以美国的企业才能获得如此的成就和快速的发展。企业如何实现高收益,需要重点做好以下工作。

(1)管理目标多元化。管理目标是多元化的,管理已不再只是为企业所有者的利益服务,而是拓展出新的内容。例如美国29个州的新《公司法》规定,公司经理必须为企业的所有"利益相关者"服务,而不能仅为"股东"服务。即企业的所有者只是企业中应该照顾其利益人中的一部分,而企业的劳动者及其他有关方面的人是企业经营必须维护其利益要求的另一部分人。

(2)实行专家集团领导。是指企业经营管理由一些精通业务、善于管理的专家共同负责,企业实行专家集团领导可集思广益,形成有机的决策机构,避免凭经验办事及靠个人意志决策所带来的管理不善现象。

(3)运用多角化策略。产品生产、市场开发实行的是多品种、多渠道方针,包括水平型多角化(指企业在产品现有的市场和生产领域内,采用新的产品策略)、同轴型多角化(即企业通过共同的纽带把现有产品和销售同新的产品和销售联系起来)、复合型多角化(指企业发展的产品和销售业务与原有的产品、技术、生产领域、市场都没有直接联系)等。

(4)重视生产和技术管理。强调不要只靠事后的质量检验,而一开始就按规定的要求进行作业，使缺陷的发生减少到几乎等于零。

（5）多方面调动员工的积极性。例如，为员工调换工作岗位，这有利于对劳动者能力的培养，激发员工的活力；尽可能扩大员工的工作面，让员工经受锻炼和提高工作能力；让员工参与企业管理，鼓励企业所有员工为企业管理效力，不论是白领、蓝领，都有资格对企业的大政方针发表意见。其结果是使企业管理走向民主化。

（6）注重企业领导人的培养。强调管理人员要有保持企业生命力、灵活性和职工士气以推动企业不断发展的能力。选拔领导者的标准是：任何时候都要有预见能力；处理问题的效率高；要能亲自同有关方面交涉、谈判；要有社交能力，善于利用社会力量；在遇到问题时保持沉着和稳健。

企业的管理模式由经验式管理上升为科学化管理的过程，是高质量、高效率、高效益由相离状态至相交状态，乃至完全重合状态演进的过程，随着企业管理水平的提升，"三高"交集范围越来越大，直至完全重合，企业管理真正达到了科学化管理阶段。因此，作为科学化管理标准，是高质量、高效率、高效益完全契合或交集范围完全重叠的"三高"。"三高"中的每一"高"都可能是企业在激烈的竞争中出奇制胜的法宝，在现实生活中，我们也确实可以看到很多企业"一招鲜，吃遍天"。不过，如果我们把视野放宽，从一百年甚至更长的角度来观察，就会发现真正能够立于不败之地的百年老店有一个共同点，那就是成功地实现了"三高"的完美结合。

四、科学化管理的保障："三严"

1. 严于律己的领导作风

三国时，"曹操割发代首以儆效尤"的严明纪律精神，使得三军将士敬服,从而以两万兵众一举击败袁绍的十万大军,取得历史上以少胜多的官渡之战的胜利。

台塑集团创办人、台湾的"经营之神"王永庆在台湾的富豪中雄居首席,在世界化学工业界居"50强"之列,他也是台湾唯一进入"世界企业50强"的企业家。王永庆曾在总结成功经验时表示,"我不但与别人竞争,对自己也是严之又严。"王永庆在工作生活中带头执行公司规章制度,带头关注企业的工作细节,带头主动发现问题并及时解决问题,带头思考实现企业可持续发展的方法路径,不仅便于自身掌握企业整体情况和加强过程管理,而且也营造了一种积极向上、追求完美的团队文化,从而推动企业向前发展。

21世纪的今天,企业领导人要勇当严于律己的先锋,争做清正廉洁的榜样,塑造公道正派的形象。

(1)要勇当严于律己的先锋。大到一个国家,小到一个单位,科学、规范、卓有成效的管理的关键是制度建设,要紧紧依靠制度,以制度约束人们的行为。制度建立以后,作为制度的制定者要以身作则,带头执行制度,否则,制度就成了一纸空文。在严于律己上,企业领导人不仅要勇当先锋,而且要自重、自省、自警、自励,当好先锋。

(2)争做清正廉洁的榜样。作为企业领导人,既要要求工作人员不违规操作,以权谋私,更要争做清正廉洁的榜样。不把企业赋予自己的职责作为自己私人的特权;不把特事特办作为办私事、开后门的借口;不把自己的私人感情搀杂到对工作人员的监督管理当中。俗话说"千里之堤,溃于蚁穴",清正廉洁要从平时的细微处做起,处处严格要求自己,事事以身作则,不以恶小而为之,这样才能争做清正廉洁的榜样。

(3)塑造公道正派的形象。塑造公道正派的形象,一方面体现在为企业和员工服务上,创新思维、解放思想,找到公道正派解决问题的途径和方法。另一方面体现在日常的管理考核工作中,不仅要与时俱进地修改完善管理考核制度，最大限度的体现公平性，调动更多人的积极性，而且在执行管理考核制度的时候，要坚持公开、公平、公正，做到一视同仁。

2. 严格要求的管理艺术

企业发展靠管理，管理才能出效益。企业加强从严管理是建立现代企业制度的内在要求，有了严明的管理，企业就能立于不败之地。

从严管理就是对人的严格管理，要在人身上做文章，一切管理行为和决策首先应以尊重人、理解人为立足点。企业要发展，人是关键因素，但怎样管才能管好人，这是一门学问，更是一门艺术。没有规矩不成方圆，笔者认为，从严管理的方法是建立科学的规章制度，并抓好制度的执行和落实。离开了从严管理，企业不可能搞好，职工群众的利益也将最终受损。因此，严格的管理要求是企业科学长久发展的重要条件。

从企业发展的动力来说，再好的机制，再好的技术，再科学的管理，最终都要依靠职工来参与，来完成，来实现，企业如果任意侵犯职工的合法权益，不走群众路线，必然会失去群众的拥护，一旦群众与企业离心离德，企业不可能搞好。因此，笔者认为，强调严格管理，必须把尊重职工、关心职工、依靠职工放在首位，充分体现职工当家做主的原则，在这样的前提下，严格管理才能真正起到积极的作用。严格管理是对员工最大的爱护，对员工放松要求是管理者不负责任的表现。需要指出的是，从严管理是必要的。在企业从严管理的同时，还要注重感情投入，两者之间的关系是相辅相成的，缺一不可。从严管理说白了是行政手段，那么，感情投入是思想工作，行政手段是硬手段，与思想政治工作两者结合起来，企业才能走出一条光明大道。

3. 严肃合规的企业文化

作为企业深层次的内隐的文化，是以人的精神世界为依托的管理思想、管理制度和行为方式，是实现经营方针和目标的有效工具和手段。

合规文化的本质，就是在依法合规的基础上，加强科学管理，规范经营行为，提高工作效率，保护一人员、财产安全，将安全的经营理念贯彻落实到各项经营管理活动中，实现从粗放式经营向集约化经营的根本转变，从而提升核心竞争力。

建立严肃合规的企业文化，需要做好三个方面的工作。

（1）建立"合规人人有责"的合规文化。由于内部风险存在于各个环节、各个部门，合规文化建设也与每一位员工自身利益密切相关。因此，合规文化建设要树立这样一种意识，即每个人都是风险的责任人，每个部门或岗位都会有风险发生，作为企业的一员，每个人都有责任和义务在自己的岗位上和部门内有效防范合规风险。要以主人翁的姿态参与到合规文化建设当中去，将合规文化建设与日常的工作和业务有机结合起来，将合规文化意识渗透到自己的工作中。

（2）建立"合规创造价值"的合规文化。在硬件和产品趋于同化的今天，同业的竞争已不只是效益规模的竞争、资产质量的竞争，更是战略思维、经营理念、管理文化的竞争，这种竞争的核心就是企业文化建设，而合规文化又是企业文化的核心，合规可以帮助提升企业的品牌竞争力，是创造价值的体现。合规有助于降低经营成本，合理、有效的合规风险控制机制可以大幅度提高工作效率，降低管理成本。

（3）建立"主动合规"的合规文化。改变"被动合规"的旧陋习，视接受规则约束为义不容辞的责任和义务，将合规变成内在的自觉行为，在接触到每一笔业务时，就要牢固树立必须进行合规风险审查的意识，倡导和建设主动发现和暴露合规风险隐患或问题的氛围，以便及时整改。要建立有效的奖励与惩罚机制，倡导合规经营和惩处违规的价值观念，提高违规成本，让大家不想为、不敢为、不愿为。

总之，合规文化建设应加强员工的人性管理，在执行制度中要做到赏罚分明，张弛有度，抓大放小，因地制宜，培养良好的企业文化氛围，真正让合规的观念和意识渗透到每个员工的血液中，从而有效控制合规风险，实现企业经营价值的最大化。

　　从静态的要素看，管理主要涉及人、财、物三个方面，其中人是最关键的因素。因此，科学化管理把严于律己的领导作风、严格要求的管理艺术、严肃合规的企业文化的"三严"作为整个理论体系的核心内容。

　　可以说，领导者个人的境界在相当程度上决定着整个企业的生死兴衰。而对普通员工来说，其责任心的高低决定着服务质量的好坏。人的管理不能盲目追求无为而治，必须建立依法合规、遵章守纪的企业文化，使法纪的观念深入人心。"三严"的完美组合构成了坚固的三角形结构，为企业的发展提供强大支撑，"三严"作为科学化管理的保障，需要严于律己的领导作风、严格要求的管理艺术和严肃合规的企业文化在企业管理中的完全落实，只有同时达到"三严"的要求，企业管理才能真正达到科学化管理的阶段。

第五节　科学化管理理论创新的实践意义

一、科学化管理的理论架构及内涵

　　科学化管理的理论架构就是构建以"三严"——合规文化建设为基石，以"三化"为主体，以"三高"为目标，以工作日志、周例会、月总结、季考核为主要措施的企业科学化管理体系，通过企业内部规范化建设和"三高"目标的标准化管理，形成战略方向明确，管理条线清晰，责、权、利分明的企业组织架构和经营机制。

二、"三化""三高""三严"的内在关联和递进关系

在科学化管理理论中,"三化"是主体,"三高"是标准,"三严"是保障。①"三化"内在关系:制度化是企业管理规范化和标准化的基础,利于企业提高工作效率;标准化是制度化的最高形式,决定企业在市场竞争中的地位和社会价值;规范化能够帮助企业形成内在的自我免疫功能,自动适应外部环境的变化,有效抵御外部力量的侵害,使企业实现持续稳定的发展。②"三高"递进关系:高质量、高效率和高效益是层层递进的关系,只有工作达到了高质量和高效率,才能实现高效益。③"三严"是实现"三化"和"三高"目标的保障,是企业文化的重要组成部分。只有建立了严于律己、严格要求、严肃合规的"三严"文化,才能确保"三化"的执行和"三高"目标的实现。

对同一企业来讲,"三化""三高"和"三严"执行得越到位,即"三化""三高"和"三严"的交集覆盖区域越大或已经达到完全重合的企业,才真正实现了管理的科学化,其管理成效才会更加明显。

三、科学化管理内容要求

科学化管理有着较为丰富的内容,它主要表现在管理要求、管理方式、产品管理、系统管理、培训体系建设、企业文化建设六个方面,其主要内容如下表所示。

科学化管理内容要求

方面	内容
管理要求	全面实施以"三化""三高""三严"为内容的科学化管理模式,推进企业"营销、管理、核算"三大机制建设
管理方式	突出和发挥市场营销部门的核心作用,加强与其他部门的协调联动,进一步强化企业的营销、管理、检查和考核

续表

方面	内容
产品管理	做好产品的营销、管理、创新、组合、推广和培训工作，建立复合型、专家型、咨询型、智慧型和营销型的产品销售队伍，形成品种齐全、品牌突出、功能先进和收益显著的产品系列，提升产品市场竞争力
系统管理	面向未来制定企业中长期发展战略规划，自上而下构建系统、完整的营销网络和市场渠道，加大考核力度，整体提高企业的营销和规划管理水平
培训体系建设	加大对企业各层级员工的理念、知识、技能培训，建设学习型团队，进一步提升企业员工整体素质与核心竞争力
企业文化建设	全面建设竞争文化、学习文化、管理文化、合规文化、执行力文化等，使文化力转变为企业发展的重要推动力

四、科学化管理理论的实践意义

1. 能够有力地促进企业制度的完善和执行建设

科学化管理理论可以帮助企业完善健全管理制度、考核制度、监督检查制度，规范人、财、物的管理建设。强化制度执行意识，规范员工行为，有力地保障企业健康经营和可持续发展。

2. 有力地推动各项工作达到"三高"标准

通过规范化建设，能够强化精细管理、过程管理，做到深耕细作，精益求精，推动各项工作达到"高质量"标准；通过加强时间管理，做到突出重点，事半功倍，推动各项工作达到"高效率"标准；通过加强绩效管理，建立企业文化，做到优质高效，卓越发展，提高企业的品牌价值和社会美誉度，达到经济效益、社会效益和个人效益的协调统一，达到"高效益"标准。

3. 有效推动"三严"内控文化的建立

科学化管理在"三严"理念中突出了重点业务和关键流程，灵活运用重点、抽样和突击检查方式，提高了内控工作的针对性和有效性，能够杜绝屡查屡犯行为，显著提高内控合规工作质量。

笔者在科学化管理实践中，创新了企业管理的"三类十项"关键指标评价法，作为衡量一家公司是否良好的标准。评价指标分为机制管理和经营管理两大类，其中机制管理包括管理体制、用人机制、激励手段、工资待遇和企业文化五项指标，经营管理包括科技水平、研发能力、创新能力、营销能力和企业品牌五项指标。同时，按照指标评价标准，将每项指标的评价结果分为优秀、良好、一般、稍差和较差五种程度，并分别赋予不同的分值。根据企业的实际管理水平，确定企业的单项指标得分，将十项指标评价综合得分作为公司管理和经营程度优劣的依据（综合得分80分以上为良好）。

企业管理的十项关键评价指标
（衡量一家公司是否良好的标准）

企业名称：

评价内容		评价标准	评价结果对应分值				
			优秀	良好	一般	稍差	较差
管理 （Management）	管理体制	1. 管理机构设置和职权分配的合理性 2. 管理机构相互间的协调和配合 3. 管理制度的统一性和规范性 4. 管理机制的先进性	10	8	6	4	2
	科技水平	1. 科技水平在同行业、同规模企业中的综合位次 2. 科技成果对企业技术创新的贡献 3. 科技产品的技术先进性和创新性 4. 科技产品的质量效果，对所在行业的贡献情况	10	8	6	4	2
	研发能力	1. 研发机构和研发体系建立情况 2. 研发资金的投入程度 3. 研发出的新业务和新产品的市场竞争力	10	8	6	4	2
	创新能力	1. 发展战略创新，包括经营内容、经营手段、人事框架、管理体制、经营策略等创新情况 2. 产品（服务）创新程度 3. 技术创新，包括应用自主创新的技术，以及合法应用他方开发的新技术情况 4. 组织、制度、管理和营销创新情况 5. 文化创新情况	10	8	6	4	2

续表

评价内容		评价标准	评价结果对应分值				
营销 (Marketing)	企业文化	1. 企业精神文化建设，包括企业核心价值观、企业精神、企业愿景、企业道德等 2. 企业制度文化建设，包括人力资源理念、营销理念、生产理念等 3. 企业物质文化建设，包括厂容、企业标识、厂歌、文化传播网络等	10	8	6	4	2
	营销能力	1. 市场战略研究能力 2. 营销策略策划能力 3. 以市场研究为指南开发适销产品的能力 4. 推销能力和渠道分销能力 5. 客户服务能力和客户管理能力	10	8	6	4	2
	企业品牌	1. 制定全面长远的企业品牌规划 2. 企业品牌对企业发展的贡献和推动作用 3. 企业品牌的树立，拉近消费者与企业及企业产品之间的距离情况 4. 企业品牌满足消费者精神需求的程度，以及增加消费者选择产品的几率	10	8	6	4	2
人力 (Man)	用人机制	1. 调动员工的积极性程度 2. 激励机制的有效性 3. 淘汰机制的合理性 4. 员工管理的规范性 5. 使用和管理人才的观念 6. 用人和选人机制的完善程度	10	8	6	4	2
	激励手段	1. 激励方式多样化程度，包括目标、物质、任务、荣誉、信任、情感、数据等激励方式 2. 激励方法和技巧适宜程度，包括经济、任务、纪律、政治、情绪等多种方法 3. 激励技巧调动员工积极性程度 4. 员工对激励手段的评价	10	8	6	4	2
	工资待遇	1. 工资收入水平在同行业、同区域中的位置 2. 对员工的社会保障程度（包括四险二金等） 3. 员工对各项工资待遇的综合满意度	10	8	6	4	2

第六节 科学化管理理论的基本内涵

一、科学化管理的定义

科学化管理是指把人们在实际管理工作中积累的成功经验提炼出来,通过梳理形成制度、标准和规范,从而使各项管理工作达到制度化、标准化、规范化的要求。

科学化管理理论是支持企业可持续发展、追求卓越的理论体系,符合科学发展观的要求。科学化管理理论以科学的制度体系和管理规范指导企业的工作,不仅明确了发展的"三高"标准,更强调了风险控制和员工内控合规文化,强调员工学习培训,有利于企业实现发展和风险控制的均衡协调,降低管理成本,科学化管理阶段是企业实现由量变到质变、由低层级管理水平到高层级管理水平的必然阶段。

二、科学化管理与中外管理学派的关联

科学化管理作为管理阶梯理论的关键阶段,其理论渊源在中西方各九大管理学派中均有体现。具体包括:中国的法家学派,西方的三大学派,即泰勒的科学管理学派、法约尔的管理过程学派、韦伯的组织理论学派。

法家强调以法为重的制度管理,主张通过立法、变法、任法来管理。"立法"即制度建设,"变法"即制度更新,"任法"即制度执行,坚持制度面前人人平等。制度化管理是科学化管理的基础,这与以"法"为核心的法家思想相通相连,通过持续的制度建设,严格的制度

执行，最终实现目标达成。

"科学管理之父"泰勒通过"搬运生铁实验"，提出了标准化原理，即工作时间、操作方法和使用工具的标准化，并通过实行差别计件工资制提高工作效率。泰勒第一次系统地把科学方法引入管理实践，首开西方管理理论研究之先河，为科学化管理的标准化管理提供了雏形。

"管理过程理论之父"法约尔首次提出了管理的"五大职能"（计划、组织、指挥、协调、控制），以及从工作分工到职权、纪律、统一领导等"十四项管理原则"，为管理科学提供了一套科学的理论架构，体现出对管理的制度化、标准化和规范化等管理理论的思考。

"组织理论之父"韦伯首次将"行政组织"引入管理理论研究，指出法定权力是维系组织连续和目标达成的基础，强调规则、制度、能力、知识，为社会发展提供了一种高效率的管理体制，奠定了科学化管理制度化、高效率管理的理论基础。

三、科学化管理的特点

1. "三化""三高""三严"共同构成了科学化管理的理论体系

"三化"即制度化、标准化和规范化；"三高"即高质量、高效率和高效益；"三严"即严于律己的领导作风、严格要求的管理艺术和严肃合规的企业文化。"三化""三高"和"三严"共同构成了科学化管理的理论体系。"三化""三高"和"三严"不是简单的顺序罗列，而是随着企业的发展和管理的深化呈层层递进的关系。其中，"三化"是主体，"三高"是标准，"三严"是保障。

2. "三化"是科学化管理的主体

制度化管理是企业成长必须经历的一个阶段，是企业实现法治的具体表现。标准化是指在管理实践中，对重复性事物和概念通过制定、发布和实施标准达到统一，以获得最佳秩序和社会效益。规范化管理就是从企业生产经营系统的整体出发，对各环节输入的生产要素、环节实施规范，以使企业协调统一地运转。制度化、标准化和规范化共同构成了科学化管理的主体。实践证明，构建起标准化、制度化、规范化的管理体系，对有效整合制度体系、提高管理效率、增强管理透明度起到积极的促进作用。

3. "三高"是科学化管理的标准

高质量、高效率、高效益共同构成了科学化管理的标准。在企业发展的过程中，"三高"中的每一个都可能是在激烈的竞争中出奇制胜的法宝，在现实中我们也可以看到很多企业实现了"三高"的某一个方面而取得了竞争优势。不过，如果我们把视野放宽，从一百年甚至更长的角度来观察，就会发现真正能够立于不败之地的百年老店有一个共同点，那就是成功地实现了"三高"的完美结合。

质量是企业的生命线，是取得用户信任和加强核心竞争能力的最重要一环，使顾客产生追随度的最直接原因，是企业发展稳定的根基。无可挑剔、没有瑕疵的产品质量，做到极致、超出预期的周到服务，精益求精、追求卓越的工匠精神，都是对高质量的最好诠释。只要方方面面做到高质量，企业的核心竞争力就有了强大的生命力。

在保证质量的前提下，效率越高，市场反应越快，客户的满意度和忠诚度就越高。要保证企业的高效率，需要建立一套高效率的运行机制，如激励机制、竞争机制、约束机制、淘汰机制等，利用组织机制的力量克服管理中的不足。同时还要善于利用现代科技提高企业效率，通过优化流程提高工作效率，实现企业整体竞争能力的提升。

高质量、高效率最终落脚点在高效益上，追求以较少的投入获得较高的回报。效益一般体现在经济效益、社会效益、企业效益和个人效益等方面。真正的高效益是通过开放合作，提高投入产出比，最终实现经济效益、社会效益、企业效益和个人效益的协同统一，形成多方共赢的局面。

4. "三严"是科学化管理的保障

管理主要涉及人、财、物三个方面，其中人是最关键的因素。因此，科学化管理把严于律己的领导作风、严格要求的管理艺术、严肃合规的企业文化的"三严"作为整个理论体系的核心内容。可以说，领导者个人的精神境界在相当程度上决定着整个企业的生死兴衰。而对普通员工来说，其责任心的强弱决定着服务质量的好坏。人的管理不能盲目追求无为而治，必须建立依法合规、遵章守纪的企业文化，使法纪的观念深入人心。"三严"的完美组合构成了坚固的三角形结构，为企业的发展提供强大支撑。

综上，科学化管理的突出特点是"三化"，即制度化、标准化、规范化。"三化"是科学化管理的主体，也是其突出特点。

四、科学化管理的局限性

科学管理理论的一个基本的假设就是，人是"经济人"。在泰勒和他的追随者看来，人最为关心的是自己的经济利益，企业家的目的是最大限度地获取利润，工人的目的是最大限度地获取工资收入，只要使人获得经济利益，他就愿意配合管理者挖掘出他自身最大的潜能。这种人性假设是片面的，因为人的动机是多方面的，既有经济动机，也有许多社会和心理方面的动机，过于强调人的经济属性，必然导致最终管理的失败。

对信息科技等管理手段的应用认识不足。由于社会经济和信息科学技术的发展，单纯依靠人在管理中的作用，已不能适应管理实践和管理学科发展的需要，随着计算机和网络在企业管理中发挥重要作用，科化管理缺少了信息技术在管理方面的应用，使得企业不能快速发展。

科学化管理在某种程度上忽视了人的主动性和创造性，把人与人之间的关系完全变成了物质利益关系，无形中把管理者和被管理者置于对立的两极。随着生产的发展，"萝卜加大棒"的管理模式逐渐不能为管理者和被管理者所接受。此外，科学化管理原则缺乏弹性，过于强调制度的严肃性和执行力，以至于有时实际管理工作者无法完全遵守。

第七节 管理阶段的递进

科学化管理理论是笔者经过多年的管理实践和理论研究，并对发达国家、世界500强企业的管理经验进行大量实证分析，最终提炼、抽象和归纳出来的理论体系，因此具有一定的推广和指导意义，尤其是对金融企业和国有大中型企业，有较强的针对性和实效性。

科学化管理理论是支持企业可持续发展、追求卓越的理论体系，符合科学发展观的要求。科学化管理理论以科学的制度体系和管理规范指导企业的工作，不仅明确了发展的"三高"标准，更强调了风险控制和员工内控合规文化，强调员工学习培训，有利于企业实现发展和风险控制的均衡协调，降低管理成本。

科学化管理集成了过程管理、精细管理、学习型组织等先进管理理念，是对现代管理理论的发扬和继承。员工日志、月总结、季考核等规范化的管理措施，从时间和空间上强化了企业的过程管理，"三高"标准体现了精细化管理内涵，"三严"要求更是体现了严肃合规企业文化的内涵。

总体来看，科学化管理的理论，基本形成一个大家公认的科学体系。在实践中发挥了很好的管理效果，使得企业管理工作达到了制度化、标准化和规范化。

然而，由于社会经济和信息科学技术的发展，单纯依靠人在管理中的作用，已不能适应管理实践和管理学科发展的需要。在看到科学化管理理论对管理思想的发展具有重要促进作用的同时，也应该看到其不足的部分。它过于强调了人的作用，缺少了信息技术在管理方面的应用。此外，科学化管理的单纯的"经济人"假设，使工人的劳动积极性和劳动效率逐渐降低，这就使得管理必须向更加强调人性化、信息化和网络化的更高管理阶段转变，企业管理理论也就上升到一个新的阶段：现代化管理阶段。

第六章
现代化管理

第一节 现代化管理实践案例

案例22 麦肯锡："UP OR OUT"的用人之道

"杰出的人才是麦肯锡唯一的,也是最重要的资产"。麦肯锡的选才之道,除了专业知识和技能以外,更注重一个人在四个方面的素质:

一是分析问题、解决问题的能力。案例成为麦肯锡挑选员工的必备武器,每一轮面试都会有案例来考察应聘者。所有的案例没有标准答案,面试官看重的是应聘者在面对问题时有没有好的思路与方法。

二是沟通、交往的能力。"我们不是大学,不是研究所,我们必须为客户服务,因此不能与客户进行良好沟通的人,无法胜任咨询顾问的工作。"麦肯锡合伙人如是说。

三是领导的才能与潜力。麦肯锡希望培养的是具有领导意识和领导能力的人,而不是一个追随者。因为公司要求员工主动寻找机遇,主动去解决问题。

四是团队精神。全球各地分公司的每一个咨询人员都可通过麦肯锡知识管理系统使用这些专业知识和信息以及全球知识库;同时,任何一位咨询人员可向其全球各地的同事寻求帮助。国内著名经济学家张维迎曾谈到,麦肯锡的某一个咨询顾问可能不是最优秀的,但这个团队组合起来就是世界最强的。

好玉也需细雕琢。尽管麦肯锡招揽了一流的人才，但各种学习培训仍将贯穿员工在麦肯锡的整个职业生涯。比如所有新的咨询人员在开始工作的第一周内将得到"基础咨询入门（BCR）"的培训，BCR设计的宗旨是为了让新的咨询人员在参与首个咨询项目之前了解并运用关键的咨询技能；商业分析员在加入之后的一个月内会接受新人培训（nat），主要侧重基础的业务理念和咨询技能，以便有效地增进绩效；在加入后的7~12个月内，商业分析员将参加分析员培训（bat），培养高级的解决问题的技能、人际沟通技能，为下一年的工作做准备；没有MBA学位的员工还可参加公司"短期MBA"课程培训，与来自全球的麦肯锡咨询人员交流。

除了正式培训以外，麦肯锡还采用对员工帮助更大的基于工作实践的"导师制"培训方式。麦肯锡的合伙人占咨询顾问的比例是同行业中最高的，达到1:6左右（一般咨询公司比例为1:10—1:20），所以，每位咨询人员都有条件配备一名合伙人担任"发展小组领导（DGL）"，作为其专业的导师提供意见和建议，帮助他们确定职业发展方向和专业成长道路。麦肯锡认为，DGL的角色是麦肯锡支持架构中最重要的组成部分之一。就是这种类似传统国有企业内部"传帮带"授徒方式的导师制，使麦肯锡员工获益匪浅。

培训是投资，投资自然需要回报。麦肯锡的员工拥有很好的培训机会，同时也时刻面临着"up or out（不进则退）"的考验。一个咨询人员在麦肯锡的同一个职位的平均工作年限是2~3年，在这个年限内，如果不能升职就要离开，"up or out"——这就是麦肯锡用人之道的核心机制。事实上，每6~7个加入公司的咨询顾问中会有1~2人最终成为董事，80%左右的人会在这一过程中离开，也只有这样，才能将最优秀的人才留下。需要说明的是，即使成为麦肯锡的董事合伙人，甚至资深董事，也要接受专门委员会的测评，并不存在"锁在保险箱里"不会被"out"的特权。

在"up or out"的机制下，麦肯锡很少能见到50岁人的身影。一方面年龄的增长往往使员工很难适应咨询顾问的生活；另一方面公司需要给更年轻的员工提供上升的空间和施展才华的舞台。很少有人会永远呆在麦肯锡，但是没有人会真正地离开麦肯锡。在麦肯锡的眼中，离职的员工不但不是"泼出去的水"，而且是一笔弥足珍贵的资源。几十年来，麦肯锡一直通过组织"校友会（mckinsey alumni）"搭建网络交流平台，通过校友通讯录，举办校友联谊会等方式，搭建其遍布各行业的"毕业生网络"（麦肯锡将员工离职视为"毕业离校"）。

"up"到公司期望水平的员工固然是公司的一笔宝贵财富，"out"出公司以外的人员则更是企业在市场开拓方面潜在的资源，这是很多优秀企业在现时市场环境中逐渐达成的共识。与从公司流失的人员，特别是与那些流失到业务相关企业的人员保持持续的和有效的联系，将有助于通过这座桥梁将流失员工的新雇主发展成为公司客户，甚至业务伙伴，从而实现公司的市场开发和业务拓展计划。针对离职人员的这种"转危为机"的危机管理意识和管理手段，正在为越来越多的企业所认识和接受。

案例分析

"up or out"的用人机制正在为越来越多的世界一流企业所认可和应用。这种机制有两个层面的含义：一方面，公司为员工提供高水平的专业培训，协助员工在相对短的时间内"up"到公司所要求的能力水平和综合素质，对于员工而言，这种机制无疑将对其个人的职业生涯发展起到积极的推动作用。另一方面，经过培训未达到公司要求的员工，将会自动"out"，对于公司来讲，这种机制为公司搭建了一个健康的金字塔式组织结构，将在很大程度上保证公司各个级别时刻保有最优秀的人才。

案例23　惠普企业文化管理之道

惠普公司是David Packard和Bill Hewlett于1939年在美国加利福尼亚州阿托市的一家车库里成立的，目前是全球最大的电子检测和测量仪器公司。美国政府为了表彰惠普公司对社会的贡献，在当年他们创业的车库里树碑立传，尊其为美国硅谷的发源地。惠普公司在硅谷70多年发展的历史中，也一直以稳健发展著称，与同时代的公司历经变迁大多已销声匿迹相比，惠普则在20世纪90年代中期步入全盛时期，连续多年被评为美国最受推崇企业，有"硅谷常青树"的美称，在2016年世界500强排行榜中排名第48名。

是什么使得惠普公司在变幻莫测的信息时代长盛不衰呢？美国出版的《基业长青》（"Build to Last"）一书一语道破天机：企业向员工灌输一种核心价值观，建立持久有力量的企业文化。

惠普的企业文化由内到外分为三个层次：核心价值观、企业目标、经营策略与管理方式。

1. 稳定的核心价值观

（1）相信和尊重个人

一个人最需要的是信任和尊重。惠普在这方面是一个包容性很强的公司，它只问你能为公司做什么，而不强调你从哪里来。在处理问题时公司只有基本的指导原则，而把具体细节留给基层经理，让员工保留发挥的空间。惠普是最早实行弹性工作制的企业，允许员工在家里为公司工作。公司里的仪器，员工可以随时带回家里用。对离开惠普又想返回的员工，惠普从不歧视。

（2）在商业活动中坚守诚实和正直

惠普能够长久发展得益于始终遵守这一原则。同客户合作不是一时一事，而是长期依存，唇齿相依。靠团队精神达到共同目标。信息时代要在商业上取得成功必须依靠团队，惠普注重激励团队，给他们相应的荣誉，年终分红的比例各个团队成员基本上是一样的，鼓励灵活性和创造性。为鼓励员工的灵活性和创造性，Bill Hewlett用积极和尊重的态度来处理员工的新想法和新建议。当员工第一次找他提建议时，他总是表示惊喜和赞同，并和员工约好下次讨论的时间、地点；第二次讨论时则主要询问和讨论该建议，并约好第三次会谈的时间、地点；当第三次讨论时，Bill就对员工提出尖锐的问题，然后宣布公司对该建议的决定。

2. 生态化的公司目标

（1）追求卓越的贡献和成就

惠普要求其分支部门在所进入的商业领域中力求做出卓越的贡献，并取得不凡的成就。这不只是为分一杯羹，而是要切切实实为社会做出贡献。如果一个工厂关闭了，带来的不仅仅是工厂职工的失业，还有周围的配套设施的损失。

（2）寻求公司不断成长

不断成长是公司实力的象征，要在激烈竞争的时代求生存必须不断增强自己的实力。1996年6月之前，公司连续数年保持20%以上的增长率，成为美国增长最快的企业之一。惠普在成长过程中坚持长期成功的目标，在投入的专业领域，一定要力所能及并有所贡献。惠普占领了打印机市场一半以上业务份额，使其在纸张、墨水和墨盒销售方面获利可观。

（3）帮助用户成功

用户是给企业提供动力的源泉，用户成功是企业长期成功的保障。只有不断地给用户提供更好的产品和服务，企业才能保持在激烈的竞争中不被淘汰。

（4）为员工提供就业保障

过去惠普曾经承诺工作保障，随着商业环境的急剧变化，公司的实力与盈利不能满足这个要求,目前惠普公司推行的就业保障则视公司需要不断调整员工部署,量才适用。

（5）企业公民

惠普在世界120个国家和地区建立了分支机构,它们期待当地社会因自己的存在而变得更好。惠普总部和斯坦福大学毗邻,在过去70年间,双方一直合作得很好。

3.经营策略与管理方式

（1）目标管理

惠普采取目标管理的经营策略,各级员工在不同的岗位上制定各自的工作目标,这些目标与其经理以及公司其他部门的目标相配合,为达到公司的目标共同做出贡献。

（2）分权管理

在公司管理层的支持下,员工们各负其责,自我管理。公司鼓励员工畅所欲言,要求员工了解个人工作情况对企业大局的影响,并不断提高自身的技能以适应顾客不断变化的需求。

（3）开放式管理

惠普提倡走动式管理,加强上下级沟通和过程监控,这样便于管理者接触第一手资料,及时发现并解决问题,变被动为主动,增进团队的凝聚力。

惠普的每个员工都在敞开的环境中办公,即使需要单独办公环境的高层领导也不例外,只不过他们的办公室墙体是由玻璃材料做成,这样下属从外面就可看到领导的忙闲,知道何时与领导讨论问题合适。员工之间不论职位高低都一律直呼姓名,两位创始人一直坚持这一习惯。公司还设立了专门的谈话室,供员工之间单独对话使用,以增进员工相互了解,工作上相互配合。

案例分析

　　惠普的企业文化管理之道闪耀着人性的光辉,其可观的效益也印证了人性化管理的可贵。对个人的包容,对团队的激励,为员工提供就业保障,帮助用户成功,开放式管理,分权管理,一系列管理举措,充分体现了相信人、尊重人、理解人、帮助人的核心价值观,让员工从内心产生对企业的认同。员工在高度认同企业之后,将产生不可估量的正能量,会激发出巨大的主观能动性,并立足工作岗位追求人生价值,自动自发与企业成为命运共同体,寻求公司与自身的不断成长进步,帮助企业实现既定目标。

案例24　微软公司现代化经营管理分析

　　微软公司是世界PC机软件开发的先导,也是全球最大的电脑软件公司,多项产品在软件市场都有不俗的表现,特别是在操作系统和办公软件方面处于垄断地位。为了解微软公司在经营管理上的经验,分析微软成功的奥秘,我们对其经营管理模式进行了调研。

一、微软发展历程

　　1975年,比尔·盖茨与保罗·艾伦以合伙人制成立微软公司,1981年,注册为股份公司。

　　当微软公司初期产品BASIC解译器逐渐成为公认的市场标准后,1980年被IBM公司选中为其新PC机编写操作系统MS.DOS,这是微软发展中的一个重大转折点。IBM—PC机的普及使MS.DOS取得了巨大的成功,成为上世纪80年代PC机的标准操作系统。

　　1986年,微软在纳斯达克上市。1990年,微软成功发布"视窗"系统3.0版本,使得其他公司无力与微软争夺市场。1995年,微软公司发布了互联网"探险家"浏览器等一系列基于互联网的软件,并推出了Windows95操作系统,它迅速占领了全球的个人电脑市场。到

1999年7月16日,微软公司的股票市值突破5000亿美元的大关,已接近美国最大的三家传统企业埃克森石油、可口可乐、AT&T股票市值的总和。2001年,微软推出了软件发展史上的又一经典之作——Windows XP操作系统,多项产品在市场上占据统治地位。2008年,盖茨结束在微软全职工作,保留主席职位。

二、微软的现状

微软公司是全球最大的软件公司,总部位于华盛顿州雷德蒙德,分公司遍布世界100多个国家和地区,员工人数达92736人。公司核心产品主要有Windows客户端、信息工具、商业解决方案、服务器平台、移动应用系统及嵌入式设备、MSN、家庭消费及娱乐等。目前是全球最大的电脑软件供应商。2016年在世界500强排名第63位。

三、微软公司的现代化管理模式

微软公司从一个12人开始的小团队发展到今天的大型跨国企业,它成功的背后蕴藏着微软公司先进的经营理念和现代化管理模式。

(一)经营理念

在微软公司34年的发展历程中,之所以能发展成全球最大的软件公司,归功于微软公司能够随着信息产业的发展制定不同的经营理念:从公司初期的让每台桌上、每个家里都有一台个人计算机(Acomputer on eveiy desk and in every home.)",公司高速成长时期的"在任何时候,任何地方,任何设备上,提供能够为人类发挥最大潜力的优秀软件(Empowering people through great software—anytime,anyplace andanydevice.)",到公司成熟时期的"帮助全世界的个人和企业充分发挥他们最大的潜力(To enable people and business through out the world realizetheir full potential.)"。

从推动计算机普及,到考虑软件对社会和文明发展的推动作用,正是微软公司所具有的前瞻性的经营理念带领公司发展成为了拥有现代化管理的全球跨国公司。

（二）现代化管理模式

1. 制度化

在微软高速发展阶段，企业转变以前的家长式松散管理，开始实施科学化管理方式，引入制度化管理为企业提供了强有力的制度保证。

微软的制度化管理首先体现在技术管理和人力资源管理方面。为更快、更好地将未来的技术变成现实中的软件产品，微软公司建立了完善的技术管理制度。如专门成立了"卓越工程"部门，保证公司拥有充满活力的研发机制、最有效率的开发过程及最安全可靠的软件产品。在人力资源管理方面，微软要求每个员工每年必须就自己职业生涯发展以及对未来的职业生涯设计和直接上级讨论一次。

微软实施制度化管理，提高了技术转换产品的效率，从而推动产品创新的速度和质量；员工可以最大程度地决定和构思自己的职业生涯，让那些能够帮助他们实现职业生涯规划的人了解到这些问题，同时也给上级增加了解他们想法的机会，更从容地安排、调配资源。

2. 标准化

标准化管理是微软产品品质和高市场占有率的有力保证，微软通过以下步骤实现公司标准化管理。

第一步：微软通过大量的市场调研，制订能确切反映市场需求、令顾客满意的产品标准。保证产品受到市场欢迎，获得较高的满意度，解决占领市场的问题。

第二步：建立起以产品标准为核心的有效的标准体系。为实现软件开发的高效率和高质量，微软产品的每一个细节都会遵循一些标准，或者是创立一些标准，让后人遵照执行。

第三步：把标准化向纵深推进，运用多种标准化形式支持产品开发，使微软具有适应市场变化的能力。通过标准化管理模式，微软多项产品标准成为市场公认的标准，从而给企业带来了高效益。

3. 规范化

规范化管理是企业内部管理迈向纵深的有力保障。根据相关规范化的程序来办事，这样能够保证上传下达的畅通，也能够避免很多因为职能不清而带来的工作失误。

如微软拥有规范化的"决策制定框架"，每一项重要决策都有一定的制定流程和人员角色划分：每一个决策流程的推动者作为决策的责任人；决策的审批者是对该决策有支持和认可权利的人；决策的复核者是对该决策进行核查、提出支持或反对意见的人。在整个决策流程中，虽然复核者可提出反对意见，但审批者仍拥有决策的最终决定权。这样的框架，使公司的决策流程清晰，人员责任明确，规范化的决策大大提高了决策的效率，保证了微软帝国的高效运转。

4. 网络化

作为软件企业，微软公司的产品是通过计算机来为用户提供服务，整个生产流程都离不开计算机的支持，从而形成生产、运营和管理的全程信息化。

为保证决策层对全球100多个分公司的销售业绩和经营状况的了解，保证全球战略得到有力和有效的执行，微软在管理上依托现代信息技术和网络，对公司进行了最有效的现代化管理。利用视频和网络技术，公司可以通过视频会议、网上交流的方式对全球100多家分支机构进行高效沟通和管理，可以在最短的时间内，以最快的速度对全球用户的需求、市场变化等情况作出决策和反应，大大提高了工作质量和工作效率，增强了公司的市场竞争力和收益，使庞大的软件帝国得以高效地运作。

以订货销售为例，微软产品代理商登录到微软的销售系统上来下单订货，系统会将订货信息进行整理，然后发给生产微软产品的签约工厂。代理商按期把销售状况登录到微软的销售系统中，这样微软全球的管理人员就可以及时、方便地在线了解相关的销售、订货状况，从而对公司业绩实施有效管理。通过网络制定标准的业务流程，非常容易发现销售环节中的问题出在哪里，容易作出科学的决策，分清管理人员的责任，找到技术或程序上的解决方案，提前做好准备或改变某种格局的安排，提高销售水平。

5. 人性化

微软公司无疑是这个世界上聪明人云集的地方，微软的人性化管理主要体现在以下方面：

一是民主。方便员工之间和上下级之间的沟通是微软公司民主化和人性化管理的一大特色。在微软公司有四通八达的电子邮件系统，每个职工都有自己的电子信箱，相互间都知道对方的代码，上至公司领导（包括董事长比尔），下到每个职工无一例外。相互间可以传递消息，讲悄悄话，甚至聊天。只要你高兴，无论在什么时间、什么地点，你都用不着秘书的安排，就可以和在任何地方的职工，包括比尔，进行联系并交谈。这种系统的使用使职工体验到一种真正的民主气氛。电子邮件系统是一种最方便、最直接、最尊重人性的迅速的沟通方式。除了职工间的相互沟通、传递信息、布置任务可以通过电子邮件外，最重要的是职工对公司最高当局提意见和建议也可以方便地使用它。

二是平等。只要是微软公司的职工，都有自己的办公室或房间，每个办公室都是相互隔开的，有独立的门和可以眺望外面的窗户，每个办公室的面积大小都差不多，即使董事长比尔的办公室也比别人大不了多少。对自己的办公室，每个人享有绝对的自主权，可以自己装饰和布置，任何人都无权干涉，至于办公室的位置也不是上面硬性安排的，而是由职工自己挑选的，如果某一办公室有多个人选择，可通过抽签决定。另外，如果你对第一次选择不满意，可以下次再选，直到满意为止。每个办公室都有可随手关闭的门，公司充分尊重每个人的隐私权。微软公司的这种做法与其他公司都不相同，它使职工们感到很有意思，而且心情舒畅。

三是放松。微软公司的办公大楼风格简约，主要的材料是玻璃和钢材。办公大楼的地面上铺着地毯，房顶上安装的顶灯散发着柔和的光，但让人奇怪的是整座办公大楼内看不到一座钟表，大家凭良心上下班，加班多少也是自报的。据职工们自己分析，公司不设钟表是针对"软件"开发行业的特点，进入工作状态后，有钟表提示，往往会打断和破坏开发设计思路，不利于产品研究开发的连续性。微软为公司职工免费提供各种饮料，除此之外，在公司内部，可用于办公的高脚凳到处可见，其目的在于方便公司职工可不拘形式地在任何地点办公。每周星期五的晚上举行狂欢舞会是微软公司的传统，以缓解经过繁重工作后或种种矛盾形成的压力和紧张，增强企业职工的凝聚力和向心力，达到相互沟通、增进理解和友谊的目的。

四、企业现代化管理的成效

公司实施现代化管理以后，规模得到空前的发展，微软的拳头产品Windows95 / 98 / ME / NT / 2000 / ME / XP / Server2003 / Vista成功地占有了从PC机到商用工作站甚至服务器的广阔市场，为微软带来了丰厚的利润。微软在软件方面也是后来居上，抢占了大量的市场份额。在IT业流传着这样一句话：永远不要去做微软想做的事情。可见，微软的巨大潜力已经渗透到软件行业的方方面面，简直无孔不入。

微软软件整体份额为市场第一，其中Windows操作系统市场份额占绝对统治地位，基本在90%左右。微软不仅占据了操作系统的霸主地位，在应用软件不断攻城略地，在互联网领域也是高歌猛进，推出了极具竞争力的IE浏览器等多项产品。至此，微软实现了操作系统、应用软件、浏览器等多项效益来源。

案例分析

1. 微软是现代化管理的优秀典范，公司的股东也从微软现代化管理模式得到最好的价值回报。微软在科学化管理的基础上，对信息化、网络化和人性化的不断追求，使企业的管理保持在了高水平的现代化管理阶段，也为企业争取了软件行业无与伦比的行业霸权地位。

2. 良好的企业文化是留住世界顶尖人才的重要原因。正如现代化管理理论所述，与科学化管理阶段的"经济人"的假设不同，现代化管理阶段更加强调"社会人"的管理。微软提供的民主、平等和放松的企业文化，为其吸引优秀人才和留住优秀人才奠定了坚实基础。美国职业顾问兼职业说客斯蒂芬·霍普森在一封电子邮件中说："微软员工是最优秀、最聪明的，但他们不是因顺从而出名，你能想象他们在一个对衣着有着严格要求的环境下工作吗？盖茨了解他的员工并为他们提供了理想的成长环境。"

案例25 丰田公司的现代化管理模式

一、丰田的管理模式概述

丰田的生产和管理系统长期以来一直是丰田公司的核心竞争力和高效率的源泉，同时也成为国际上企业经营管理效仿的榜样。如今，世界很多大型企业都在学习丰田管理模式的基础上，建立了各自的管理系统，试图实现标杆超越。像通用电气公司、福特公司、克莱斯勒公司等世界著名企业都加入了这一行列。如今，位于日本的丰田公司每天都要接受数以万计的企业高级管理者前去参观。丰田公司的"Just In Time"管理是其管理精髓，也是其现代化管理的缩影。

二、丰田的管理特点分析

在20世纪后半期，整个汽车市场进入了一个市场需求多样化的新阶段，而且对质量的要求也越来越高，随之给制造业提出的新课题即是，如何有效地组织多品种小批量生产，否则的话，生产过剩所引起的不只是设备、人员、库存费用等一系列的浪费，进而会影响到企业的竞争能力以至于生存发展。在这种历史背景下，1953年，日本丰田公司的副总裁大野耐一综合了单件生产和批量生产的特点和优点，创造了一种在多品种小批量混合生产条件下高质量、低消耗的生产方式即准时生产（Just In Time，简称JIT）。

JIT生产方式的基本思想是"只在需要的时候，按需要的量，生产所需的产品"，也就是追求一种无库存或库存达到最小的生产系统。JIT的基本思想是生产的计划和控制及库存的管理。

JIT的目标是彻底消除无效劳动和浪费，具体要达到以下目标：

1. 废品量最低（零废品）。JIT要求消除各种引起不合理的原因，在加工过程中每一工序都要求达到最好水平。

2. 库存量最低（零库存），JIT认为，库存是生产系统设计不合理、生产过程不协调、生产操作不良的证明。

3. 准备时间最短（零准备时间）。准备时间长短与批量选择相联系，如果准备时间趋于零，准备成本也趋于零，就有可能采用极小批量。

4. 生产提前期最短。短的生产提前期与小批量相结合的系统，应变能力强，柔性好。

5. 减少零件搬运，搬运量低。零件的送进送出以及来回搬运是非增值操作，如果能使零件和装配件运送量减小，搬运次数减少，可以节约装配时间，减少装配中可能出现的问题。

为了达到上述目标，JIT对产品和生产系统设计执行严格的制度、规范和效率要求。

1. 严格的产品设计制度。一是在这个产品寿命周期已大大缩短的年代，产品设计应与市场需求相一致，在产品设计方面，应考虑到产品设计完后要便于生产。二是采用成组技术与流程式生产模式。完善与供应者联系制度，以达到JIT供应原材料及采购零部件的目的。

2. 严格的产品设计规范。在JIT方式中，试图通过产品的规范设计，使产品易生产，易装配，当产品范围扩大时，即使不能减少工艺过程，也要力求不增加工艺过程，具体方法有：（1）模块化设计；（2）设计的产品尽量使用通用件，即标准件；（3）设计时应考虑易实现生产自动化的规范要求。

3. 提倡流程过程的高效率。JIT提倡采用对象专业化布局，用以减少排队时间、运输时间和准备时间，在工厂一级采用基于对象专业化布局，以使各批工件能在各操作间和工作间顺利流动，减少通过时间；在流水线和工作中心一级采用微观对象专业化布局和工作中心形布局，可以减少通过时间。

4. 倡导流程管理的规范化。要想实现及时化、质量稳定的生产，就必须从作业活动的细微之处抓起，把所有的工作分化为一个一个相互衔接的流程，并规定好各流程的作业内容、所处的位置、作业时间和作业绩效。例如，在汽车座椅的安装活动上，螺丝的安装都是以同样的顺序进行，安装的时间也是规定好的，甚至连上螺丝的扭矩也被规定得清清楚楚。这种规范的管理方法不仅仅运用在重复性的生产活动中，同时也被运用到企业的所有活动中，无论是职能型的活动，还是管理活动，也都如此。这一管理方法表面上看起来非常简单，但事实上并不是所有的企业都能做到。

例如，前座椅的安装被分解为7道工序，被安装汽车在流水线上均速、按顺序通过操作人员，整个工序的时间为55秒。如果一个工人在第4道工序（装前座椅螺丝）之前去做第6道工序（安装后座椅螺丝），或者40秒之后还在从事第4道工序作业（一般第4道工序要求在31秒完成），这说明这个工人的作业违背了规定。为了能及时发现这种状况并加以纠正，丰田公司精确计量了流水线通过每道工序的时间和长度，并按通过的时间和长度在作业现场标上不同颜色的作业区，如果工人在超过的作业区仍然实施上一道工序的工作，检测人员就能够很容易地发现，并及时加以纠正，防止员工再出错。除了生产作业外，其他管理工作（如人员培训、建立新模型、更替生产线、设备迁移等）也都是按这种方法进行，像设备迁移（即将设备从一个地方搬运、安装到另一个地方）被分解为14个活动，每个活动的内容、时间、顺序也都是规定好的。

5. 人力资源管理的柔性化，即人性化管理。当市场需求波动时，要求劳动力资源也作相应调整。如需求量增加不大时，可通过适当调整具有多种技能操作者的操作来完成；当需求量降低时，可采用减少生产班次、解雇临时工、分配多余的操作工去参加维护和维修设备。这就是劳动力柔性的含义。大野奈一先生说："让每一位员工实现个人价值，员工不应只是被视为会用双手干活的工具，而更应该被视为一种丰富智慧的源泉。"

三、丰田成就

丰田汽车公司目前是世界十大汽车工业公司之一，也是日本最大的汽车公司。早期的丰田牌、皇冠、光冠、花冠汽车名噪一时，后期的克雷西达、列克萨斯豪华汽车也极负盛名。丰田汽车公司在2016年世界500强排行榜中排名第8名，成为世界汽车行业的耀眼明星。这一切都是丰田现代化管理的必然结果。

案例分析

1. "一流的企业必然有着一流的管理，同样，一流的管理必然造就一流的企业"。丰田汽车公司是世界上最成功的企业之一，2005年该公司净利润比美国三大汽车公司净利润的两倍还多。如此庞大的企业离开了现代化管理几乎就是天方夜谭，也不可能造就如此大的成就。

2. 丰田公司成功的关键在于其高效、标准、人性的管理制度，即现代化的管理模式是造就其世界第一大汽车生产商的重要原因。贯穿其设计、生产和流程管理的制度化、规范化和标准化，以及生产过程的高质量、高效率和高效益是其成功的根本。

3. 丰田汽车公司在"JIT"管理模式的基础上，强调人本管理的思想，造就了企业的管理活力，激发了员工的执行力和创造性，尤其是对劳动力柔性管理的实施，形成了独特的企业管理文化，是其保持核心竞争力的重要源泉。

第二节 现代化管理产生的背景

尽管科学管理理论和方法在20世纪初对提高企业的劳动生产率起到了很大作用，但是随着新技术革命的迅速发展，生产能力迅速提高，国际国内市场竞争更加激烈，科学管理理论已不能彻底解决提高劳动生产率这一问题。二战后，科学技术迅猛发展，生产力迅速增长，企业的规模越来越大，生产的国际化进程加速，这一切给管理工作提出了许多新问题。科学技术，特别是运筹学、电子计算机等与管理紧密结合，使得人们对管理工作越来越重视。

与跨国经营和大型企业的产生相适应，在以美国为首的西方资本主义国家，不仅从事实际管理工作的人与管理科学家在研究管理，而且一些心理学家、社会学家、哲学家、经济学家、数学家等也纷纷加入到管理理论研究的队伍中来，先后出现了各种管理理论学派和思潮，管理理论不断丰富完善。现代管理理论产生的背景主要体现在以下几个方面。

一、战后经济的重建

现代管理理论是资本主义社会在第二次世界大战以后的政治、经济格局的重新调整过程中所形成的管理理论，这一时期的政治、经济的发展对现代管理理论有着重大影响。

经过二次世界大战，美国在战争中得到了繁荣，成为超级大国，而英国和法国沦为二等国家。二战以后主要的资本主义国家的经济发展经过了三个历史阶段：第一个阶段从二战结束到20世纪50年代初，这一时期是资本主义国家的政治调整和经济恢复发展的时期。第二个阶段从20世纪50年代中期以后到20世纪70年代初，这是发达资本主义国家经济发展的黄金时期，经济发展速度超过了历史上的任何时期。第三个阶段从1973年末爆发的世界性资本主义经济危机开始，从这时开始资本主义世界进入了经济滞胀时期，这也是对经济结构、经济政策进行重新调整的时期，这一时期对管理提出了更高的要求。

二、科学技术的迅猛发展

科学技术的发展在二次大战以后取得了巨大的突破，推动了整个世界经济的发展：计算机的诞生、应用及发展，改变了人类生活的方方面面，使人类的生产力产生了巨大的飞跃，对管理理论也是一个巨大的推动力；新材料的不断发现和应用，给工业和生活带来了巨大的变革；人类的空间技术和生物工程的应用与发展，逐渐改变了人类的生活方式，使社会生产力得到进一步解放。

科技革命从以下三方面推动工业生产力的发展：科技革命促进了工业劳动生产率的提高；科技革命创造了工业扩大再生产的物质条件；科技革命开辟了广阔工业品的国内外市场。科技革命带动着整个世界前进，其影响是极其深远的。

三、企业结构的深刻变化

二次世界大战以后，随着科技革命成果的运用、重化工业和新型的工业部门的建立以及第三产业的发展，使得资本主义国家的生产和资本进一步集中，垄断资本的统治也和战前不一样，传统企业在经历了一系列深刻变化后转变为现代企业。

1. 企业正向超大型集团企业和微型企业两极发展

企业的经营环境日益复杂、多变。消费倾向越来越个性化，企业生产已从大批量、少品种向少批量、多品种转变，企业生产必须紧紧跟上市场节奏。传统僵化的管理思想、管理模式，明显缺乏应变能力。

2. 企业正从传统技术向高技术转化

这使企业至少发生三个方面变化：企业的装备高技术化；企业生产自动化程度越来越高；企业技术创新及企业创新能力的高低，成为制约企业发展的一个关键因素。脑力劳动逐步取代体力劳动，并在企业中起主导作用。而脑力劳动的特点是看不见、摸不着，其劳动强度和质量在很大程度上取决于人的自觉性和责任感。以机器为中心，把员工看作"经济人"，只注重规章制度建立的传统管理思想，已不合时宜。

综上所述，第二次世界大战以来，由于国际形势的变化，企业也发生了很大的变化。应用什么样的管理理论来指导巨型的企业？如何进行跨国界、跨地区、跨文化的管理？企业管理如何适应当前环境和形势的发展变化？管理理论工作者和实践工作者如何把环境因素的变化融合到具体的企业管理中去？这一系列问题，对管理理论提出了新的要求。由于人们心理、行为的多样性和对客观事物认识的深度、广度不同，管理学家所采用的分析模式也是多视角的，使得管理理论出现了各种不同的观点和不同的流派，它们构成了现代管理理论的主流。

第三节 现代化管理理论的基本内涵

一、现代化管理的定义

现代化管理是指在科学化管理的基础上，将现代管理理论、科学技术、信息和网络技术，全面和系统地用于管理中，通过建立科学的、人性的、精确的管理流程再造，使管理达到制度化、标准化、规范化、信息化、网络化和人性化的要求。

在科学化管理基础上形成的现代化管理实现了物质资源和人力资源的有机整合，科学技术与管理理论的有机整合。单从一个企业内部管理来看，现代化管理是企业管理的高级阶段，实现了现代化管理的企业在组织管理、激励机制、科技应用和产出效率方面都达到了一个新的高度，实现了现代化管理，也必将实现管理的现代化。

二、现代化管理与中外管理学派的关联

从中西方各九大管理学派来看，现代化管理在思想理念方面与中国的墨家学派，西方的行为科学学派和管理文化学派存在密切关联。

墨家以"兼相爱、交相利"作为学说的基础，提倡"兼爱"思想，提出爱人若己的利益相关原则，主张关爱别人，充分考虑别人的利益，体现人文关怀，这样才能够达成共享其利的结果。人性化是现代化管理

的突出特征，这与以"爱"为核心的墨家思想相得益彰，通过人本管理实现企业效益与员工效益的协调发展。

以梅奥、马斯洛、赫兹伯格、麦格雷戈为典型代表的行为科学学派，提出了不同的思想理论，如：梅奥提出了以"社会人""非正式组织"等内容为核心的人际关系学说，马斯洛提出了"需求层次理论"，赫茨伯格提出了"双因素理论"，麦格雷戈提出了"X-Y理论"。这些理论强调了人的社会属性的特点，为现代化管理理论强调人性化管理奠定了理论基础。

管理文化学派强调管理活动的文化特征，认为战略制定过程是集体行为的过程，建立在由组织成员共同拥有的信仰和价值观之上，企业要通过塑造统一企业文化来激发员工的积极性和创造性，充分发挥人的核心作用，使企业的职工成为一体，共同为企业创造价值，更加强化了现代化管理中对人的高度关注。

三、现代化管理的特点

在科学化管理基础上形成的现代化管理理论，与其他管理理论相比，突出了以下几方面的特点。

1. 信息化

信息化是利用现代信息技术，对信息资源深入开发和广泛利用的过程，涵盖企业的各个层面和全过程，具体可以用设计数字化、制造装备数字化、生产过程数字化、管理数字化、企业数字化来进行概括。信息化过程也是管理阶段不断创新的过程，它带来生产经营过程的集成化、数字化、智能化、电子化，使传统的企业组织结构、业务流程和营销方式发生根本性变革，并促进生产力进步，改变经济增长模式，提高生产效率和现代化管理水平。管理创新是实现企业信息化的基础，企业信息化是提高管理水平的重要措施，是实现管理阶段创新的有效途径和重要内容，两者相辅相成，互为促进。信息化是企业在信息社会的一种必然选择和管理模式。信息化大大加快了企业内部信息的传递速度，提高了企业内部整体对外部市场变化反应的灵敏度和对内部日常事务的处理能力。信息化是引导企业向高效率、高敏捷性、现代化方向发展，是推进现代企业制度建立，从根本上提升企业整体管理水平和核心竞争力，实现管理水平的跨越式发展的重要手段。

2. 网络化

网络化的发展，为企业带来了新的机会，改变了企业的管理方式，企业进入了依靠网络求生存、求发展的管理新时代。网络化管理是指通过先进的现代化设备将原本分散开来的单体通过技术手段组建成一个网络来进行管理的一种管理模式。网络化管理是现代管理的重要特征之一。网络化管理克服了非网络化管理时可能产生的信息延时传递、搁置或者丢失等现象，使管理者能在最短的时间内作出判断、决策，对信息的处理能力大大增强。网络化使企业对市场反应迅速、敏感，变化快，自我调整能力强。可以不断改进产品，发明新产品，最大限度地满足客户需求。网络化提高了信息的利用率，实现信息、数据的共享，使决策者随时可以了解企业的整体状况，总揽全局，提高预测、决策的正确性。网络化可以辅助管理者对信息进行有效的分析、判断和筛选，为管理者作出科学、合理的决策提供必要的依据。网络化企业通过设计数据存储工具，对大量数据进行捕捉和开发，按有益的方式对复杂的数据进行分析，帮助其进行更好的决策。网络化企业具有较大的灵活性，它可以是不同企业核心竞争力的动态组合，通过这种组合使企业具有很强的竞争能力，以适应快速变化的市场。另一个特点是自动化控制、自动化管理。通过系统的建立和使用，促进网络化企业自动化的进程。

3. 人性化

从20世纪20年代美国推行科学管理的实践来看，泰勒制在使生产率大幅度提高的同时，也使工人的劳动变得异常紧张、单调和劳累，因而引起了工人的强烈不满，并导致工人的怠工、罢工等事件的出现，劳资关系日益紧张。随着经济的发展和科学的进步，有着较高文化水平和技术水平的工人逐渐占据了主导地位，体力劳动也逐渐让位于脑力劳动，从而使得西方的资产阶级感到单纯用古典管理理论和方法已不能有效控制前台工人以达到提高生产率及利润的目的。现代管理突出表现为以人为核心，高度关注人的解放，人的发展的重要性和地位得到进一步巩固和提高。人性化管理的核心思想，即尊重人、理解人、信任人、帮助人、培养人，给人更大的发展空间，给人更多的关爱，从而提高企业的凝聚力、向心力和员工的归属感，使员工与企业有着相同的目标和价值取向，激发优秀人才的创新意识和创造能力，实现企业功利目标和人文目标及社会责任的有机统一。

综上，现代化管理是对科学化管理在新时期的继承和发展，突出特点是"六化"：即制度化、标准化、规范化、信息化、网络化、人性化。

四、现代化管理的局限性

在具体理论的发展中，现代化管理理论还存在一定的局限性。

（1）现代化管理不能充分满足公司全球资源的最经济配置。随着劳务分工的日益精细化，世界各国的企业由于受自身资源、文化传统等因素的影响，企业在某一方面可能更具有相对优势，因此，部分企业就有可能率先专注于产品某一个环节，尤其是核心环节的研发和投入，使其在该环节保持其他公司无法比拟的技术或品牌优势，而组成产品的其他部件或要素由选择较信任的伙伴去生产。现代化管理从企业内部管理来看，已经达到了较高的阶段，但是在利用外部资源，保持企业核心竞争力方面显得优势不足，存在管理视角不够开阔等弊端。

（2）企业管理突破地域和空间限制的需求日益增强，对现代化管理模式提出了新的挑战。随着技术的发展，尤其宽带技术的应用，以及跨国公司不断出现，企业需要在全球配置资源以求获取最大利润，占领最大市场，并实现资源的最优和最经济配置，这就要求企业管理人员对企业的管理要突破地域和空间的限制，充分利用网络宽带以及视频技术实现对企业经营信息的把握，企业管理更加注重全球化的管理要求，现代化管理阶段尚不能完全满足这一要求。

（3）现代化管理不能满足企业管理智能化的需求。与科学化管理相比，现代化管理更加重视人的社会人属性，更加强调管理的人性化，但企业管理过度对人的信赖不仅增加了管理难度，也增加了管理成本和管理风险，在知识经济时代，对日益增加的信息流，如何高效分析并加以取舍以协助决策成为高效管理的必然要求，因此，用智能化的机器设备替代自然人将越来越多地用在企业管理中，这也需要企业管理不断升级以适应这一变化。

（4）现代化管理在企业组织架构方面仍然为传统的企业管理模式。尽管现代化管理已达到较高级的管理阶段，但基于传统的纵向管理的组织架构并没有完全被打破，企业组织架构扁平化程度有限，企业管理主要为纵向管理，主要依靠不同层级的命令控制进行生产和组织，随着企业竞争的加剧，企业由纵向管理向横向管理发展已为必然，这就要求企业的管理阶段不断向更高层级演进。

（5）企业由竞争到合作经营理念的转变要求企业不断提升其管理阶段。竞争曾经被视为企业存在的主要方式，然而随着外部竞争的日趋激烈，处于更高管理阶段的企业总在寻找属于自身最为核心的竞争能力，为了达到自身对最核心竞争能力的绝对把握，企业不得不专注于产品的某一个方面，于是对其他伙伴的需求明显增加，与其他伙伴的合作成为其获得最终产品并获取利润的重要途径，企业间的关系由竞争变为合作共赢，这一经营方式的转变也需要企业从现代化管理阶段向更高阶段转化。

第四节 管理阶段的递进

在科学化管理基础上，将科学技术、信息技术以及网络化和人性化应用于管理之中，而形成的现代化管理理论大大提升了企业管理水平，尤其是信息化和网络化的应用大大加快了企业内部信息的传递速度，提高了企业对外部市场变化的灵敏度和反应能力，使管理者短时间内判断和决策能力大大提高，最大程度满足客户需求。此外，现代化管理突出了以人为核心的管理理念，增强了员工的归属感，使员工与企业有着相同的目标和价值取向，激发了员工的工作积极性和创造力，实现了企业功利目标和人文目标的有机统一。可以说，现代化管理在企业管理中达到了很高的水平，目前全球也只有部分企业能够达到现代化管理的要求。

随着经济全球化和经济一体化进程的加快，企业间的竞争已经不再局限于某一国家、某一行业，而是面向全世界、面向全球，企业的组织形态、组织结构、工作流程及合作关系都将发生新的改变，企业管理的组织形态由固定结构形态向以项目为导向的形态转变，组织结构由金字塔式结构向扁平化结构转变，工作流程由接力棒式向交互合作式转变，企业之间的关系也由竞争转变为合作共赢。这就要求，基于现代的信息技术、网络技术、通讯技术等普遍应用的新的管理模式的出现，而且这种管理模式要突破物理空间和地域空间的限制，能够适应在全球配置资源，实现企业经济效益的最大化和资源利用最经济，因此，借助现代科学实现对企业的虚拟化管理的需求日益迫切，这就要求管理上升到一个新的阶段：虚拟化管理阶段。

第七章
虚拟化管理

第一节　虚拟化管理实践案例

案例26　可口可乐公司的虚拟管理

可口可乐公司被称为世界第一品牌，从1886年创业至今取得了辉煌成就，全世界每一秒钟约有10450人正在享用可口可乐公司出品的饮料，目前可口可乐在世界各地市场皆处领导地位，其销量远远超越其主要竞争对手百事可乐，被列入吉尼斯世界纪录。可口可乐公司自成立之初，就采用"多层伙伴"策略，始终掌控核心的饮料配方，按不同合作对象的特点，采取不同的合作方式，凭借其经营网络，始终控制着整个生产、质量和销售过程，可口可乐公司是虚拟化管理的典范。

案例分析

可口可乐公司凭借其核心的饮料配方，始终掌握生产—销售—消费的前端关键领域，并在此基础上，积极拓展遍布全球的经营网络，有效整合外部营销力量，加倍扩大自身销售能力。这其实是一种通过虚拟管理控制整个生产、销售、组织的新型管理模式，从而打破了物理边界和时间空间限制，将产品销往全球。

案例27　索尼公司的虚拟管理

索尼公司自从成立那天起，就认识到它的制造能力并不是最好的，并把其核心竞争优势定为产品设计和全球的市场与销售能力。因此，它开始外包制造业务，同供货商建立了长期的业务外包关系，并要求供货商保证产品满足索尼的标准，而索尼公司集中其优势力量，集中精力从事产品设计和提高全球市场的销售能力，实现了公司业绩的快速增长，并成为世界500强企业之一。

案例分析

集中优势做最具竞争优势的事，是索尼公司应对激烈市场竞争的重要法宝。在实现这个目标过程中，索尼公司通过虚拟化管理模式，将不具备竞争优势的外包给供货商，自身专注于产品设计，从而更好地为打开全球市场提供了必要的资源支撑，并最终实现了管理虚拟化、销售全球化。

案例28　耐克公司虚拟化管理

作为世界驰名的体育用品制造商，耐克公司在美国俄勒冈州的总部里没有一台生产设备，看不见一双鞋，却缔造了一个遍及全球的运动帝国。分析耐克成功的奥秘，其经营管理模式采用了较高管理层次的虚拟化管理。

一、耐克发展历程

1972年，耐克公司正式成立。其前身是由现任耐克总裁菲尔·耐特以及比尔·鲍尔曼教练于1964年投资成立的蓝带体育公司。1974年，推出The Wafile Trainel，成为美国最畅销的练习鞋。1978年，耐克国际公司正式成立。耐克鞋开始进入加拿大、澳大利亚、欧洲和南美等海外市场。1980年，耐克公司在美国纽约证券交易所以每股11美元的价格发行了价值2400万美元的股票。1990年，耐克在波特兰市西面的华盛顿郡开设世界总部。

1996年，耐克全球总销售额达到90亿美元，成为世界第一大运动产品制造商。1998年，耐克全球总销售额91.4亿美元，以第490位步入"世界500强"，远远将阿迪达斯、彪马、锐步抛在身后。2003年，耐克国际产品销量首次超出美国本土销量，见证耐克持续发展成为世界跨国公司。2009年，美国福布斯杂志公布了全球体育价值排行榜，在最具商业价值的体育品牌中，耐克以107亿美元的品牌价值居于榜首。

二、耐克发展现状

耐克公司生产的体育用品主要有服装、鞋类和运动器材等等，员工总数达到23000人，全球代工企业总数618家，与公司合作的供应商、托运商、零售商以及其他服务人员接近100万人。

三、耐克的管理模式

耐克公司只有一个很小的耐克鞋气垫系统制造单位。在短短十年内，从一家默默无闻的小公司一跃成为闻名世界的美国最大鞋业公司，其成功的关键在于实行虚拟化管理。

（一）耐克的虚拟生产

耐克坚持"只设计不生产"的原则，集中本部的资源，专攻附加值最高的设计和营销，把设计好的样品与图纸交给劳动力成本较低的新兴国家的生产厂家，耐克让代工企业严格按图纸式样进行生产。验收合格后，贴上耐克的商标，赋予耐克品牌，通过耐克公司的营销网络将产品在世界范围内销售。

"虚拟生产"模式，使耐克集中精力关注产品设计和市场营销等方面的问题，及时收集市场信息，将它反映在产品设计上，然后快速由世界各地的代工企业生产出来满足市场需求。通过这种经营方式，耐克不必投资建设生产场地，不装配生产线，为公司节约了大量的人工费用、生产基建投资、设备购置费用和管理费用。同时又最大程度地发挥了其他生产能力强的厂家的能力，为其所用，充分体现了"虚拟生产"模式的优势。

（二）耐克公司的虚拟销售渠道

耐克公司善于用最大的组织来实现最大的权能，在营销网络方面，耐克建立了四层销售渠道：第一层核心营销渠道（如耐克城）是自己建立的，有自有的销售队伍；第二层主体营销渠道，主要是大的经销商、指定的专营店面等；第三层扩展营销渠道，主要是指代理商、次级经销商等；第四层外围营销渠道，主要是指特约营销人员和遍布各处的销售点等。耐克利用自身的综合能力（品牌、实力、商誉、管理经验等）确立了渠道领导权，从而实现了销售渠道的虚拟化。

以运动鞋为例，一双耐克鞋，生产者只能获得几美分的收益，耐克公司凭其在全球的销售，能获得几十甚至上百美元的利润。

（三）网络化管理

耐克公司的核心层由研发人员和市场专家组成。凭借在仿生机械学、运动生理学、工程学和工业设计学方面配备的专家，发展一流的信息系统、物流系统和供应链管理。随着企业的全球化发展，其供应链开始细分。耐克公司依托信息网络技术，将虚拟生产和虚拟销售网络中的所有企业活动联系起来，加快了对市场需求变化的反应。并将技术、资本和劳动进行最低成本的组合，从而在全球建立了网络化的耐克帝国。

（四）跨文化管理

虚拟化生产和销售决定了耐克公司无法实施单一文化管理，为避免文化冲突影响其全球化战略，耐克公司在制定营销战略和策略时，十分重视各国的文化背景和民族习惯。如在美洲，耐克采用青少年崇拜的偶像如迈克·乔丹等品牌形象进行传播，不仅使其品牌知名度迅速提升，而且还能建立一种高度认同感的品牌资产价值。而在欧洲，由于欧洲人出于本能偏爱欧洲产品，德国阿迪达斯成为其最大竞争对手。此外，一些欧洲人也难以接受耐克运动鞋的昂贵价格。耐克公司针对欧洲人的消费心理，制定了相应的销售策略，比如法国青年好标榜，耐克在鞋上贴上价格标签，满足其身份表现欲。

四、企业虚拟化管理的成效

耐克公司实施虚拟化管理，只用了短短几十年的时间便成为"新创建的最成功的消费品公司"，进而完成"世界运动鞋的领头羊"的华丽转变。2010财年，总收入达到190亿美元，实现净利润约15亿美元。随着耐克品牌知名度的扩大，其采用的虚拟生产组织模式名闻遐迩。目前耐克运动产品整体市场份额第一，在美国本土市场份额达33％以上。

案例分析

（1）耐克是虚拟化管理的典范。耐克公司的虚拟生产、虚拟销售、虚拟组织以及战略联盟都堪称虚拟化管理的典范。耐克公司的管理者们只是集中本部的资源，专攻附加值最高的设计和行销。他们来往于世界各地，把设计好的样品与图纸交给劳动力成本较低的新兴国家，最后验收产品，贴上耐克的商标在世界范围内销售，是典型的虚拟化管理模式。

（2）由于公司在生产上的虚拟化，避免了很多生产环节的管理，使本部人员相当精简又充满活力。这样，公司就有更多的精力关注产品设计和市场销售方面的问题。正是基于这种虚拟化管理模式，耐克能够及时收集市场信息，反映在产品设计和市场规划上，然后快速由世界各地的签约厂商生产出产品，以此保持了极高的市场竞争力。

案例29　太空领域的宇宙化管理探索

随着社会信息科技的迅猛发展，人类在管理方面已经超出地球范围，进入太空领域。这个终极前沿曾经是超级大国军工企业专有的领地，一度上演全球高度关注的太空"冷战"。但近年来卫星行业的迅速崛起，对太空领域的探索已经逐步全球化，各个国家对太空的宇宙化管理的目标也从理想照进现实，衍生出越来越重要的发展机遇。

美国的Planet企业

以美国为代表，美国国家航空航天局（NASA）设立了太空科学发展中心，鼓励公立机构和商业企业把国际空间站作为创新平台，争夺"太空经济"发展制高点。

一家利用这种机遇的公司是美国初创企业Planet，该公司将大量小型卫星送上太空，这些卫星的摄像头可提供近乎连续不断的地球图片，帮助环保主义者监测毁林情况，或者帮助基金经理跟踪农作物产量。Planet联合创始人罗比·申格勒表示："全球传感革命已达到我们可以获取实时图像数据的程度。"

中国的太空探索

在太空管理的探索方面，中国也在不断进步。继天宫二号与神舟十一号载人飞行任务的圆满成功后，2016年12月11日，中国风云四号气象卫星成功发射，作为中国新一代静止轨道气象卫星的首发星，大幅提高天气预报和气候预测能力。风云四号也被称作世界最先进水平的卫星。

2017年2月27日，国防科工局、中国气象局联合发布了中国新一代静止轨道气象卫星风云四号获取的首批图像与数据。此次发布的风云四号卫星首批影像图和数据主要包括：多通道扫描成像辐射计获取的图像、干涉式大气垂直探测仪获取的大气红外辐射光谱、闪电成像仪获取的闪电分布和强度信息、空间环境监测仪获取的空间效应及粒子探测信息。经过对首批获取的图像和数据初步分析，图像层次分明，云层和地表纹理丰富，风云四号卫星的主要探测功能得到全面验证，综合探测能力达到国际领先水平。

本次发布的数据中还包括风云四号卫星获取的全球首批静止轨道闪电探测影像：2017年2月13日对澳大利亚西部Swan Valley地区发生强雷暴，风云四号记录了产生—发展—结束全过程中的闪电发生情况，全过程持续约6小时。这填补了中国空基闪电探测方面的空白。风云四号闪电成像仪是全球同步研制的三台地球静止轨道闪电成像仪之一，也是首台对外公布观测数据的探测仪。

案例分析

1. 美国初创企业Planet是今后虚拟化管理的趋势。该公司将大量小型卫星送上太空，通过运用卫星传感技术，获取地球上的实时图像数据，从而彻底打破了时间和空间的限制，实现了全球化、宇宙化的虚拟运营管理。

2. 我国天宫二号与神舟十一号载人飞行任务的圆满成功，为我国后续空间站建造运营奠定了更加坚实的基础，标志着我国在依托太空研究实现宇宙化管理的路上迈出了关键的一步。风云四号的成功发射，则为中国在太空管理探索方面"百尺竿头、更进一步"提供了更为有利的实践探索。

第二节 虚拟化管理产生的背景

当今网络世界是一个包容多种文化的世界，它打破了时空的距离，提供了一个没有种族歧视或偏见的另类空间，改变了人类生活和交流方式，从而产生了许多新文化、新思想、新概念。网络使权力的概念在企业中逐步淡漠，人们将会彼此尊重对方在各自专业领域的专业或权力，以团队合作、组织虚拟化的方式来克服传统的权力阶级式的障碍，于是一个全新的管理概念便诞生了——企业"虚拟管理"。

虚拟管理（Virtual Management）是网络时代的需求，它是指公司的成员分布于不同地点时的管理，同时也指团队成员并不一定由单一公司成员组成。它的理想状态是跨越时间、空间和组织边界的实时沟通和合作，以达到资源的合理配置和效益的最大化。

首先，全球经济一体化趋势的形成，推动了资金、技术、信息、人才、产品的全球性流通，从而一方面使企业面对的市场迅速扩大，另一方面使企业间竞争强度急速攀高。面对活力和压力并存的市场，许多企业由于走不出资源稀缺的必然性局限，它们的处境往往是或有市场规模却遭遇技术障碍，或有项目前景但陷入资金瓶颈，或有技术水准却不具销售张力，等等。市场需求要求企业必须具有简单灵活、反应快速、高效输出、柔性高强等素质，企业必须找到一条快速"自我增强"以应对市场变化的新生路。虚拟管理这种以借助外部资源为特征的经营模式，就是顺应这一时代需要而产生的。

其次，信息技术高度发展为虚拟经营管理模式的运用提供了实现条件。虚拟组织是伴随着信息和通讯技术的发展以及企业经营环境的相应变化而兴起和发展的。因为信息和通讯技术为团队成员之间进行快速、便捷的沟通提供了技术支撑，尤其是自20世纪90年代以来，计算机网络技术的蓬勃发展更是为虚拟团队这种新型组织的快速发展提供了技术平台，从而大大提高了虚拟团队成员之间的合作效率。另一方面，它也引起了生产方式、组织形式和管理模式的变革，从而使组织结构和组织行为必须发生相应的变革，这在客观上要求虚拟组织这种新型组织快速发展以适应这一要求。

计算机网络技术之所以能够对个人、团队和整个社会产生深远的影响，主要是因为网络具有三个特点：一是相对打破了人们沟通上的时间和空间障碍，有助于来自不同职能、不同部门、不同地域范围的知识工人进行有效的协调和沟通；二是网络世界是一个"比特"世界，通过网络传送的信息都是经过数字化、编码化的，可以做到无成本或低成本复制，而完全满足用户的需要；三是最大限度地改善信息不对称状态，极大地提高社会资源的配置效率，有利于实现帕累托改进。这些特点使得虚拟组织跨越时间、空间或组织边界的合作成为可能，充分发挥虚拟组织的成本优势，并大大提高虚拟团队的沟通效率和效果。由此可见，先进的信息和通讯技术不仅为虚拟组织的兴起和发展奠定了技术基础，而且会进一步促进虚拟组织的快速发展。

第三，全球竞争的激烈性促使虚拟组织产生。全球化必然导致市场竞争的日趋激烈，这是毫无疑问的。普及的、廉价的信息网络使企业成为没有国界的组织，不论是实力雄厚的大型国际企业，还是中小型企业都面临直接的国际竞争。更多更强大的竞争对手将以更直接的方式跃上国际经济舞台。这样，即使是没有走出国门的企业，在制定生产经营战略时也不得不将外国企业的竞争力量考虑在内。随着全球化程度的日益加深，商业竞争进一步白热化，企业要做到如杰克。韦尔奇所说，"确保组织在未来取得成功的关键在于有合适的人去解决最重要的业务问题，无论他处在企业的哪个等级和组织的任何职位，也无论他处在世界上的任何角落"，那么组建聚散自如的项目虚拟团队就成为一种必然的选择。

美国著名的社会学家约翰·纳斯比特在《大趋势——改变我们生活的十个新方向》一书中指出："从一国经济走向世界经济成为当今人类发展的主导方向之一，各国合作生产已经成为新的全球模式，'全球相互信赖'的经济格局已经形成，一个国家可以关起门来发展经济，或者左右世界经济的局面已经结束。经济全球化不仅仅是一个趋势，而且已经活生生地摆在了我们每个人面前。"全球化的主要标志是：全球性的客户、全球性的公司、全球性的工作，以及知识作为全球性的产品。随着全球化程度的日益加深，必然导致竞争的激烈性、环境的复杂性和组织的开放性，为了应对环境的快速变化，就要求出现虚拟组织这种新兴的组织形态。虚拟组织的出现，不仅提高了组织的局部效率，而且从根本上改变了组织的构造和动作方式，提高了组织的整体运作效率。虚拟组织形式能够满足全球化、组织间协作以及有效配置资源的需求。

第三节 虚拟化管理的运作模式

虚拟企业有很多种经营形式。虚拟经营的关键是掌握企业的核心功能，把企业的有限资源集中在附加值高的部门上，在保持竞争优势的基础上，注意品质、成本及周期等其他能力的平衡。时刻注意市场的动向，一旦利益不在，立即调整策略目标，调整企业的组合方式，以高弹性适应市场的快速变化。这些虚拟企业的经营形式如下。

一、虚拟生产

虚拟生产是虚拟企业的最初运行模式。其主要是通过将企业的生产制造职能虚拟化，即将产品的生产加工外包出去，从而有效集中企业的资源加强产品研发、品牌塑造和营销网络的建设等核心能力的培养。工业经济时代企业的高成本是产品生产流程和管理模式冗杂的必然产物，虽然这种复杂性一减再减，但由于生产的工艺多变性和分工精细化不断升级，企业的生产成本和其他经营管理费用一直居高不下。因此，许多企业为了更有效地塑造自身的核心能力，将有限的资源集中在附加值高的研发、品牌维护或营销网络建设等工作上，而有选择性地将部分业务外包给外部企业。菲尔·耐克可以说是虚拟生产的最成功管理者。耐克公司的管理者们只是集中本部的资源，专攻附加值最高的设计和行销，他们来往于世界各地，把设计好的样品与图纸交给劳动力成本较低的新兴国家，最后验收产品，贴上耐克的商标在世界范围内销售。由于公司在生产上的虚拟化，避免了很多生产环节的管理，使本部人员相当精简又充满活力。这样，公司就有更多的精力关注产品设计和市场销售方面的问题。他们能够及时收集市场信息，反映在产品设计和市场规划上，然后快速由世界各地的签约厂商生产出产品。耐克公司以虚拟生产的方式成为世界上最大的运动鞋制造商之一。

二、虚拟销售

虚拟销售是指企业将自身营销网络的建设虚拟化，有效地借用或整合外部销售力量和销售网络，以扩大和完善自身的销售能力。虚拟销售的各方借助契约、合同、公司规章以及行业操作惯例来确定各方的工作范围、工作方式、相关责任和利润分配。在这种情况下，总公司与下设销售网络中的各销售公司在产权上是相互分离的。也就是说这种销售公司具有独立的法人地位，通过契约等形式与总公司达成共识，为其销售产品。这样，企业就可以真正通过虚拟销售的经营模式实现各方的战略意图。邦威公司（Metersbonwe）在虚拟销售方面做得非常成功。1994年成立的邦威公司从经营品牌的高度出发，把企业有限的资源集中在企业形象的设计、维护和促销上，而把产品销售环节虚拟化。在运用网络技术的基础上，邦威公司通过自行设计并实施一套全国联网的POS计算机管理系统，实现信息（款号、颜色、规格等）实时发送、网上培训、网上配货等功能。并且公司在POS系统的支持下，通过对加盟商的严格挑选、全方位培训和计算机联网管理，迅速扩大了自己的销售网络。在短短5年间，邦威公司就在全国20多个省、自治区、直辖市建立了300多个加盟连锁店，销售收入几年内增长了数十倍。

三、虚拟组织

虚拟经营突破传统企业的结构形态，组织规模趋于小型化，企业不再努力使自己具有完成业务活动所需的全部功能和资源，而是努力发展自己的核心专长及相关资源，并以这一"核心专长"为基础，同当前所需要的、能在功能及资源上形成优势互补的企业，通过"功能切割"将各自的强势部位"组合"起来，经由各种协议、契约关系，结成利益均沾、风险共担、经营权与所有权分离的松散型联合体——企业战略联盟。联盟的缔结以自愿为原则，结成联盟的对象既可以是上游供应商，也可以是竞争对手，还可以是客户。当联盟的目标实现之后，先前组成的虚拟企业便可解体。为了新的战略目标，新的合作伙伴可组成新的虚拟企业。虚拟组织的构建有两条路径：一是流程型，即考察合作团队是否具有与价值链相关的技术、人力、资源、功能和经验。虚拟组织的资源共享不仅是物质资源互补，更是团队无形资源的融合。另一条路径是知识型，谋求共享合作团队所拥有的知识。

四、战略联盟

拥有不同关键资源而彼此市场又有一定间隔的企业，可以结成一种动态联盟的伙伴关系，通过互相交换资源以获取最大的竞争优势。这种"双赢"或"多赢"的虚拟策略联盟的思想正以强大的势头成为全球企业经营管理的主导思想。企业突破原有的疆界，通过策略联盟在其周边建立一个企业间强强联合的支持网络，达到能力互补和资源互补，从而在更大的范围内增强企业的竞争能力。但必须注意到，战略联盟的各方必须牢牢掌握其自身的关键资源，并不断地将其更新和壮大，如果某一方失去这种关键的资源，马上会处于被动地位，甚至被淘汰出局。世界著名的康柏电脑公司为了迅速进入不熟悉的个人电脑市场，获得竞争优势，一开始就与十多家知名的软硬件公司结成战略联盟，再加上康柏的大部分零件均采用外包加工方式生产，本身仅掌握快速的研究与开发能力及行销网络。如此轻巧的高弹性组合，配合低价策略，使它迅速进入个人电脑市场，成为全球个人电脑的第一品牌。

第四节 虚拟化管理的实施条件

进入新世纪的今天，全球市场竞争日趋激烈，商务环境持续多变，消费者需求呈现多元化，因此，如何对市场环境的急剧变化做出灵活快捷的反应，及时掌握用户需求，有效地生产并提供令用户满意的产品和服务，是当今企业刻不容缓的使命。

随着现代社会的发展，虚拟化管理已经成为未来企业管理不可或缺的手段。为了适应知识化与网络化的发展，企业构建虚拟管理体系时需要重点做好以下几个方面的工作。

一、更新经营理念

1. 树立顾客是经营中心的观念

在传统的大批量制造中，企业是以低成本、高质量推出产品为中心的，然而随着全球化的买方市场的形成，以及顾客需求的日益个性化，从客观上要求企业细分用户的需求和根据需要定制生产。企业应该主动去分析用户的需求，了解用户的处境。从用户的立场出发，运用多个伙伴企业的能力，为用户提供最合理的解决方案。

2. 树立"共赢"的企业合作观念

在复杂多变的买方市场情况下，任何一个独立的公司已越来越难以单独满足用户的要求。共享市场和顾客，共享开发、制造和人力资源，已经成为企业唯一的选择。企业必须克服传统的竞争观念，即"击败对手才是胜利"的观念，转而树立一种务实的"共赢"的合作观念，共同营造一种坦诚合作的"虚拟企业文化"。正如Handy博士所说："信任是事情的关键——虚拟企业必须依靠信任才能够运转，仅仅凭技术是远远不够的。"

3. 建立"快速反应"的竞争理念

是否能迅速响应市场需求，快速推出用户需求的产品，越来越成为市场竞争成败的关键。要快速响应用户要求，必须建立一个良好的需求信息网络和合作伙伴关系网，还必须具备高度的生产柔性。

二、培养核心能力

所谓核心能力，是指提供企业在特定经营中的竞争能力和竞争优势基础的多方面技能、互补性资产和运行机制的有机融合。具体地说，核心能力是企业不同的技术系统、管理系统、社会心理系统、目标与价值系统、结构系统等的有机组合，而体现在这种组合中的核心内涵是企业所专有的知识体系，正是企业的专有知识使核心能力表现得独一无二、与众不同和难以模仿。企业核心能力的定位和目标选择要考虑两个方面的问题：一是核心技术的现状、培育和发展问题；二是作为核心能力重要载体的人才培养、激励和聚集问题。核心能力是企业发展的源泉，它们应该构成企业战略的焦点,只有当企业把核心能力、核心产品和市场发展融为一体时,企业才能获得长期的竞争优势。

虚拟企业是一种"强一强"合作,在未来的竞争环境中做到"大、全、强"已经不再可能,企业要想立足市场,就必须具备自己的核心和优势能力。只有具备一定的核心能力,企业才能有机会组织或参与虚拟企业,在竞争中赢得一席之地。

三、充分利用新技术

信息社会的到来,给我们带来了强大的信息工具。互联网、企业内部网已经流行全球,电子商务、管理信息系统、人工智能技术正如火如荼,合理地利用这些技术和工具,可以帮助我们及时了解用户需求,方便快捷地进行企业间的动态合作,以及帮助企业进行日常的技术和管理工作。

四、选择信任合作伙伴

虚拟企业依赖于各成员公司的业绩。因此,选择合适和可信赖的合作伙伴,建立一个有效的成员企业绩效评估体系对虚拟企业的生存具有极其重要的意义。如果合作伙伴不能按时高质量地完成它应该做的业务,将会影响虚拟企业的成功。例如,Intel、日本的夏普(Sharp)公司和NMB半导体公司联合生产内存条时,由于NMB不能按计划完成任务,从而导致整个计划的失败。更重要的是,不满的顾客将抛弃所有的成员公司,而不仅仅是造成计划失败的某个公司。在该计划失败后的一年内,Intel的市场占有率下降了20%。

第五节 虚拟化管理的基本内涵

一、虚拟化管理的定义

虚拟化管理是指在管理中利用现代通讯技术、网络技术、视频技术和信息技术等超越物理空间限制的技术，对分布在不同地理位置的被管理者，通过计算机、网络、视频进行相对独立的、远程的、实时的管理，达到虚拟化、全球化、宇宙化的管理要求，最终实现跨越时间、空间和组织边界的管理。

虚拟化管理的产生并非偶然，其产生和发展是为了应对经济全球化的需要，同时，先进的信息和通讯技术为这种新型组织形态的兴起和发展奠定了技术基础，虚拟化管理能够满足全球企业组织间协作及有效配置资源的需求，虚拟化管理将成为企业参与全球竞争的必须经历的管理阶段。

二、虚拟化管理与中外管理学派的关联

作为一种全新的管理概念，虚拟化管理的思想理论渊源可以追溯到几千年前中国的道家学派，以及一百多年前西方的决策理论学派。

道家认为天道无为，主张道法自然，顺其自然，讲究处事中庸，避免偏激行为。"无为"就是顺应客观规律，尊重客观事物的存在，无为而无不为，上无为而下有为。其所倡导的"无为而治"的无形管理，其实是虚拟化管理的一种表现形式。虚拟化管理通过虚拟化组织和管理形式实现跨越时空和组织边界的管理。这是对"道法自然""无形胜有形""无为而治"的深刻诠释，是对以"中"为核心、尊重客观规律、

"自然即宇宙"、"无为胜有为"的道家思想的传承与创新。

决策理论学派是运用电子计算机和统筹学的方法而发展起来的一种理论，认为决策贯穿管理的全过程，决策是管理的核心，强调加强计算机企业管理特别是高层管理及组织结构中的应用。由于虚拟组织内部的成员大都是掌握着不具有可比性和替代性的知识技术工作者，要高效完成目标任务必须有统一的决策和领导。决策理论学派提出了决策过程和群体决策的观点，为虚拟组织实行决策权和领导权的共享奠定了理论基础。同时，决策理论学派对技术应用的重视，也为虚拟化管理提供了技术保障。

三、虚拟化管理的特点

1. 实现了功能与部门之间的分离

在虚拟管理模式中，核心功能与部门是分离的。所谓核心功能，包括该企业拥有的专利、品牌、商标和专有技术等属于公司最主要的有形或无形资产。虚拟管理模式突破了传统企业的有形的界限，虽然表面上有着生产、营销、设计、财务等功能，但企业内部却没有执行这些功能的组织。在企业资源有限的情况下，为取得竞争中的优势地位，企业只掌握核心功能，即把企业知识和技术依赖性强的高增值部门掌握在自己手里，而把其他低增值部门虚拟化，借助外部力量进行组合，其目的就是在竞争中最大效率地利用企业资源。如耐克、可口可乐等企业就是这样经营的，它们没有自己的工厂，通过把一些劳动密集型的部门虚拟化，把它们转移到许多劳动成本低的国家进行生产，企业只保留核心的品牌。对于虚拟企业来说，企业内部与外部的划分已经不那么明显，对于企业内部各个组成团体来说，拥有很大的相对自由度和独立性，它们之间既可以自由组合，也可以自由拆分。虚拟企业强调的是横向管理，它打破了传统企业金字塔式的纵向管理模式，实现了功能与部门之间的分离。

2. 企业由纵向管理转向横向管理

随着计算机技术的普及应用，传统的中层经理的监督和协调功能已经被计算机网络所取代，处于公司管理层的最顶部和最底部的人员可以通过计算机网络实现沟通和联络，因而公司的组织结构趋于扁平化的发展趋势，传统的纵向管理正逐渐被横向管理所取代。纵向模式和横向模式的划分依据在于：纵向模式是指从价值产生到价值确认的过程中插入许多中间环节的模式；而横向模式则是价值产生与价值确认直接对应的模式。

3. 管理模式中信息流支配物质流，而传统企业相反

牛津大学教授迈天在其第100部作品《虚拟企业——新经营革命》中指出："资本主义的传统生产要素被描绘成资本、劳动力和土地等自然资源。在今天，最重要的生产资源却不是这些，而是无所不在的知识和信息。知识和信息通过对传统生产要素的整合和改造，对公司的发展创造了新的价值。"

要想使虚拟管理在项目操作上成为可能，必须把这种企业管理模式建立在信息技术进步的基础上，虚拟管理采用发达的信息技术，使企业的信息流动支配企业的物质流动成为可能，而各种各样的工业技术则很难解决企业间扩大联系和合作成本过高的问题，信息技术支撑的虚拟企业利用大量先进的网络应用程序来扩大其虚拟销售市场，使企业的交易成本大大减少。目前，随着互联网络的迅猛发展和普及，开始出现从事网络服务的通信厂商，它们使虚拟企业能够利用公共网络资源实现便捷的信息交流，从而正确地指导生产和销售。

4. 虚拟管理从命令控制到集中协调

严格的等级制具有一种命令—控制结构，下层的工人和技术人员要

想进行创造性的工作，必须争得主管的许可。在很多情况下，公司经理层做出决策，下属只能遵照执行，人为因素的制约导致了许多具有创新性质的建议被忽略了，公司的命运往往仅仅决定于经理人员对市场的主观判断。知识经济时代新企业模式的基础应该是对川流不息的信息的处理能力。视讯系统、电子商务、互联网等技术手段的进步，使得人们之间、组织之间的沟通变得简单、有效；企业之间在以顾客为中心的基础上结成联盟、伙伴关系，也可以进行坦诚和富有成效的对话，针对风云变幻的市场需求互通有无，紧紧抓住市场的契机，实现企业经营中的双赢（Win—Win）。

5. 管理手段更加强调虚拟化管理

随着现代通信与信息技术、计算机网络技术、行业技术的发展，企业管理将超越时间和空间上的限制，实现管理的虚拟化。一方面是借助先进设备，帮助人们从烦琐的工作中解脱出来，实现人力资本的节省，同时大大提高管理效率。二是借助先进设备，实现管理的精细化。通过先进设备，使人们与网络之间的交互更加频繁，联系更加紧密，应用也更为个性化，特别是通过智能化管理模块，促使管理效率不断提升。如通过智能化操作维护、智能化资源配置、智能化专家分析系统、智能化指挥调度、智能化市场服务实现对企业的集中高效管理。三是通过先进设备，实现业务融合，高效管理。有效的智能管理将使企业的运营、安全和管理更加顺畅，业务流程设计更加合理，管理质量不断提高。

6. 管理空间将向全球化和宇宙化转变

虚拟化管理突破了传统的时间和空间的概念。借助于现代科学技术的发展，信息和交通大大缩短了时空的距离，从而使得虚拟化管理可以不受时间和地点的限制，呈现出超越时空、涵盖宇宙、随需定制、脑体分离的发展态势。通过虚拟管理，一方面可实现企业经营组织实体的虚拟化，另一方面可实现经营实体和对企业管理控制的"大脑"的物理距离分离,即实现企业管理的"脑"和"体"分离,达到对企业虚拟管理的目标。可以毫不夸张地说,随着人类社会的进步与发展,人类的活动范围将极大地扩大,虚拟化管理的宇宙化特征将更加明显。

综上,虚拟化管理是对现代化管理的进一步完善,突出特点是"九化",即制度化、标准化、规范化、信息化、网络化、人性化、虚拟化、全球化、宇宙化。

四、虚拟化管理的局限性

在看到虚拟化管理优势的同时,也必须看到,虚拟化管理同样存在其局限性。

(1)对组织内核心技术和核心成员的过分依赖。对一个虚拟组织而言,组织内核心企业和核心技术是虚拟组织赖以生存并保持核心竞争力的关键,由于核心技术和核心成员的存在,组织内其他技术和其他成员都是围绕其展开,一旦虚拟组织内核心成员或核心技术缺失,必然导致整体虚拟组织的失败,而核心成员或核心技术的缺失也并非组织内其他成员所能左右,核心成员或技术的缺失对组织内其他成员同样存在系统风险。

(2)选择信任战略伙伴的风险。虚拟组织最大的特点就是依据信任的战略伙伴,由竞争转向合作,各自发挥自身的优势,依据共同的目标和工作意愿进行组织生产,如果当时选择的信任战略伙伴发生意外,就有可能导致整个虚拟组织的失败。

(3)信息沟通渠道风险。虚拟化管理对现代科学技术的依赖性很强,特别是计算机网络、信息管理等技术的发展和变化直接影响虚拟化管理的效果。科学技术是一把双刃剑,可以给人类带来发展的动力也可能带来灾难。对科学技术的依赖导致虚拟化管理在某些方面会显得十分脆弱，例如计算机病毒的攻击、通讯网络的中断等等，这些因素都会导致信息沟通渠道风险的增加。

第六节　管理阶段的递进

　　虚拟化管理突破了时间和空间的限制，使企业的管理水平达到前所未有的高度，虚拟化管理对管理制度、信息技术、企业组织结构等都提出了很高的要求，是企业利用全球资源，进行结构升级，赚取超额利润的重要途径。特别是对智能化的广泛应用，将会使更多的人解放出来，从事更高附加值的研究和创新探索。虚拟化管理突破宇宙时空限制，可以随时随地经营管理和指导企业发展，也实现了管理人员在更高层级和更广视角审视企业发展，制订发展战略，虚拟化管理是企业管理的极高管理阶段。

　　然而，科技发展无极限。在未来年代，在社会、政治、经济、文化、科学技术等多种因素的作用下，人类不断开拓和探寻新的管理理论和管理手段，力图突破"红海"的局限，寻找发展的"蓝海"，创新是企业寻求"蓝海"的唯一途径，因此，管理创新成为人类管理理论和实践发展的必然选择。

第八章
创新管理

第一节　创新管理实践案例

案例30　IBM公司的管理创新

IBM目前是全球最大的信息技术和业务解决方案公司,拥有全球雇员30多万人,业务遍及160多个国家和地区,排2016年全球100大最有价值品牌第6名。但在上世纪90年代后期,其增长速度惊人的锐减表现出其已经无法跟上行业的步伐。1993年,郭士纳接手IBM后引领蓝色巨人起死回生。然而,随着新世纪临近,投资者纷纷怀疑在经历了多年精简与成本压缩之后的IBM是否失去了增长的雄风。即使改革后的公司变得灵活高效,但似乎也失去了许多令人兴奋的机会——从生命科学计算至开放源软件爆炸式增长,至携带移动式电子设备的大量涌现,这些都使IBM与巨大财富失之交臂。

在郭士纳任期的前六年,IBM申请了许多项专利(12773件),远远多于其他公司,但其仍一如既往地未将技术威力转变为新的商业利润增长点。当IBM为其实验室发明的关系数据库等成为行业标准而雀跃时,思科(Cisco)和甲骨文(Oracle)等更灵活的公司也抓住了这些技术变革并转化为高额的商业利润。IBM似乎并不在意培育新商务,在上世纪90年代末而是花了巨额资金收购自己的股票。随着1999~2000年科技浪潮达到顶峰,IBM的增长引擎接近了停滞——营业收入增长只有微不足道的1%。

为了使IBM重回增长道路，麦肯锡首席咨询顾问团队开始寻找问题的根源并寻求解决途径。接下去的三个月里，这一任务要求12位高级领导者共同寻求IBM增长问题的根源。通过访问那些走霉运的新商业风险投资部门的员工，观察者们期待发现是否是IBM的管理流程侵蚀了增长的成效。对于IBM来说，这一探究过程是大范围而又彻底的。所有人都注定得出这样一个结论：为了更好地开发新商务，IBM必须彻底地革新其管理流程与价值观。

在接下去的几年里，为了培育"新型的商务机会（EBO）"，IBM形成了新的商务管理流程。这一计划始于2000年，即EBO计划，其快速发展成为一个发现寻找机会、雇用人员、财政支持、跟踪商务等完整的系统。在这一项目的头5年，IBM开展了25项新商务。其中有3个项目夭折，其余的22个项目到2005年底获得了150亿美元的回报。通过EBO计划，IBM开拓了成熟的信息工具帮助生命科学用户进行药物研发；利用IBM软件与技术发挥无线上网技术，将此用于手提电脑存储各种信息或用于家用电器。更多地，EBO计划重新平衡了公司的管理流程。现在，IBM的管理者将这些新商务创造视为重要的运营部分。

所有这些都需要持续的管理创新，郭士纳的团队最终认识到了问题的根源，EBO计划的有效执行正是基于对这些管理问题的深刻理解之上的。同样重要地，这也说明IBM的增长方式已经开始改变公司的管理DNA。最为明显的证据就是即使关键领导人物更换，但EBO计划依旧照常运行。除此之外，许多IBM的部门开始孕育自己内部类似于EBO的计划。IBM中所有的经理们都开始信奉EBO计划的理念，EBO经理与团队成员人数迅速增长，这些增长开始深深影响到IBM整个文化的变革，增长现在成为各种计划会议谈论的主题。

案例分析

IBM中EBO计划传奇般的故事给予那些有志于管理创新的领导者们很多学习的素材。

经验1：处理系统问题，你必须理解问题的根源

如果没有深刻理解想要解决问题的根源，你就无法建立与IBM的EBO系统那样成熟与成功的管理流程。回想一下早期为了确认有机增长问题系统性的障碍所在，他们所付出的努力——3个月时间的调查，研究了多于20个夭折的增长项目计划。没有这一辩证式的探究，哈兰德（IBM负责EBO的高级执行副总裁）的团队可能采取一些短期的弥补措施，而不是开发一个全新的更具有深远意义的管理流程。你必须竭尽全力去诊断你的问题。

经验2：扩大总比补充来得容易

哈兰德并没有试图完全废除IBM已有的管理流程。他认识到每个流程都有优缺点。因此，他构建了一个全新的管理流程，能与旧的体制融合并能平衡IBM管理文化的短期偏见。其目标就在于提升IBM处理复杂矛盾的能力——如何关注当前的业务又同时把握明日商机。这正是众多公司想要掌握的平衡。要实现这个目标必须创造一个驱动管理者行为的新的激励方案。这并不是要放弃旧的管理流程，而是用新的流程来对其进行补充，使经理们更富有探索性，更能在新旧业务中找到平衡。

经验3：设立变革性的目标，但采取渐进的步骤

形成一个全新的商务流程，比如IBM的EBO，并不是一蹴而就的。相反，这是经过反复的试错过程才最终形成的。当你想彻底改变一个大公司的本质，你必定会遇到很多的挫折。然而失败是成功之母，每一次的失败都让你积累更多的知识来重新思考你的方法。这也就是EBO所经历的。就是阿德金所承认的，"EBO对于IBM来说并非一个自然或是寻常的过程"。每当哈兰德遇到一个难题，他和他的团队总是试图寻找新的解决方法。

经验4：评估非常重要

与其他创新形式一样，管理创新的目标也是为了提升商业实力。因此，开发一个清晰的评估标准来评判管理创新所带来的影响十分重要。在IBM，重要的指标包括EB0项目的数量，早期设计成功的数量，投资的水平，产品开发的速度和最终的利润收入。如果你无法了解管理创新给你带来的好处，无法用此来说服首席财务官或投资者，那么你获得的支持将越来越少。

经验5：创新管理需要毅力

改变公司管理的基因需要时间的考验。即使在今天，项目开展了多年之后，IBM依然常常重新定义EBO过程。对于类似于通用电气、宝洁、IBM等全球著名公司，他们成为管理创新的领袖都是在那些视创新为永恒主题的首席执行官的带领下逐渐发展起来的，而那些只关注下一季度利润报表的领导者永远无法实现这一变革。然而一些经理们发起的管理变革只坚持几天或是几个月，那都是远远不够的。

案例31 微软公司的管理创新

人脑与电脑，看上去是很简单的资产，但却需要最复杂的管理。微软副总裁张亚勤总结的"微软亚洲研究院管理方程式"可谓其他软件企业值得研究的"微软后门秘笈"。

定律1：IT=IQ（talents）+IP（intellectualproperties）即智慧资源

IT企业的竞争优势更多地体现在"智慧资源"而非"物质资源"上，一个天才所创造出的价值，很可能超越同一时代千名、万名工程师所贡献出的价值。IT企业通往成功的另一道"天梯"是构成企业技术核心的知识产权。就软件企业而言，其发展模式往往先寻求投资，之后调动力量展开研发，接着把产品推向市场，由此获得利润并为最终上市做好必要准备——只有在整条产业链条呈闭合状态的前提下，才能实现产业的良性循环和企业的健康发展。然而，在数字化时代，智慧成果的无损拷贝是一件很容易的事，如果对知识产权的忽视成为一种普遍现象，必将使那些守法的软件企业难以积累核心技术、存储智慧能源。由此可见，以技术为本的IT企业既要有IQ战略，也要有IP战略。企业想要不断逾越更高的发展峰峦，就必须采取措施吸引留住一流的人才，给他们一个能够充分发挥其才能的空间，保护和尊重他们的知识和创造，使智慧的价值得以充分体现。

定律2：$E=mC^2$。（能量=质量×光速的平方），即智慧聚变

如果用以探讨IT企业的管理和文化，$E=mC^2$；便可以理解为：IT企业固然需要有一大批卓越潜质的人才（m），更重要的是寻找或创造一种快速发展的机制（C^2），使这些人才的潜质得以完全的释放。在这个过程中，先进的管理方式、富于感染力的企业文化将在人才个体、人才与人才之间产生一系列正面的连锁反应，从而最大程度地为公司创造能量（E）。IT企业可否突破"企业发展的常规速度"，关键在于能否找到和创造一个这样的可产生连锁反应的机制。

定律3：$\triangle V \times \triangle P \geq 2$，即测不准原理

"测不准原理"是量子力学中最重要的理论之一，应用到IT企业中把"测不准原理"的两个变量代换为企业目标的准确度和风险度，就会了解到企业在准确度和风险度之间不可能完全精确，这导致了两种截然不同的文化和管理模式。一种是极其谨慎，把风险控制在最小，却也往往固步自封。另一种是鼓励创新，允许失败，即便风险再大，也不能够安于现状不思进取。微软属于后者，微软不欢迎"不做事、少犯错"的人，更希望大家去开掘难度大、风险莫测但可能给公司、给用户带来巨大利益的项目，投入大、风险大，成功后的影响也

大。当然，鼓励冒险不等于鼓励失败，允许犯错不等于允许愚蠢。

定律4：Ec—a，即开放原则

这是热力学第二定律：随着时间无限推移，封闭系统中的状态是逐渐倾向于无秩序，"熵"趋于无限大，有规律而可用的能量趋于无限小，最终归于熵寂死的混沌。IT企业也是这样。需要构建一个开放的环境，有利于研究人员在第一时间了解到研发领域最新的学术成果，开阔眼界、增强学术修养，人才成长的速度自然就更快。IT产业的技术更新速度极其迅疾，对企业来说，开放意味着更多的生机、更多的可能。

定律5：1+1≥3，即合作原则

在考量合作必要性时，注意到一个良性的合作应该实现非线性的价值。比如内部合作的机制，微软研究院在工作中有明确的研究目标和严格的评价标准，为达到预订目标，亚洲研究院不排斥任何工作方式，研究人员能够激发出最大的热情、发挥出最大的潜力，合作的成果也因此而超出预期。"善于合作"决不能等同于"无原则合作"，微软非常重视对合作的评估，在选择合作伙伴、确立合作机制、监控合作过程、审查合作成果的过程中，都会极为慎重。

案例分析

重视智慧资源，保护知识和创造，尊重智慧的价值，体现的是对创新人才的重视。鼓励创新、允许失败的文化，坚持开放发展的原则，营造的是一种良好的创新氛围。正是这些无处不在的创新元素和创新基因，让微软公司在发展中持续保持发展生机和发展活力，不断积累核心技术，存储智慧能源，并持续引领行业发展。

案例32 亚马逊的无人超市

一直以来，不用排队结账、拿了商品就可以走的购物自由和消费体验成为快速生活节奏下的购物憧憬。如今，美国电商巨头"亚马逊"推出的无人超市Amazon Go，已经帮助人们实现了这一梦想。

2016年12月，亚马逊在西雅图开设新的线下超市--Amazon Go，这家实体店与其他连锁超市最大的不同在于没有收银人员，消费者除了购物自由，连结账也是自由的，顾客完全可以在吃早餐的同时把账单给结了。

所谓无人超市，就是商店门口设有扫描二维码的闸机，顾客需要提前在手机里下载Amazon Go的App，生成一个独立的二维码，扫码进入商店。

每当顾客拿起一件商品后，这件商品也就会出现在你线上的购物车中，不想买了也没关系，把它放回到货架上就好，商品会自动从购物车中移走。

在实际操作中，亚马逊用到了类似无人驾驶的技术，包括人工智能算法、机器视觉、混合传感器。这项技术可以自动检测商品离开货架或返回货架的情况，并持续在顾客的虚拟购物车里追踪它们。当顾客离开商店时，很快就会在自己的亚马逊账户中看到订单，并收到收据。

零售行业研究公司Conlumino董事总经理尼尔·桑德斯表示："在店内体验中，排队结账一直是效率最低的部分。如果不需要排队结账，那么你不仅可以节约大量劳动力成本，还能使处理流程更快，顾客更满意。"

目前，Amazon Go除了销售面包和牛奶等包装食品之外，还将销售即食的早餐、午餐和晚餐。可以看出，这些对于运输、储存要求都很高的食品一直都是电商的软肋，而Amazon Go的设立无疑是对亚马逊现有业务的有效补充，加之对购物体验的显著提升，必将对现有便利店业务带来重大冲击，并加速形成线上线下相互补充的"新零售"格局。

案例分析

1. 需求是推动管理创新的重要动力。围绕"不用排队结账、拿着商品直接回家"的自由购物体验，亚马逊从客户体验的需求端出发，从创新的供给端发力，通过契合市场的创新实践，最终赢得了市场的广泛认同和消费者的一致认可。

2. 技术是推动管理创新的重要载体。为实现打造无人超市的目标，亚马逊充分运用人工智能算法、机器视觉、混合传感器等先进科技，从而自动感知顾客有没有从货架上拿走商品，或者把商品放回货架，并自动扣款生成消费账单，最终实现了创新管理的突破。

3. 未来经营管理的终极目标是依托创新手段实现高度人性化。Amazon Go只是"新零售"的初步尝试，随着技术的不断发展，未来线上与线下的界限会更加模糊，而消费环境也将变得更具人性化。

4. 尽管创新管理是企业管理的高级阶段，但是我们应该时刻意识到，创新的最终目标是为了客户的需求，客户是企业经营的根本，谁拥有了客户谁就拥有了未来，管理创新的意义也在于此。

案例33　　　　创新管理在商业银行的实践探讨

——以某大型国有商业银行某省分行四大渠道建设为例

近年来，某大型国有商业银行某省分行大力实施创新驱动战略，大力推进"物理、虚实结合、虚拟、云端"四大渠道转型升级，克服系统内没有先例可循、同业中没有案例可考等诸多困难，反复实践，不断试错，对内深挖潜力、对外互动融合，创新推动"线上+线下"协同发展，探索实践互联网金融下商业银行渠道建设之路并取得初步成效，全行渠道效能有效提升，客户体验明显改善，核心竞争力持续增强，全面引领未来银行发展新潮流。

一、创新理念的提出

在新的宏观形势和发展趋势下,传统银行业面临新一轮行业洗牌和转型升级机遇。对该商业银行而言,至少面临创新管理的"三大转型动力"。具体表现为:

一是客户需求的升级态势。在"以脚投票"的时代背景下,客户对银行服务的质量和效率要求越来越高,服务体验需求越来越强烈。只有融入创新元素,才能满足客户不断升级的综合金融需求。

二是网点渠道的转型趋势。随着技术的不断进步和互联网的全面渗透,电子渠道对物理网点渠道替代率逐年升高,传统商业银行经营管理模式受到前所未有的冲击。唯有以变应变,创新求变,方能跟上时代发展步伐,引领发展潮流。

三是物理渠道的明显弱势。与省内其他同业相比,该国有商业银行在网点、人员等方面均处于明显弱势。要想在新一轮的市场竞争中取得胜利,必须依靠创新管理理念实现"弯道超车",走轻型化银行发展之路。

在内部转型和外部竞争的背景下,该国有商业银行主要负责人深刻认识到,商业银行物理网点功能趋于弱化,高昂的网点成本投入将成为商业银行发展的巨大包袱,过去银行不计成本、单纯依托物理渠道拓展以追求规模扩张的时代将一去不复返,加速网点智能化、加快服务云端化将成为商业银行新一轮角逐的主战场。

二、创新管理实践

(一)依托新设备、新流程,推进物理网点智能化升级

该行将智能化升级作为物理网点转型的突破口,通过智能化的手段提升客户体验,降低员工占用。从2015年起近两年,该行已建设完成122家试点智能化网点。通过增设体验PAD和手机、PC体验一体机等设备提供良好的线上产品的体验环境,全面打造智能化体验区。在全

面推进网点服务销售流程优化的基础上,根据服务销售流程重新设计网点内部布局,形成与客户动线为依据的内部环境,使中高端客户与基础客户的服务环境分离,不同需求的客户便于分流到不同的处理区域提升效率。

(二)针对低产低效机构,创新打造虚实结合网点

为解决低产低效网点的人力资源优化问题,保障客户体验不下降,促进资源优化配置,该行创新打造多个虚实结合网点。对全辖低产低效网点,根据其实际情况进行改造,通过加大投入自助设备的方式满足客户基础服务需求,使更多的员工投入到更需要的地方。与此同时,积极组织全辖大堂人员参加自助渠道业务培训,全面提高网点人员使用自助设备的业务水平。

在打造虚实结合网点过程中,全辖每个网点均已配置至少一台自助发卡机,不断升级的自助设备功能已覆盖95%的业务,基本能够满足个人客户基础业务的办理,在简单业务的替代上产生了较好的效果。其核心价值在于替代柜面员工,从双手操作性劳动中解放出来充实营销力量,所以从投入产出比中,最大的收益部分应该是对员工人事费用的节省,以及人员投入营销岗位之后可能带来的收益提升。

(三)创新研发CAM设备,加快虚拟银行平台布局

"对移动端的使用率提高"体现了当前客户交易行为从线下向线上迁移的特征。相比较银行的线上交易体验,第三方支付的跨平台、生活化特征成为了银行与C端客户的隔膜。"对网点的依赖性降低",银行网点辐射的客户服务范围进一步缩小,个人客户的服务距离缩小到0.5公里。传统以"上规模"为目标的银行网点无法深入到客户周边,需要补充体量更小数量更多的线下网点类型。在这种情况下,虚拟银行就应运而生。

虚实银行的建设思路是"创新虚拟银行,深入生活场景,在迁移

中实现获客"。为了深入客户生活场景，并提供高频的客户接触和服务产品，该行自主创新研发了CAM（对公业务自助机）设备，创新设立了虚拟银行（综合型和对私型），通过2～3名员工配置，不超过100平方米的建设面积以及大量的体验服务设备（综合型配备CAM设备），可以深入到社区、厂区、园区等企业和个人客户密集区域，提供近场服务。同时，利用自助设备聚合客户的效果，培育客户使用该行线上产品，在电子渠道迁移的二次获客中抢占先机。

CAM设备是通过远程视频方式办理柜台对公业务的机电一体化设备。整个CAM设备系统包括三个模块：前端CAM硬件设备提供业务操作界面；后端座席提供体验很好的远程视频人机互动；管理系统提供业务和资料的存储、分发、派单、流程跟踪等各项自动功能。CAM设备改变了原有的对公客户服务模式，承担了将线下物理网点的客户体验向线上转移的重要职责，打破时间和空间的限制，将对公业务中效率与体验高度统一起来。

（四）打造综合金融服务平台，加快云端银行批量获客

为推动网络金融业务发展，通过互联网金融产品提升客户差异化服务水平，提高客户黏性，通过移动互联网平台向客户提供金融和泛金融服务，助力全行业务发展，该行紧跟"互联网+"发展趋势，于2015年10月份成立了数字金融领导小组，对全行互联网金融业务发展进行统筹管理和专业决策，着力创打造"云端银行"新渠道的战略构想并付诸实施。

经过一年多攻坚克难和反复测试，该行自主研发出以"易惠通"为品牌的手机综合应用平台，已开通生活服务、金融服务、金融精准扶贫、授信服务、消费购物五大主流类目，为客户提供开户、转账、投资理财、民生缴费、贷款、出国金融等服务，及信息通知、汽车消费分期、就医挂号、海淘购物、银行卡优惠精选等各类生活、健康、

购物类服务，满足客户各方面需求，提升客户活跃度和忠诚度，打造互联网金融品牌，形成该行差异化竞争优势，提高核心竞争力。

与此同时，该行分别与省旅发委、省工信委等政府机构共同合作，联合推出了"易惠通"项目旅游通、中小通模块和"中银政银通"APP，有效巩固了政银企合作关系，开拓了合作深度和广度，有力传播了该行网络金融品牌。其中，"旅游通"是该行与省旅发委共同推出的全省首个旅游金融在线服务平台，是互联网时代"旅游+金融"的革命性产品，开创了国内银旅创新合作模式的先河。"旅游通"有效整合了全省旅游景点、线路、交通、气象、购物和住宿等信息，为客户提供覆盖游前、游中、游后的一站式服务。下设"景点列表、订单查询、景区酒店、配套服务、长城旅游卡、地方特产、出行助手、特色餐饮"八大子模块，游客可根据自己的需求自由选择，智慧出行，同时还可尽享各类折扣优惠。

为推进金融精准扶贫，该行还自主研发了覆盖全省的"金融精准扶贫"模块，下设"个人扶贫贷""企业扶贫贷""旅游扶贫贷"和"扶贫商城"四个模块，不仅提供便捷的贷款渠道、优惠的贷款利率等融资服务，全省建档立卡的贫困户只要有一部智能手机，就可以在家里向该行申请5万~10万元的低息扶贫贷款"秒贷"服务；更提供帮助贫困户在线销售赣南脐橙、井冈蜜柚等土特产和农产品等融智服务，为贫困户提供了一条真正可以脱贫致富的奔小康之路。

三、创新管理取得的成效

该行在"四大渠道"方面的积极探索和创新管理极大地推动了业务发展。特别是该行基于互联网、大数据、云计算等先进技术，打造出的领先系统和同业的首个移动金融跨界产品——"易惠通"云端银行服务平台，从服务渠道、服务手段、服务质量、服务效率等方面，全面引领银行未来发展潮流。不仅极大压降了该行的网点综合成本，也实现了包括空白县域机构和农村地区的目标客户区域全覆盖，还实现了多领域客户拓展的目标客户领域全覆盖。在某物理网点空白乡镇试点推广过程中，该行以"易惠通"APP为主抓手，让农村地区客户"足不出户"便可享受优质高效的普惠金融服务，在短短几个月内，就拓展了近5000万元存款业务和其他联动业务，其营销成果令同业大为称奇。

同时，在拓宽服务渠道、批量营销拓客、增强客户黏性、降低交易成本、加快实现客户规模扩张方面，得益于"易惠通"APP的积极作用，2015年以来该行不仅存贷业务全面跑赢大市，资金成本也一度居于系统内最低水平。截至2017年3月底，该行自主研发的"易惠通"手机APP的下载量超60万人次，客户访问量超200万次，使用客户人数超过10万人，使用客户金融资产突破10亿元，对于拓展和服务客户、助推业务发展起到了较大的促进作用，逐步体现对全行业务贡献。

案例分析

1. 在互联网发展、全球化加剧的伟大变革中，银行业的根本出路在于改革创新。该行不断强化"互联网+金融"跨界融合、线上线下协同发展，不断探索新的商业模式和服务模式，通过"四大渠道"的有效整合，有效拓展了服务渠道，提高了服务效率，提升了服务体验，赢得了发展先机。

2. 创新的出发点和落脚点是有效满足客户需求。该行创新推出的"易惠通"App是以客户需求为导向打造的全新网络金融产品，通过云端服务千家万户，客户只需一部智能手机，就可以通过在"易惠通"APP实现从开户到办信用卡、从缴费订票到网购海淘、从理财到签证办理、从个人贷款到中小企业贷款申请等全方位智慧金融服务，满足了客户的个性化与差异化需求，从而便于该行加快实现客户规模的扩张。

> 3.实现经济效益与社会效益的有机统一是企业创新管理的不懈追求。该行依托大数据分析手段,通过资源整合和跨界撮合,重磅推出"金融精准扶贫"等金融扶贫创新产品,有效彰显了担当社会责任的国有大行形象和社会影响力,以品牌提升促业务发展。该行通过与合作伙伴构建共赢生态圈,致力于搭建开放的技术与业务平台,从而实现金融和相关产业的深度融合、协同发展,实现经济效益和社会效益的有机统一。

第二节 创新管理产生的背景

创新是企业的生命,是企业获取竞争优势的最主要来源,先进的创新管理是企业永续发展的关键,也有人将创新比喻成带有氧气的新鲜血液。经济学家熊彼特认为创新理论包括以下五个方面:新市场、新产品、新技术、新原料、新组织。市场创新,包括开创的区域市场、全国市场、国内市场、国际市场等;组织创新,其实就是企业制度的创新;创新不但要适应环境,而且要创造环境。作为企业的领导,要根据市场和行业发展趋势,寻求新的市场发展空间、探索新的产品及技术、优化组合新的团队组织,要做创新管理的智者,这是至关重要的。创新管理产生的主要背景:

一、社会文化环境的变迁

人们的价值观念、兴趣、行为方式、社会群体,随着时间的延续,都在变化之中,这要求社会组织的行为必须随之作相应调整,以适应这些变化。如果墨守成规，固步自封，就会落伍，乃至被淘汰。

二、经济的发展变化

经济的发展最直接地影响着人们的生活方式、消费选择，呼唤着消费者对各种新产品、新服务、新时尚、新款式、新功能的追求。这极大地促使人们发挥创新的才智，发展生产力以满足多样化的需求。因此，也就需要不断进行创新，来推动生产力的发展。

三、科学技术的发展

一方面，科学技术的进步为人类开辟了更新更广阔的新天地。作为管理主体，企业有责任通过不断创新，来引导和加速科学技术进步的过程；另一方面，科技的进步对企业形成强有力的挑战，大部分产品的生命周期有明显缩短的趋势，技术与信息贸易的比重增大，劳动密集型产业面临更大的压力，流通方式向更加现代化的方向演进，对社会组织的领导结构和人员素质提出了更高的要求。

有三类因素将有利于组织的管理创新，它们是组织的结构、文化和人力资源实践。

（1）从组织结构因素看，有机式结构对创新有正面影响；拥有富足的资源能为创新提供重要保证；单位间密切的沟通有利于克服创新的潜在障碍。

（2）从文化因素看，充满创新精神的组织文化通常有如下特征：接受模棱两可，容忍不切实际，外部控制少，接受风险，容忍冲突，注重结果甚于手段，强调开放系统。

（3）在人力资源这一类因素中，有创造力的组织积极地对其员工开展培训和发展，以使其保持知识的更新；同时，企业还给员工提供高工作保障，以减少他们担心因犯错误而遭解雇的顾虑；组织也鼓励员工成为革新能手；一旦产生新思想，革新能手们会主动而热情地将思想予以深化，提供支持并克服阻力。

四、人类认识的飞跃

随着社会的进步、经济的发展和技术的突破，人类在思想认识方面也逐步实现飞跃，从而为创新管理提供了思维灵感和思想基础。以四维空间的发现为例：

1844年，格拉斯曼在四元数的启发下，发表了《线性扩张》，1862年又将其修订为《扩张论》，第一次涉及一般的N维集合的概念。四维空间指的是标准欧几里德空间，可以拓展到N维。四维空间是相对零维、一维、二维、三维而言的。通俗地说，零维是点，没有长度、宽度及高度。一维是由无数的点组成的一条线，只有长度，没有其中的宽度、高度。二维是由无数的线组成的面，有长度、宽度没有高度。三维是由无数的面组成的体，有长度、宽度、高度。简单而言，零维是点，一维是线，二维是面，三维是体，四维是超体。零维是静止的，一维是零维的运动，二维是一维的运动，三维是二维的运动，四维是三维的运动，四维空间包含无限个三维空间。

因为人的眼睛只能看到二维，二维生物看对方只有一条线。人的双眼看到的是两个二维投影，经过大脑处理形成一个整体的视觉。因此，N维就是两个以上的N-1维物体垂直所形成的空间。

因为人类只能理解三维，后面的维度要仔细理解难度较大。因此作为三维人类，我们只能感受四维物体在一个三维世界，也就是我们生存的这个三维世界上的投影。而四维世界包含着无数个三维世界。从这个意义出发，生命有无线拓展的空间。生和死都只是属于三维空间的梦幻泡影，在更高的生命维度，谁也不曾真的消失。

　　北京大学刘丰教授对四维空间作了深入研究。他认为，从一维到二维到三维空间，每提升一维就会提升无穷多倍的美感，当我们提升到四维，这个比现实美无穷多倍的地方，我们三维的所有时间空间，开始结束，生和死都已经被超越了。我们看到的实体包括人，全是能量波成像，而能量波没成像的能量集合是信息。而最简单的信息就是正弦波。但一般人只注重了能量波的振幅、振幅强度、频率和色彩，往往忽视了正弦波的维度，即它的自由度。更复杂的信息便是我们通常所说的"直觉"，即来自高维的信息。人类所有科学发明来自于灵感，这些灵感也是来自于高维的信息。每个人内在智慧是N维宇宙空间，只有N趋于无穷大才符合无极，才符合唯一。

　　从四维空间往下延伸，美国再生医学和先进细胞技术公司的科学主任RobertLanza博士对"人会不会真正死亡"这一主题也作了深入研究。RobertLanza博士在其著作《生物中心论》中，提出了一个爆炸性的结论：人死后生命不会结束，而会永远活下去，而且，会穿越进不同的宇宙。他在书中提出了三个观点：其一，是生命创造宇宙。有个人意识才有宇宙的存在，实质上的生命与生物是真实世界的中心，接着才有宇宙；意识使得世界变得有意义，时间与空间只是人类意识的工具。其二，意识不会死亡。从量子物理学角度出发，有足够证据证明人死后并未消失，死亡只是人类意识造成的幻象。人在心跳停止、血液停止流动时，还有其他超越肉体的"量子讯息"，或者是俗称的"灵魂"。其三，多重宇宙可以同时存在。在一个宇宙里你的身体死亡后，另一个宇宙会吸收你的意识然后继续存在，会到另一个类似的宇宙去继续活下去。而且，他的多重宇宙观已获得普朗克太空望远镜的数据支持。

　　四维空间及N维空间的发现是人类认识上的重大飞跃，将与其他新发现、新认识、新理论等汇合成强大引导力量,对人类在管理实践中的创新模式、创新方法带来深远影响。

第三节 创新理论及其发展

创新,词义解释为创新行为、发明行为或创造某种新事物的行为,因此有知识创新(即科学新发现)、技术创新(技术新发明)、产品创新(新产品的研发制造)等。

一、创新理论的提出

20世纪初,"创新理论"在美籍奥地利经济学家约瑟夫·阿洛伊斯·熊彼特1912年出版的《经济发展理论》一书中被首次提出来。熊彼特认为,"创新"就是把生产要素和生产条件的新组合引入生产体系,即"建立一种新的生产函数",其目的是获取潜在的利润。所谓生产函数,是在一定时间内,在技术条件不变的情况下,生产要素的投入同产出或劳动的最大产出之间的数量关系,它表示产出是投入的函数。每一生产函数都假定一个已知的技术水平,如果技术水平不同,生产函数也不同。又比如,生产一种产品,原来实行手工劳动,需要劳动力较多,生产工具比较简单,现代科技和经营管理方法落后,即为一种生产函数。现在改用机器操作,劳动力较少,现代技术和经营管理方法得到广泛应用,这即是生产函数发生了改变,或是生产要素和生产条件实现了"新组合",其结果是后者可以比前者获得更多的利润。

那么是谁来进行"创新"的呢?熊彼特认为,创新的承担者,即创新的主体只能是企业家。熊彼特把"创新"活动的倡导者与实施者称为企业家。熊彼特认为,静态的经济主体是经纪人,而动态的经济主体则是企业家或创新者。但发明者不一定是创新者,只有那种敢于冒风险,把新的发明引入经济之中的企业家,才是"创新者"。企业家与普通的企业经营者也不同,前者为资本主义灵魂的企业家,其职能就是实现"创新",引入"新组合"。经济发展,是指整个社会不断地进行这种"新组合"。

这种"创新"或生产要素的新组合包括五种情况:一是采用一种新的生产产品,也就是制造一种消费者还不熟悉的产品,或一种与过去产品有本质区别的新产品;二是采用一种新的生产方法,也就是采用一种产业部门从未使用过的方法进行生产和经营;三是开辟一个新的市场,也就是开辟有关国家或某一特定产业部门以前尚未进入的市场,不管这个市场以前是否存在;四是获得一种原料或半成品的新的供应来源,即开发新的资源,不管这种资源是已经存在,还是首次创造出来;五是实行一种新的企业组织形式,比如形成新的产业组织形态,建立或打破某种垄断。

从熊彼特的创新概念中我们已经看到了管理创新的部分内涵。熊彼特的创新概念首先指采用一种新的产品,而不是指开发一个新的产品,这是非常重要的,因为开发一个新产品属于技术创新,而采用一种新产品属于含有向消费者推销一种他们尚不熟悉产品的方式方法的运用过程。而他所指出的采用一种新的生产方法,完全可以理解为采用一种对组织内资源进行有效配置的新方式、新方法。开辟新市场,控制原材料或半成品的一种新的供应来源,实现任何一种工业的新的组织,可看做管理顺应环境变化以实现组织目标必须要考虑的问题和必须从事的活动。因此,熊彼特所指创新概念的五个方面,虽然他本意是要说明它们在经济发展中的功效,但实质上是含有了创造全新的资源配置方式方法不断产生,导致资源配置效率提高,从而逼近帕累托最优的过程。同样从这个意义上看,熊彼特的经济发展理论,其实是论述新的资源配置方式对经济发展的推动。然而,管理就是资源有效配置的活动,这样,熊彼特应当是设计管理创新概念的著名经济学家。

二、创新理论的发展

到了20世纪50年代以后,以美国学者科斯教授为代表的新制度经济学派把"创新理论"发展成为当代西方经济学的另外两个分支:以技术变革和技术推广为对象的技术创新经济学,以制度变革和制度形成为对象的制度经济学。

科斯于1937年发表了一篇被认为是新制度经济学奠基之作的论文《论企业的性质》。在这篇论文中,科斯教授回答了他自己一直迷惑不解的问题:企业的起源或纵向一体化的原因。事实上,如果传统经济学的交易费用为零的假设成立,那么经济个体之间可以通过市场交易实现生产合作,企业似乎就没有必要产生和存在。现实中企业存在,而且具有一定的规模,这是由什么因素决定的?特别在相继生产阶段或相继产业之间为什么既存在长期合同关系,又存在纵向一体化现象?为了解决这些问题,科斯教授提出了"交易费用"的概念。科斯认为市场交易是有成本的,这一成本就叫做交易费用,企业的生产和存在是为了节约市场交易费用,即用费用较低的企业内交易替代费用较高的市场交易。企业规模大小则取决于企业内交易的边际费用的那一点上;而相继生产阶段或相继产业之间是订立长期合同,还是实行纵向一体化,则取决于两种形式的交易费用孰高孰低。科斯用"交易费用"的概念解释了企业作为市场机制的一种替代的必然。企业是什么?企业是一种经济功利性很强的组织,因此,科斯实际上是在解释企业这种组织产生的客观原因,这样科斯的"交易费用"概念不但为我们提供了观察企业产生的客观原因，而且也为我们提供了观察企业产生发展及创新的新视角，而这恰恰是传统经济学与传统管理学所不具备的视野。

科斯的追随者威廉姆森进一步发展了科斯的思想和观点，对企业组织、公司发展进行了颇有建树的研究。他这样写道："我认为要将现代公司主要理解成许许多多具有节约交易费用目的和效应的组织创新的结果"。即企业或公司的形成和发展，是追求节约交易费用目的和效应的组织创新的结果。在威廉姆森的理论里，组织创新可以节约交易费用，而组织创新的原动力又在于追求交易费用的节约。因此，他认为组织创新的方向和原则有三条。

（1）资产专用性原则。在组织构造中资产专用性程度要高，因为资产专用性程度越高，组织取代市场所节约的交易费用越大。

（2）外部性内在化原则。所谓外部性机会主义行为，也称"搭便车"。外部性越强，交易费用越高，因此组织创新的方向与原则之一应将外部性尽量内部化，从而使外部性降低，节约交易费用，防范机会主义行为。

（3）等级分解原则。即在组织创新的过程中，组织结构及相应的决策权力和责任应进行分解，并落实到每个便于操作的组织的各个基层单位，从而有助于防止"道德风险"，进一步节约交易费用和组织运作成本。

组织创新是管理创新的一部分，因为组织从形式上来看是一群人按照一定的规则为了实现一定目的组成的一个团体或一个实体，当欲达成的目的方式变化，或既定目标未能达成时，组织就需要变动或革新。由于管理本身是有效配置资源以实现组织既定目标，管理又是组织内的管理，也可以管理组织本身，那么组织形式的变革与创新，自然是管理创新的一部分。另外，如果从动态角度来理解组织的话，组织将组织内拥有的各种资源按照科学规则和目标压强进行有序的结合或排序，显然这样的活动是管理活动的一类,是有效配置资源必需的活动,如果组织创新从这种角度来理解的话,那么此时的组织创新则是资源结合和有效安置方式的一种创造和发展,当然也属于管理创新的概念。根据上述两个方面的理解,我们可以看到新制度经济学派的经典作家们虽然未能直接讨论管理创新问题,然而他们回答企业组织的产生与发展原因时所提出的组织创新概念本身已经涉及了管理创新这一命题。

美国管理学家钱德勒在其名著《看得见的手——美国企业的管理革命》一书中,实际上已经证明了企业组织的创新与发展实为管理革命、管理创新的一部分。他指出:"因为新的大量生产,工业成了资本密集型的工业,它引起了固定成本的增加和充分利用其机器、工厂和管理人员的迫切需要……这些大公司的活动已经不仅限于协调生产过程中材料的流动,它们所管理的是从原料供应者开始,经由所有的生产和分配过程,一直达到零售商或最终消费者的整个过程"。"现代工业企业——今天大型公司的原型——是把大量生产过程和分配过程结合于一个单一的公司之内形成的。美国工业界最早的一批'大公司',就是那些大行销商所创造的分配最终形式同被发展起来以管理新的大量生产过程的工厂组织形式联合起来的公司——这些活动和它们之间的交易的内部化降低了交易成本和信息成本"。大公司出现之后,管理的复杂化程度提高,从而导致了经理层级的职业化和科层式管理方式的形成,这就是人类历史上最伟大的一次管理创新。

三、学习型组织

美国学者彼得·圣吉(Peter M. senge)于1990年完成其代表作《第五项修炼——学习型组织的艺术与实务》。他指出现代企业所欠缺的就是系统思考的能力。它是一种整体动态的搭配能力,因为缺乏它而使得许多组织无法有效学习。之所以会如此，正是因为现代组织分工、负责的方式将组织切割，而使人们的行动与其时空上相距较远。当不需要为自己的行为结果负责时，人们就不会去修正其行为，也就是无法有效地学习。

《第五项修炼》提供了一套使传统企业转变成学习型企业的方法，使企业通过学习提升整体运作"群体智力"和持续的创新能力，成为不断创造未来的组织，从而避免了企业"夭折"和"短寿"。该书一出版即在西方产生极大反响，彼得·圣吉也被誉为20世纪90年代的管理大师，未来最成功的企业将是学习型企业。学习型组织的提出和一套完整的修炼的确立，实际上宣告整个管理学的范式在彼得·圣吉这里发生了转变。正是在这个意义上，不少学者认为，《第五项修炼》以及随后的《第五项修炼·实践篇》《变革之舞》的问世，标志着学习型组织理论框架的基本形成。

1. 五项要素

（1）建立共同愿景：愿景可以凝聚公司上下的意志力，达成组织共识，大家努力的方向一致，个人也乐于奉献，为组织目标奋斗。

（2）团队学习：团队智慧应大于个人智慧的平均值，以做出正确的组织决策，透过集体思考和分析，找出个人弱点，强化团队向心力。团体真正在学习的时候，不仅团体整体产生出色的成果，个别成员成长的速度也比其他的学习方式快。

（3）改变心智模式：组织的障碍，多来自于个人的旧思维，例如固执己见、本位主义，唯有通过团队学习，以及标杆学习，才能改变心智模式，有所创新。

（4）自我超越：个人有意愿投入工作，专精工作技巧的专业，个人与愿景之间有种"创造性的张力"，正是自我超越的来源。

（5）系统思考：应通过资讯搜集，掌握事件的全貌，以避免见树不见林，培养综观全局的思考能力，看清楚问题的本质，有助于清楚了解因果关系。

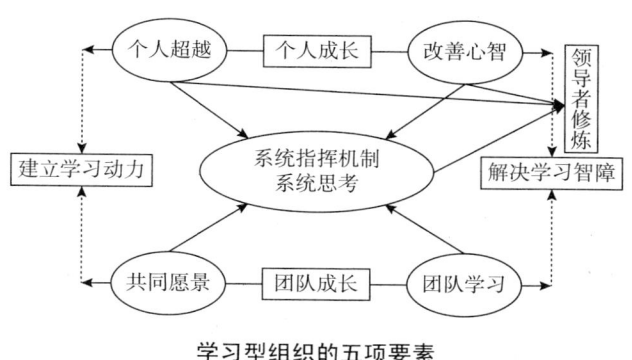

学习型组织的五项要素

学习型组织的五项要素中，改善心智模式和个人自我超越是促进个人成长，团队学习和建立共同愿景是促进团队成长，个人自我超越和建立共同愿景又将激发个人建立学习动力，改善心智模式和团队学习帮助员工解决学习智障，系统思考则是促进系统指挥机制的系统思维形成。

需要特别指出的是，系统思考是最高的智慧。《修炼的轨迹》中指出："最根本的问题是'碎片化'，这是一种分裂的思维方式，在有紧密联系的地方划出界线，把本是一个整体关系看成分离的、无关联的部分。""我们世界观中把人与人分离，人与自然分离，是世界上政治、经济和环境问题的根本的、隐形的核心原因。"《第五项修炼·心灵篇》中指出："我们同属一个无法回避的、相互依存系统中：生态系统相互依存；信息、观念、人力、资本、市场相互依存；和平与战争相互依存。我们被织在同一张网中。我们都是一个系统公民。"

因此，系统公民首先要看清与我们相互影响系统，它包括：一是看清系统中相互依存的关系模式。二是创造可持续发展的未来。其中，看清系统中关联性，包括：外在世界与内在世界的关系联结；人与人的关系联结；人类与自然界的关系连接。关系联结的科学观可以让整体性转变发生，回到自然界的状态。

同时，在学习型组织中，领袖的成长决定组织的成长，因而领导者自身加强修炼成为促进学习型组织成长进步的重要一环。学习是心灵的正向转换，企业如果能够顺利导入学习型组织，不只能够达致更高的组织绩效，更能够带动组织增强生命力。

2. 学习型组织的内涵

学习型组织的内涵包括多个方面：

（1）学习型组织基础——团结、协调及和谐。

组织学习普遍存在"学习智障"，学习智障对于个人来说是一个悲剧，但对于组织而言，它就是致命的。个体自我保护心理必然造成团体成员间相互猜忌，这种所谓的"办公室政治"导致高智商个体，组织群体反而效率低下。从这个意义上说，班子的团结，组织上下协调以及群体环境的民主、和谐是建构学习型组织的基础。

（2）学习型组织核心——在组织内部建立完善的"自学习机制"。

组织成员在工作中学习，在学习中工作，学习成为工作新的形式。

（3）学习型组织精神——学习、思考和创新。

此处学习是团体学习、全员学习，思考是系统、非线性的思考，创新是观念、制度、方法及管理等多方面的更新。

（4）学习型组织的关键特征——系统思考。

只有站在系统的角度认识系统，认识系统的环境，才能避免陷入系统动力的旋涡里去。

（5）组织学习的基础——团队学习。

团队是现代组织中学习的基本单位。许多组织不乏对组织现状、前景的热烈辩论，但团队学习依靠的是深度汇谈，而不是辩论。深度汇谈是一个团队的所有成员，摊出心中的假设，而进入真正一起思考的能力。深度汇谈的目的是一起思考，得出比个人思考更正确、更好的结论；而辩论是每个人都试图用自己的观点说服别人同意的过程。

然而，笔者认为学习型组织最深刻的内涵就是：突破极限、自我超越。实现突破极限、自我超越的途径就是不断地创新。因此，学习型组织的根本出发点和落脚点就是通过创新，达到突破原有极限、实现自我超越，这是学习型组织的根本目的。

3. 学习型组织与知识管理

拥有学习力的人，才拥有这个时代终极竞争力。学习型组织其实也是知识管理的一种方式。知识管理的核心是通过管理知识提升我们的认知深度，进而改变我们的行为模式。

从国内来看，纵观中国过去三十年的社会发展，从认知优势的构建角度看，可以分为三个阶段。

（1）第一阶段：知识数量构建认知优势。

这个阶段大概是从20世界90年代到2000年左右。这一阶段的特点是：市场从计划经济转向市场经济。

在这个过程中，知识在商业竞争中的优势越来越凸显。代表性事件是各种咨询公司和广告公司等知识密集型产业的蓬勃发展。

（2）第二阶段：知识获取速度构建认知优势。

这一阶段，国内互联网日新月异的发展打破了知识获取范围的边界，过去在少数圈子里传播的专业知识现在可以非常方便地被我们获取。

因此，知识数量构建的优势被化解；相反，以更快的速度获得最新的知识成为新的竞争优势来源。

（3）第三阶段：知识深度构建认知优势。

随着移动互联网的发展以及像TED、译言网、智能网页翻译技术的发展，国内外新的思想理念引入国内的速度大大提升；同时众多行业的媒体在激烈的竞争中基本把报道国际最新发展动态作为基础内容，使得优先获得国外信息这一方法带来的先发优势越来越弱化。

在这种情况下，很多产品和创业方向可能越来越同质化，对热点和风口的追逐越来越密集。于是，在知识梳理和获取速度相似的情况下，我们的产品和策略能否在竞争中脱颖而出，可能越来越取决于知识的深度。

而要提升我们的认知深度，则需要从多方面发力。比如：跳出专业限制，学习与解决某一类问题相关的所有核心能力；跳出低水平勤奋陷阱，把新知识与已有的知识联系起来进行记忆；打破习惯性防卫，勇于接受新思想新观点新事物；注重勤于反思，提升知识掌握的层次。通过多种举措，我们就能不断升级自身的元认知能力，提升自身的认知效率，进而表现出不断进步的认知深度。

第四节　创新管理的主要内容

随着技术的发展、管理理论的不断完善，创新管理的内容也将不断地丰富和完善，总体来讲，创新管理的内容主要包括观念、技术、机制和人力资本等四个方面的创新。

一、观念创新

（一）观念创新的涵义

创新是一个主导多维整合的系统，它包括观念创新、技术创新、机制创新、人力资本创新等多个部分。观念创新是创新的前提和先导，没有创新的观念就没有创新的活动。而所谓观念创新就是观念开发，思想革命，即利用一切可用的知识和智慧，将其应用到管理中并创造价值。

观念创新要求企业与时俱进、开拓进取，突破原有的思维定势，用新思维、新观念、新方法去运作企业，创造新价值，满足新需求。因此，开展创新活动首先在于观念创新，或者是在观念创新的指导下才得以进行。

（二）观念创新的意义

1. 观念创新是企业的生命

在现代社会中企业不可以墨守成规。海尔总裁张瑞敏在他的《海尔是海》一书中说，"海尔发展的每一步都伴随着创新突破和对自我的不断超越，创新已成为海尔文化的灵魂"。对于企业来说，没有"不可思议"，没有"不可能"。只要你在观念、管理、制度和技术等方面不断进行创新，常人讲的"不可思议"和"不可能"都可以变成现实，变成企业的利润。爱迪生发明电灯，盖茨搞微软，都是从突破"不可思议"和"不可能"开始的。在激烈的国际竞争中，未来的企业也必须从千千万万个"不可思议"中找到增长源泉。

2. 企业观念创新对其他创新活动具有根本的保证作用

企业观念创新对企业其他创新活动的根本保证作用主要体现在企业的组织制度上。很多学者把技术创新视为企业创新的最主要部分。国内关于企业创新的研究成果也主要反映在技术创新问题上。而实际上企业创新活动要求组织的管理者首先在观念和理论上超越，并辅以组织结构和体制上的创新，以确保整个组织采用新技术、新方法，使创新成为可能，最终通过决策、计划、指挥、组织、协调控制等管理职能活动，为社会提供新产品和服务。

3. 观念创新对企业文化具有决定性影响

企业文化对企业行为具有调节、规范、指导等作用，它是企业行为发生的内在条件，而行为特征是企业文化的重要组成部分。企业观念创新对企业行为的影响是全面深刻的。

4. 企业观念创新对企业创新行为具有导向作用

首先，观念创新能拓展对创新源的认识。创新源指谁是创新者或创新构思从何而来这一基本问题。其次，观念创新影响企业经营决策。决策是企业经营管理中的核心问题，而决策又总是在一定的思想观念指导下进行的。企业的任何决策都不同程度地反映了企业的经营管理观念。不同的观念产生不同的决策，观念的成熟程度决定了决策的成熟程度。

（三）观念创新引致企业创新的路径

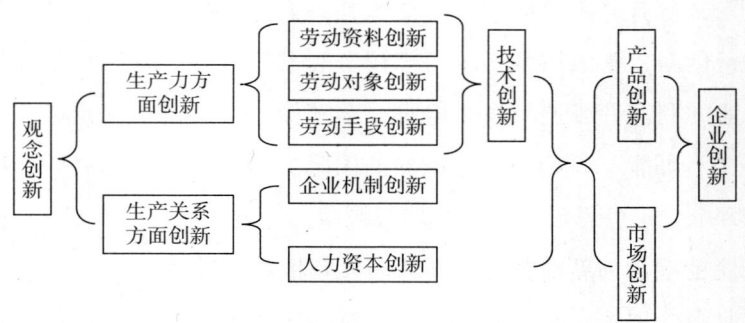

观念创新引致企业创新的路径

观念创新是企业创新的先导，正如图所示，观念创新是社会发展，即生产力方面创新和生产关系方面创新的先导，而生产力方面的创新主要包括劳动资料的创新、劳动对象的创新和劳动手段的创新，而这一切都是技术创新的具体体现。生产关系方面的创新主要包括机制创新以及人与人之间所形成的人力资本的创新，正是由于观念创新所引起的技术创新、机制创新和人力资本创新共同作用才形成了产品创新、市场创新，最终形成了企业的全面创新。

二、技术创新

（一）技术创新的涵义

技术创新是一个从产生新产品或新工艺的设想到市场应用的完整过程，它包括新设想的产生、研究、开发、商业化生产到扩散这样一系列活动，本质上是一个科技、经济一体化过程，是技术进步与应用创新共同作用催生的产物，它包括技术开发和技术应用这两大环节。

技术创新既可以由企业单独完成，也可以由高校、科研院所和企业协同完成，但是，技术创新过程的完成，是以产品的市场成功为标志。具体从某个企业看，企业采取何种方式进行技术创新，要视技术创新的外部环境、企业自身的实力等有关因素而定。从大企业来看，技术创新的要求具体表现为，企业要建立自己的技术开发中心，提高技术开发的能力和层次，营造技术开发成果有效利用的机制；从中小企业看，主要是深化企业内部改革，建立承接技术开发成果并有效利用的机制。

对技术创新的认识，或只强调技术，或只强调经济，都是不全面的。只有二者结合，才有可能是理性的、现实的。这里说"可能"二字，是因为技术创新并不是技术开发和技术利用简单的相加，不是1+1=2，而是技术开发和技术利用相加后的整体，是1+1>2的加法。整体大于部分之和。换句话说，技术开发和技术利用是要组成一个有机的整体，在这个整体中，不仅需要从技术的角度、技术发展的规律，考虑技术开发的可能性，还要以市场为导向，考虑技术开发的有效性。市场引导着技术开发的方向，技术本身的发展规律决定这种引导实现的状况和程度。循着这一认识路径，我们看到，技术开发、开发成果的转移、技术开发成果的利用，才构成一个完整的技术创新过程。

信息技术的发展推动了知识社会的形成，科技界日益认识到技术创新不仅是一个科技、经济一体化过程，是技术进步与应用创新"双螺旋结构"共同作用催生的产物。从复杂性科学的视角，技术创新活动绝非简单的线性递进关系，也不是一个简单的创新链条，而是一个复杂、全面的系统工程。在多主体参与、多要素互动的过程中，作为推动力的技术进步与作为拉动力的应用创新之间的互动推动了科技创新。技术进步和应用创新两个方向可以被看作既分立又统一、共同演进的一对"双螺旋结构"，或者说是并行齐驱的双轮——技术进步为应用创新创造了新的技术，而应用创新往往很快就会触到技术的极限，进而鞭策技术的进一步演进。只有当技术和应用的激烈碰撞达到一定的融合程度时，才会诞生出引人入胜的模式创新和行业发展的新热点。技术创新正是这个技术进步与应用创新"双螺旋结构"共同演进催生的产物。

（二）技术创新的意义

1. 技术创新是企业保持核心竞争力的关键

1990年普拉哈拉德和哈默尔在《哈佛商业评论》上发表"企业核心竞争力"一文，在企业界和管理学界引起很大反响。该文将核心竞争力定义为"企业开发独特产品、发展独特技术和发明独特营销手段的能力"，核心竞争力是一个动态的概念，在不同的时间点上，其内涵和要求是不同的。企业的生命有长有短，但为什么有的企业只是昙花一现，有的却经久不衰？这说明两个问题：一是企业的持续发展是可能的；二是那些能长期站住脚的企业都有一个共同点，那就是它们不仅有自己的核心产品，而且能保证其核心产品不断更新换代。核心竞争力有以下一些特征：（1）独特性。它必须是独树一帜的能力，是竞争对手或潜在的竞争对手难以模仿、转移的专长，从而为本行业设置了较高的进入壁垒，保持了本企业或本行业的长期竞争优势。（2）价值性。核心竞争力必须能为用户提供重要的价值，用户是决定何者是、何者不是核心竞争力的最终裁判，只有朝消费者指明的方向前进，才有可能获得核心竞争优势。（3）外延性。核心能力为企业通向各个市场提供潜在通道，对最终产品所体现的消费者利益有显著的贡献，它就像一个"发动机"，源源不断地把创新的富有竞争力的产品推向市场。因此管理者要看到核心竞争力对推动企业发展所起的巨大作用，要把核心能力看作企业的战略资源，是企业蓬勃发展、长盛不衰的基础。

企业的长期成功必须依赖核心竞争力，而培养和提升企业的核心竞争力，最重要的就是依靠技术创新，确立以技术创新为核心内容的企业发展战略。实践证明，技术创新使现代企业经营出现了全新的概念，雄厚的资本、悠久的历史、众多的员工不再成为企业成功的必然要素，而成功的关键是要确立以技术创新为中心内容的企业竞争战略，技术创新对经济发展的作用是超常规的、无法估量的。美国人由于实施了领先技术创新战略，虽然在个别的生产领域落后于以精尖产品闻名于世的日本，但20世纪90年代以后，日本经济呈现出后劲不足的局面，竞争力全面落后于美国，不能说与日本采取的模仿或跟随的技术创新战略没有关系。又如像Imel，Microsoft这样的以技术创新为特色的企业，由于它们的CPU技术和视窗技术始终处于同行业的领先地位，并且不断地创新，这些极富竞争力的技术使得它们在本行业能够始终保持极强的竞争力，对世界信息技术乃至生产方式都起着举足轻重的作用。

2. 技术创新与企业可持续成长

企业的可持续性是指企业生命在时间上的不断延续，成长性是指企业不断发展壮大。企业的可持续性成长是其追求生存与成长的统一，即随着时间的推移，企业在实现生存的同时不断突破自身成长上限，实现规模的扩大和生存质量水平的提高。

企业可持续成长受技术创新能力、市场竞争力、资源管理能力与环境适应力四个方面的影响，其中技术创新对企业成长的可持续性影响最大，这是由于企业在成长过程中依赖技术创新不断突破企业成长的上限。看一个企业是否在不断成长，不仅要看其在数量指标（如资本存量、生产能力、投入产出规模等）有没有取得进步，还要看其在成长的质量方面（如产品及其制造的技术水平、管理水平、效益等）有没有获得提高，结构是否升级（如产品的品种结构，销售、服务等价值链环节的结构，技术结构，效益结构等）。无论是"量"的增长还是"质"的提高，持续的技术创新是实现"量"或"质"增长的原动力。

"量"的成长主要应通过扩大市场需求和提高生产率来实现，其手段就是创造新产品、提高技术水平和提高管理效率，而这正是技术创新的结果。企业"质"的提高，是指经营资源性质的变化、结构的重构、变革与创新等，表现为企业管理协调能力、研发能力、信息沟通能力、商誉信誉和企业文化等无形资产的提高，以及企业生产工艺、产品技术的创新和企业的组织创新与变革。其中研发能力、生产工艺及产品技术的创新正是技术创新的主要内容。一方面，企业通过技术创新提高企业的生产水平，更新生产流程，变革生产方式，从而降低企业的生产成本，提高了产品质量和劳动生产率，进而增强企业的获利能力，以及企业讨价还价能力，使得企业的市场竞争力得到提高；另一方面，企业通过技术创新不断突破原有技术的上限生产出新产品，完成产品的更新换代，不断完善产品的功能，满足日益变化的消费需求，从而提高了企业产品的认知度，增加企业的无形资产，使得企业的市场适应力得到增强。因此，技术创新是企业实现"质"的飞跃的主要方式和途径，是企业可持续成长的主要内容。

（三）技术创新对创新管理的技术保障

创新管理对现代科学技术的依赖尤为明显。现代科技尤其是物联网、云计算、大数据、区块链、人工智能、量子技术等技术的发展，为创新管理提供了技术保障。

1. 物联网

（1）定义。物联网是在计算机互联网的基础上，通过射频识别、红外感应器、全球定位系统、激光扫描器等信息传感设备，按约定的协议，把任何物品与互联网相连接，进行信息交换和通信，实现对物品的智能化识别、定位、跟踪、监控和管理。物联网技术的核心和基础仍是互联网技术，它是将现实的世间万物与虚拟的互联网整合为统一的物联网，通过无线网络传送交流信息，实施实时管理控制，以精细动态方式管理社会经济、生产乃至个人生活，提高资源利用率和生产生活水平。

（2）特点。和传统的互联网相比，物联网有其鲜明的特征。一是它是各种感知技术的广泛应用。物联网上部署了海量的多种类型传感器，每个传感器都是一个信息源，不同类别的传感器所捕获的信息内容和信息格式不同。传感器获得的数据具有实时性，按一定的频率周期性采集环境信息，不断更新数据。二是它是一种建立在互联网上的泛在网络。物联网技术的重要基础和核心仍旧是互联网，通过各种有线和无线网络与互联网融合，将物体的信息实时准确地传递出去。在物联网上的传感器定时采集的信息需要通过网络传输，由于其数量极其庞大，形成了海量信息，在传输过程中，为了保障数据的正确性和及时性，必须适应各种异构网络和协议。三是物联网不仅仅提供了传感器的连接，其本身也具有智能处理的能力，能够对物体实施智能控制。物联网将传感器和智能处理相结合，利用云计算、模式识别等各种智能技术，扩充其应用领域。从传感器获得的海量信息中分析、加工和处理出有意义的数据，以适应不同用户的不同需求，发现新的应用领域和应用模式。

（3）应用。"物联网"的问世，打破了之前的传统思维。在"物联网"时代，道路、房屋、电缆、管道、车辆等各类物品，甚至是动物，将与芯片、宽带等连接起来，这个巨大的网络不仅可以实现人与物的通信和感知，而且还可以实现物与物之间的感知、通信和相互控制。物联网用途将遍及智能交通、环境保护、智能消防、工业监测、环境监测、水系监测、食品溯源、敌情侦查和情报搜集等多个领域。北京市交通部门表示，物联网技术将在特大城市综合交通运行监测与协调指挥系统、智能停车管理信息系统、交通移动宽带智能网示范应用、交通拥堵收费管理系统前期研究、全市交通运行仿真平台和地面公交智能调度与安全防范管理系统等方面开展应用。西方国家将物联网的应用比作是将促使机器觉醒，机器的觉醒将帮助和解放人们，让我们做更多事情、生产更多产品，并最终变得更加健康和富裕。

2. 云计算

（1）定义。云计算是将大量用网络连接的计算资源进行统一管理和调度，构成一个计算资源池向用户提供按需服务。云计算的"云"即是存在于互联网上的服务器集群上的资源，包括硬件资源和软件资源。云计算提供了最可靠、最安全的数据资源中心，用户只需要一台笔记本或者一个手机等终端设备，只需通过浏览器向"云"发送需求指令，就可以使用云服务提供商提供的各种硬件资源和应用软件，通过这种网络服务来实现我们需要的一切，甚至包括超级计算这样的任务。云计算的最终目标就是将计算机资源作为一种公共设施提供给用户。

（2）特点。一是超大规模。Google云计算已经拥有100多万台服务器，IBM、微软等的"云"均拥有几十万台服务器，"云"能赋予用户前所未有的计算能力。二是虚拟化。云计算支持用户在任意位置、使用各种终端获取应用服务，所请求的资源来自"云"，而不是固定的有形的实体，用户只需要一个终端就可以通过网络实现我们需要的一切。三是按需服务。"云"是一个庞大的资源池，可以像自来水、电、煤气那样按需使用。四是成本低廉。"云"的自动化集中式管理使大量企业无需负担日益高昂的数据中心管理成本，经常只需要花费几百美元、几天时间，就可完成以前需要数万美元、数月时间才能完成的任务，大大降低了投资的成本。

（3）应用。云计算神奇的原因在于，能帮助企业解决三个关键性问题——安全性、效率性和经济性，作为企业可以把企业计算任务连接到由共享数据、应用程序和IT资源组成的外部"云"上，实现最大程度的信息共享和资源节约。2010年9月，美国总统奥巴马宣布将执行一项影响深远的长期性云计算政策，希望借助应用虚拟化来压缩美国政府高居不下的经济支出，计划到2012年美国云计算总开支将到400亿美元，是2008年的3倍。同年5月，美国军方、国防信息系统局、总务管理局、宇航局、国家标准和技术研究所以及国防部、能源部和内政部的人士在华盛顿就云计算技术应用进行研讨。此外，GOOgle、IBM、英特尔、AMD、微软等IT巨头纷纷进入云计算及虚拟化领域，以软件创新推动硬件变革，最大限度地提高资产使用率，节约运营成本，可以预见，随着云计算技术的发展和应用，漫步"云"端的CEO将会越来越多。

3. 大数据

（1）定义。大数据是随着智能手机、移动互联网、物联网等新一代信息技术的快速普及和应用应运而生的。大数据（Big Data）又称巨量资料，是指将多种多样的历史数据经过挖掘分析和技术处理实现应用的信息资产。世界正在进入大数据时代，大数据将加速信息技术产品的创新融合发展，面向大数据的新产品、新技术、新服务、新业态不断涌现，由此带来层出不穷的新的商业模式和巨大的经济社会价值。

（2）特点。大数据具有五大特性：一是历史性。大数据表示的是过去，是历史数据的积累。二是全面性。大数据存在于各个方面。三是全球性。大数据存在于所有国家和所有地区。四是立体性。大数据是多维度的，包括二维数据、三维数据、四维数据，以及在宇宙太空中的立体多维数据。五是关联性。大数据中隐藏着社会和行业发展的规律，通过大数据分析能够有效地推动实践。

（3）来源。当今的大数据主要来自三个方面：一是机器产生数据。目前越来越多的机器配备了连续监测周围环境情况的传感器，传感器可以感知和传输不断产生的数据，如视频监控数据、PM2.5数据、人流数据等。移动设备的传感器采集的大量用户情况数据，也是重要的数据来源。二是行为产生数据。大量的网络参与和交互创造出了海量的社交行为数据，包括电子商务、通讯通信、银行交易、社交网络中的数据，这些数据包含着关于互联网使用者行为的有趣信息，揭示出人们的行为特点和生活习惯，可以提供对他们潜在需求和愿望的有用认知。尤其是电商的崛起，导致了支付数据、查询行为、物流运输、购买喜好、点击顺序、评价行为等大量交易数据的产生。三是集中共享数据。云计算是数据量变大最重要的推手，各类数据被搬到云上之后，更容易被分享、开放和使用。

（4）获取。数据获取主要包括三种途径：一是智能采集，直接获取数据。如针对电商数据、社交数据、电信运营商管道数据等企业和社会数据进行专业采集、获取。二是依托数据基地和中心，加工得到数据。主要依托大数据基地和中心，以数据存储和数据加工为基础，通过数据清洗、挖掘、脱敏、分析、建模等加工获得数据。三是推进大数据交易和备份，间接获取数据。通过对源数据、数据产品、数据模型的大数据交易，并引入数据库备份间接获得数据。大数据交易不仅是一项数据来源，更对应着大数据的即时交换及相应服务。

（5）存放。数据存放的核心在于安全、有效的存储。目前，数据存放场所主要由数据存储载体和数据流通管道组成，前者是静态的存储平台，后者是动态的流动网络，两者共同构成数据存储和流动的生态网络。数据存储载体包括大数据中心、云平台、智能终端。数据流通管道包括电信网、固定互联网、移动互联网、广播电视网等信息基础设施。

（6）应用。大数据是大变革、大机遇、大红利。大数据引领的新一代信息产业，是由海量数据存储、运算和处理等关键技术支撑的产业形态。从广义来讲，大数据产业链贯穿了数据整个生命周期，包括生产、采集、存储、管理、挖掘分析和应用；从狭义来看，大数据产业链主要涵盖数据的管理分析、呈现和应用。当前，"中国数谷"贵阳·贵安的崛起，使得贵州省走出了一条中西部地区利用大数据产业带动信息产业发展之路。综合来看，大数据的应用可以分为三大类：一是政用：数据优政。大数据是国家治理的重要信息基础。对于政府而言，政府既是数据的掌控者、开放者，也是重要的应用者。"用数据说话、用数据管理、用数据决策、用数据创新"是大数据时代提升政府治理能力的重要课题。二是民用：数据惠民。让大数据惠及民生，让老百姓分享"大数据红利"，变成社会管理和社会服务的新手段，成为社会管理的大势所趋。通过建设大数据公共服务平台，可以在医疗健康、社会保障、旅游、交通、食品安全等方面，为社会和公众提供更为灵活的服务方式，更加丰富的服务内容，更加高效的服务效率，促进行政管理、社会事务、便民服务一体化。三是商用：数据兴业。好的数据是企业业务部门的生命线和所有管理决策的基础，大数据已成为现代企业的核心资产。20世纪90年代以来，IBM、Google、苹果、亚马逊等企业在捕捉和分析海量数据中创造出了层出不穷的新的商业模式，在激烈的市场竞争中脱颖而出。正如麦肯锡研究报告所言："数据已经渗透到每一个行业的每一个业务职能领域，逐渐成为重要的生产要素，人民对海量数据的运用将预示着新一轮生产率增长和消费者盈余浪潮的到来。"

4. 区块链

（1）定义。区块链是比特币的一个重要概念，本质上是一个中心化的数据库，同时作为比特币的底层技术和基础架构。区块链是一串使用密码学方法相关联产生的数据块，每一个数据块中包含了一次比特币网络交易的信息，用于验证其信息的有效性（防伪）和生成下一个区块。狭义来讲，区块链是一种按照时间顺序将数据区块以顺序相连的方式组合成的一种链式数据结构，并以密码学方式保证的不可篡改和不可伪造的分布式账本。广义来讲，区块链技术是利用块链式数据结构来验证与存储数据，利用分布式节点共识算法来生成和更新数据，利用密码学的方式保证数据传输和访问的安全，利用自动化脚本代码组成的智能合约来编程和操作数据的一种全新的分布式基础架构与计算范式。

（2）特点。区块链具有五大特性。一是去中心化。系统中的数据块由整个系统中具有维护功能的节点来共同维护，不存在中心化的硬件或管理机构，任意节点的权利和义务都是均等的。二是开放性。整个系统信息高度透明，除了交易各方的私有信息被加密外，区块链的数据对所有人公开，任何人都可以通过公开的接口查询区块链数据和开发相关应用。三是自治性。区块链采用基于协商一致的规范和协议，使得整个系统中的所有节点能够在去信任的环境自由安全的交换数据，使得对"人"的信任改成了对机器的信任，任何人为的干预不起作用。四是信息不可篡改。区块链的数据稳定性和可靠性极高，一旦信息经过验证并添加至区块链，就会永久的存储起来，除非能够同时控制住系统中超过51%的节点，否则单个节点上对数据库的修改是无效的。五是匿名性。由于节点之间的交换遵循固定的算法，其数据交互是无需信任的，交易对手无须通过公开身份的方式让对方自己产生信任，对信用的累计非常有帮助。

（3）应用。区块链主要解决的是交易的信任和安全问题，因此针对这个问题区块链实现了四个技术创新，包括分布式账本、对称加密和授权技术，共识机制，智能合约。当前区块链技术广泛应用于艺术行业、法律行业、开发行业、房地产行业、保险行业。比如对投保人的风险管理，随着诸如医疗信息数字化、个人征信体系等国家系统性工程的推进，越来越多的权威数据源出现，如果能够将这些数据引入并存储在区块链上，将成为伴随每一个人的数字身份，这上面的数据真实可信，无法篡改，实时同步，终身有效，对于投保人的风险管理将带来莫大的帮助。包括将不同公司之间的数据打通，相互参考，及时发现重复投保、历史理赔等信息，及时发现高风险用户；将不同行业的数据引入区块链，可以提高核保、核赔的准确性和效率。

5. 人工智能

（1）定义。人工智能是研究、开发用于模拟、延伸和扩展人类智能活动的理论、方法、技术及应用系统的一门新的学科。它通过计算机模拟人类思维过程和智能行为，试图了解智能的实质，并生产出一种新的能以人类智能相似的方式做出反应的智能机器，使其能够综合人类逻辑思维、形象思维、灵感思维以达到实现人类智能的目标。

（2）特点。一是技术交叉性。人工智能是一门由计算机、数学、哲学、认知学、行为学、生物学、心理学等多种学科相互交叉渗透发展起来的新学科。二是技术前沿性。人工智能始终处于计算机发展的最前沿，智能化也成为当前新技术、新产品、新产业的重要发展方向，例如智能控制、智能管理、智能机器人等，人工智能研究得出的理论和其洞察力指引了计算技术的发展方向。三是应用广泛性。人工智能技术应用领域非常广泛，1941年世界第一台计算机的发明促使了人工智能的出现，人工智能的应用也从最初用于导弹系统和预警显示及先进武器等高端领域，逐步进入了各行各业，如智能汽车、商业市场决策、企业自动化控制等很多领域。

（3）应用。人工智能的应用包括问题求解、逻辑推理与定理证明、专家系统、模式识别、智能决策与支持系统、自动程序设计等多个方面。机器人是人工智能应用的重要方面，通过人工智能的应用，机器人将具备学习能力，将直接参与到企业的经营管理活动中，机器人通过储备的专家知识，在参与企业管理尤其是在企业监督管理、知识传播和疑惑解答方面将发挥重要作用。一方面，机器人可以帮助人们从烦琐的工作中解脱出来，实现人力资本的节省，同时大大提高管理效率。另一方面，借助机器人智能设备，我们将进一步实现管理的精细化，使企业的运营、安全和管理更加顺畅，业务流程设计更加合理，管理质量不断提高。

6.量子技术

（1）定义。通常所说的"量子技术"一般指的是量子信息技术，这是一门由量子物理与信息技术相结合发展起来的新学科，主要包括量子通信和量子计算两大领域。量子通信主要研究量子密码、量子隐形传态、远距离量子通信的技术等。而量子计算主要研究量子计算机和适合于量子计算机的量子算法。

（2）特点。与普通计算机相比，量子计算机不仅速度超快，而且能解决复杂得多的问题。堪称"三头六臂"。普通计算机只能按照时间顺序一个个地解决问题，而量子计算机却可以同时解决多个问题。比如：如果要在5分钟内从5000万册书中找到一句话，普通计算机只能像疯子一样在5分钟内搜索尽可能多的书。而量子计算机却能迅速复制出5000万个普通计算机，每个只需翻找一本书即可。再比如：通过量子计算进行建模，研究人员可以从数百万候选材料中选出更强的飞机聚合物材料，更高效的太阳能电池材料，更好的药品或更透气的面料。

（3）应用。"量子时代"已不遥远。量子计算的商业应用也已悄然开启。IBM于2017年3月推出了全球第一个商业化量子计算云服务—IBMQ，这是全球第一个收费的量子计算云服务系统。IBM表示，未来新系统可以为全球的研究人员服务，处理传统电脑无法解决的复杂运算，成为未来培育量子计算市场的关键。谷歌指出，早期量子计算最可行的三个商业用途包括量子模拟、量子辅助优化和量子采样，这些技术可以让材料、金融、保健等行业从中受益。《自然》杂志曾登载谷歌量子AI

实验室三名科学家MasoudMohseni、PeterRead和HartmutNeven的发文："量子计算领域即将迎来历史性的里程碑。虽然现在仍不知道与应用相关的算法是否能很快提升计算机速度，但是只要量子计算的硬件—量子计算机性能能足够强大，我们就能测试并且发展新的算法。"

三、机制创新

（一）机制创新的涵义

机制创新，即企业为优化各组成部分之间、各生产经营要素之间的组合，以提高效率，增强整个企业的竞争能力而在管理、营销和考核机制方面进行的创新活动。企业创新活动是一个螺旋式上升的循环过程，它从创新设想的产生与形成到研究与开发，从创新内容的形成到创新结果的扩散，再到市场效益的形成，然后又由于市场需求发展再进入新一轮创新，在这个过程中，既有按顺序推进，也有交叉和交互作用，只有在正确有效的企业机制创新的支持和推动下，企业创新活动才能真正得以不断循环，持续发展。

企业机制不同于企业制度，企业制度是外生的规范，企业机制则是内生的机能；企业制度是企业被动执行的，企业机制则是自动运作的。两者又有密切关系，制定企业制度的目的就是形成企业机制，企业机制则是企业制度的内化。企业的组建、运行有其客观规律，只有科学的、符合企业运作发展规律的企业制度才能内化为合理的企业运营机制。因此，企业机制创新虽不同于企业制度创新，但与企业制度创新又不可分割。

（二）机制创新体系的构建

企业机制创新是一项系统工程，企业机制包括范围很广，所有与企业经营活动有关的机制创新都属于企业机制创新的范畴。长期的管理实践表明，企业经营活动中的管理机制、营销机制和考核机制构成了企业组织从小到大、兴衰成败的关键。因此，企业创新的管理机制、营销机制和考核机制共同构成了企业机制创新体系。

1. 管理机制

管理机制创新是指在管理事物的运动过程中，对主导方与被主导方为达成某种目的相互之间确立的一种机理或规则进行创新的活动。管理机制创新是实现企业高效管理的本源。著名的管理理论家明茨伯格指出：21世纪企业成功的关键在管理机制创新。管理机制创新的目的在于完善企业决策、指挥、控制、信息反馈等方面的组织结构，形成能够最优配置企业所需的各种资源的有机系统，达到人尽其才、沟通顺畅、合作有效、基业长青的目标。管理机制创新包括管理的管理制度、组织结构、运行程序等方面的创新。

实现管理机制创新，首先要明确机制创新的内生属性，企业管理者要为机制创新创造条件，通过不断完善内部决策程序、沟通渠道和管理制度，形成实现管理机制创新的有利条件。其次，要对企业管理制度进行创新，只有在产权清晰、权责明确、政企分开、管理科学的前提下，企业才有可能以市场为导向，自主地组织研究开发和各种创新，进行"自我约束、持续创新、长久发展"。第三，要以高质量、高效率和高效益为目标，不断完善自身组织结构和组织程序，形成最佳传导路径和最优决策程序，为保持企业持久的核心竞争能力而进行不断的适应和变革，实现管理机制创新的目标。

2. 营销机制

营销机制创新是管理机制创新的外延，也是管理机制创新的保障。营销机制创新是在创新利润的驱动下，企业充分挖掘和利用内外部资源，加强人才、技术、资金、信息等资源储备，不断谋求创新发展的机制。营销机制创新的目的是通过营销手段和工具应用，为企业不断开辟新的资源和渠道，实现企业持续发展和市场竞争力的不断提高。

首先，营销观念创新是营销机制创新的前提。营销不仅仅是为了满足消费者外在的需求，营销创新的重点在于发掘、激发、创造并满足消费者细分化了的、潜在的、尚未满足的需求，将需求与企业所能提供的产品或服务进行对接，对接成功，就意味着创新获得成功，意味着创新得到了市场的认可。其次，营销组织创新是营销机制创新的保证。企业应结合自身的条件和特点，及时动态地设计相应的营销组织结构形式，进行营销组织的再造，提高企业的市场竞争力。譬如，减少营销管理层次，或根据特定的营销任务组织临时性的"营销专业团队"，以及通过营销组织的设计，建立信息沟通的主要渠道，促进信息的横向流动，加强营销协作等。再次，营销渠道创新是营销机制创新的重要方面。随着科学技术的发展，产品向客户延伸的渠道不断丰富，营销渠道和模式发生重大变化，物理营销渠道和虚拟营销渠道并存将成为必然，营销渠道创新将成为企业建立和发展核心能力的重要源泉。

3. 考核机制

考核机制是通过一套理性化的制度来反映考核主体与考核客体相互作用的机制。考核机制创新是推动企业创新，实现企业优质、高效运行，并为达到预定目标提供激励的重要途径。考核机制创新的目的，是通过创新实现员工对组织期望的行为的不断强化，并在考核机制的作用下，实现企业不断发展壮大和战略目标的有效实施。考核机制创新是实现管理机制创新和营销机制创新的重要保障。

实现考核机制的创新，首先，要加强对考核观念的创新。创新考核机制的建立，不是简单地增加一项新制度，而是对新旧制度进行调整。考核机制要结合公司战略去创造，管理者可以参照其他组织的做法寻求灵感，但是，最好的考核机制一定是组织中全体成员参与创造的。其次，要加强对考评体系的创新。科学合理地制订考评体系和考核指标是实施考核机制创新的前提。企业要结合自身特点，以公司战略目标为导向，不断完善考核指标体系，实现考核机制的不断创新。第三，要加强对考核手段的创新。科学、准确的考核手段是实现科学考核的前提，随着企业外部竞争形势的日趋激烈，企业经营的复杂程度不断提高，企业对智力资本的需求不断提高，加强考核手段创新，制订科学合理的考核手段是实现对智力资本管理的重要途径，也是企业保持核心竞争力的关键。

（三）机制创新的意义

管理机制、营销机制和考核机制三种创新机制，不是简单的叠加，而是相互有机联系在一起，由内在动力、有效运行、不断发展三个方面构成一种企业创新活动不断循环增值的新机制系统，并贯穿企业创新的整个过程。这种创新机制具有强大的生命力。

企业建立起了这种有效的创新机制，就能不断地将知识、信息、技术、物质转化为用户满意的产品；就能不断地促进知识的生产、积累、创造、应用和扩散；就能不断地加强信息的传播、交流、加工和扩充；就能不断地提高技术的先进性、创造性、新颖性和实用性；就能不断地刺激关键资源的成长，最终实现资产的增值，并获得强大的竞争优势。企业建立起了这种有效的创新机制，就会促进企业的蓬勃发展、长盛不衰。

（四）机制创新需注意的问题

企业机制创新应着重考虑如下几个方面：

（1）企业家的培育，这是企业机制创新的内在推动力量。

（2）统一市场的完善，这是企业机制创新的外在动力。因为市场经济是一种风险经济、竞争经济，市场机制具有一种自我选择的机制，优胜劣汰，适者生存，时刻鞭策着企业努力推进创新。

（3）创新实力的开拓，这是企业机制创新的基础条件。它包括两点内容：一是创新资金的取得。按销售额提取技术开发费不失为获取创新资金的好办法。二是人才，创新需要高素质的人才，企业除了利用本身的人才储备外，可以与科研单位联手共同推动企业创新。

（4）企业机制创新的政策支持，这是企业机制创新的外部环境。政策支持主要包括放宽税收、提供优惠贷款和财政支持、减少对创新收益的提取比例、优质优价、奖励创新人员等。

四、人力资本创新

人是最核心、最具创造力，也是最活跃的生产要素，企业不断创新发展的过程也就是人力资本创新不断演变的过程。千古兴亡事，成败皆因人。在传统人力资源管理理论的基础上，未来人力资源管理将突出以下方面的创新。

1. 加强智力资本管理

智力资本是智力和知识的融合，智力资本既不能等同于智力也不能等同于知识，更不能视为二者的简单相加，它是智力和知识相互融合后的可以创造财富的资本，二者是密不可分的整体，是一个不断交互累积的过程。这种融合越好、越紧密，智力资本的效益就越高、价值就越大。一个管理者的管理能力与其智力资本密切相关，一个拥有10亿智力资本的企业家，他就可以轻松管理10亿资产规模的企业，如果一个企业家所拥有的智力资本低于所管理的企业的资产规模，他管理企业就会显得十分困难，因此，企业家所拥有的智力资本的多少直接决定着他的管理能力的高低。

在未来的企业中，首席知识官（Chief Knowldege Officer，简称CKO）将作为一个普遍现象存在于企业中，首席知识官将负责企业人力资源和智力资本的管理。目前,在世界500强企业中已有部分企业建立了智力资本管理平台,出现了"首席知识主管",在未来的企业管理中,这个职位以及对智力资本的管理将更加普遍。有效智力资本管理的根本措施是在企业内部建立一个规范的管理模式,以制度的形式奠定智力资本管理在企业管理中的战略地位。这对企业智力资本管理的贯彻落实是一个根本的保障。因此,必须依据企业的特点,建立适合的智力资本评估指标体系。

2. 将更加重视对外脑等资源的管理

电脑的普及和应用范围的扩大正改变着我们的世界。网络技术将使我们迈入数字化、信息化时代。在电脑技术日新月异的今天,人们越来越感觉到电脑和网络的巨大威力,可以说目前已是人脑与电脑并行的时代,企业的管理也将随着电脑和网络的应用而不断提高管理的水平和阶段。但如何将"电脑+人脑"这智能的双核功能完美地结合在一起,实现管理水平的不断提高,将是未来我们进行人脑等智力资本管理的关键。

电脑技术具有高效计算、程式运行和高效协助管理的特点,人脑具有思维创意、智慧源泉的特点。虽然电脑来源于人脑,但在未来企业管理中,对电脑资源的开发和利用也必将是提升管理效率的重要部分。

此外,对一个企业来讲,人力资源尤其是人力资本和智力资本的储备和培养是一个缓慢的过程。加强对外脑资源的管理将是未来人力资源管理的重要内容,譬如可以将公司急需研究的项目或科技攻关交给高校、科研机构或其他有实力的公司,实现借助外脑资源提高自身管理水平、实现技术创新的目的。

3. 将更加重视对休闲人力资源和娱乐人力资源的开发和利用

休闲人力资源主要是指工作离退休之后,处于一种休闲生活状态的人们,既拥有人力资本的身体条件,又拥有智力资本的内在条件的社会资源。通过对该类人群的开发,达到缓解人才资源结构性短缺、实现人才效益最大化以及构建和谐社会的目标。

目前，我国60岁以上老年人口已超2.2亿人，占总人口的16%。预计到2035年，我国60岁以上老年人口将达到4亿人。随着我国老龄化进程的不断加快，由此引发的种种社会问题日益突出。在深度老龄化的时代，如何有效地开发和利用好我国的老年人力资源是一个意义深远的重大课题。目前在我国经济还不发达、物质财富还不够丰富的情况下，如果依然按照传统观念，仅仅把老人看作被抚养对象，实行消极养老，对国家和青年一代来说不仅是一项沉重的负担，还会造成大量宝贵人力资源的浪费和更多物质财富的消耗。老年人也是一种资源、一种财富，积极开发老年人力资源，越来越具有重要的现实意义和长远的历史意义。

加强对老年人力资源的开发。一是缓解人才资源结构性短缺。据统计，我国现有离退休人员中科技人员超过600多万人，其中70岁以下具有高中级职称、身体健康、有能力继续发挥作用的超过200多万人，随着离退休人员的迅速增长，老年人才的队伍将不断扩大。这是一笔宝贵的人才资源。二是实现人才效益最大化。开发老年人力资源是实现人才效益最大化的重要途径，对老年人力资源进行第二次开发具有巨大的潜力。老年人，特别是低龄老年人，绝大多数都经历过学校培养、一般培养、单位上的特殊培训等一系列的知识和技术积累过程，他们积累形成的知识技术等能量的释放是巨大而持久的，即使到了退休年龄，知识和技术产生的边际收益仍然没有结束。与年轻人开发相比，无需再对老年人进行大的投资就可以得到很大的回报。因此对老年人力资源进行充分的利用和开发，可以大大降低这部分人力资源的浪费，使整个社会获得最大的收益。三是加强对老年人力资源的开发，有利于提高老年人自身供养能力和调整老年人的心态，有利于构建和谐社会。

娱乐人力资源是指儿童和未成年人群的人力资源。尽管该类人群尚不具备从事社会劳动的脑力和体力，但对该类人群的开发和利用仍然可以为社会创造巨大财富。如果将人力资本管理放在更广阔的视角去分析，儿童及未成年人群的娱乐人力资源开发意义也同样重要。例如，根据儿童和未成年人喜欢娱乐的天性，设计一种产品，可以使儿童在蹦跳玩耍等下意识的活动中为社会创造财富。譬如，设计一种能源开发系统，可以使儿童在做游戏的不断踩踏中产生能量，也可以在儿童及未成年人打游戏按键的过程中产生能量，甚至在运动员锻炼时在不断运动中产生能量，达到娱乐创造价值的目标。总之，未来人力资本的管理视角将更为广阔，应用范围不断扩大，在对成年人人力资本管理不断丰富的基础上，对老年人力资源开发的休闲创造价值以及娱乐创造价值将更受重视并发挥更大的效用。

第五节　创新管理与管理创新

创新管理是企业在经历了早期管理到虚拟化管理阶段以后所形成的高级管理阶段，是企业观念、技术和管理理论达到一定阶段的产物；管理创新是系统性、变革性创新与企业管理理论的统一。管理创新是企业在经营管理的过程中，对管理制度、技术、产品、市场等方面所进行的有益探索并形成效益的尝试，从早期管理到创新管理，每个阶段都包含着管理的创新过程，没有管理的创新就没有七个管理阶段的演进。创新管理与管理创新的区别主要表现在：

一、完整性比较

创新管理是管理理论和科学技术等外部条件达到一定程度所产生的

高级管理阶段。创新管理正如科学化管理和现代化管理理论一样，它本身就是一套完整的管理理论。管理创新是在企业经营管理过程中，对管理理论、技术、制度、产品进行的创新探索，它本身并不是一套完整的管理理论。

二、阶段性比较

创新管理是管理理论和管理实践达到一定阶段的产物，处于管理阶梯理论的最高端，由于技术和管理理论的不断发展，创新管理将是企业开拓蓝海市场的必然，正所谓创新开拓未来，创新管理是企业管理的高级形式。管理创新包含在管理阶梯理论的各个阶段，在每个阶段，甚至每个企业都在进行着管理创新，管理创新并不是某个阶段的产物，而是在企业经营管理过程中的一种新的探索和尝试。

三、局限性比较

创新管理专注的是管理理论的系统性研究，是全局性、变革性和系统性的企业管理创新过程。管理创新则是针对管理过程中的某一部分、某一细节或者某一方面所进行的创新尝试，它是一种局部创新，尚未形成一个系统或体系。

四、包容性比较

创新管理所强调的不仅是企业或组织某一项产品、某一市场或第一项技术的创新过程或创新结果，主要是指企业的管理在不断完善、创新、借鉴、扬弃的基础上，已经达到了比虚拟管理更高级的管理常态，它也不再是某一个点或面上的创新或进步，而是贯穿于整个阶段的创新管理。因此，管理创新必然伴随着创新活动，但创新活动并非达到创新管理阶段。

第六节 创新管理的步骤、维度和过程

一、创新管理的步骤

一般来说，创新管理要经历四个步骤：

步骤一：发现及确认不满

企业利益相关者的不满主要表现在以下六个方面：（1）消费者对企业产品及服务的不满；（2）企业普通员工对企业薪酬制度、绩效考评制度及用人制度的不满；（3）企业所在社区对企业行为的不满，如环境污染等；（4）企业内部各部门之间出现的不满；（5）投资者对企业业绩的不满；（6）企业面临危机、挑战及运行上的问题时，会有许多利益相关者对现状感到不满。以上六种不满中，前两种是最主要的。以上六种不满一般来说都是容易发现的，但企业高层管理者有可能漠视它们的存在，尤其是对消费者的不满以及企业普通员工的不满。当企业在市场处于强势地位时，这种情况更容易发生，这在很大程度上限制了管理创新的开展。

步骤二：寻找技术对策

为消除上述不满，企业需要进行管理创新及技术创新。由于管理创

新是技术创新的先导，因此，也可以认为消除上述不满的根本措施是管理创新。管理创新在技术上一般有三种选择：一是改革企业管理制度，例如改革薪酬制度、用人制度等；二是引入成熟的管理技术，如流程再造、平衡记分卡等；三是企业自行进行创新，提出新的管理模式及管理技术。在前两个方面，有着大量的成功范例可以借鉴。一般来说，企业管理创新在技术上也是以前两种为主。后一种是少数领先企业的行为，它的成功或者是偶然的，或者要经过长期的实践探索，因而不是多数企业努力的方向。这也就是说，企业管理创新一般无需另辟蹊径，主要是根据自身情况引入成熟的管理制度及技术。当然，这并不表示管理创新从技术上来看是容易的，它需要对企业具体情况有深入的了解，需要对引进的管理制度及技术进行调整以适应企业的具体情况，并与之很好地结合起来。

步骤三：分析权益关系

先进的管理制度及技术之所以不能够在多数企业中得到很快应用，主要是受企业内部权益关系的限制。法约尔曾言，企业中总是有一部分人想把自身利益凌驾于他人之上，这是人类持久的斗争。这表明企业内权益管理关系的调整是困难的，甚至是痛苦的，创新管理因此也是艰难的，甚至是痛苦的。可以这样认为，企业创新管理难不在于技术，而在于权益关系的调整。创新管理者在选择消除或减轻某种不满之前，会相应地引入某种管理制度及技术，这时应充分考虑企业内部的权益关系。

步骤四：实施及评价

创新管理方案在实施过程中一般来说会遇到阻碍。在创新的成效没有充分显现出来之前，各个利益相关者的得失都不是很清晰，那些有可能失去较多的人就会以各种借口反对。此时，企业高层领导的支持是至关重要的。另外，外部力量的肯定及支持也是很重要的。为确保创新能够顺利地推行，可以先选择影响范围较小，且容易取得成果的项目进行创新，以尽早取得成效，赢得企业内部的肯定与支持。对创新管理的评价应坚持利益相关者评价的原则，只有相关的不满得以消除或减轻才能确认创新成功。评价应注意时滞问题，在创新的成效还没有充分显示出来之前就进行评价是不恰当的。比如，管理制度创新的效果一般要2—3年才能显示出来。在此之前，完整地评价它是困难的。

二、创新管理的维度及过程

在企业实施创新管理的过程中，需要对新的生产要素进行逻辑整合，这些新的生产要素可能涉及以下内容。

（1）新技术；

（2）以新产品、新服务或新工艺为形式出现的新的应用；

（3）新市场或新的市场细分；

（4）新的组织形式或新的管理方法。

或上述两者及两者以上的要素的组合。

创新包括4个维度，分别为：

*技术；

*应用；

*市场（包括市场细分或客户群体）；

*组织。

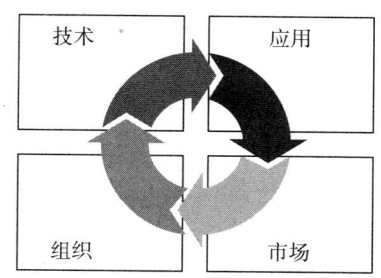

创新管理的维度及过程

根据企业的技术、应用、市场和组织形式四个方面的构成情况就可以对企业的创新情况加以定位，企业定位的改变本身就是一种创新或是某种创新的结果。企业创新的过程也必然是企业在技术、应用、组织或市场进行改变的过程。

创新的四个维度不是相互独立的，不论是在技术与应用、应用与市场、市场与组织以及组织与技术之间均是如此。而且，这四个维度的相互支持、相互影响和共同变化构成了企业管理创新的全过程。

第七节 创新管理工具及实施条件

创新既是一种战略选择，同时也是一个管理过程，创新的管理依赖于相应的制度、流程和工具。一旦企业的创新战略得以建立，那么创新过程就存在于企业运营的方方面面，欧盟的一项研究将管理创新的工具和技术分为10类：知识管理、市场信息、协同与网络、人力资源管理、界面管理、创造性开发、流程优化、创新项目管理、设计管理以及业务开发。而对于大多数企业目前的管理现状，我们认为亟须在以下三个领域利用不同的工具加强管理创新。

第一类工具与市场信息相关。很多企业仍然停留在产品导向的阶段，而管理创新的核心和出发点是需求管理的创新，目的是不断更好地满足客户的（新）需求。贝尔实验室开发自动交换机源于调查显示，如果仍然使用人工交换台，全美国的妇女都必须从事话务员的工作，强大的需求促进了新产品和技术的开发。因此，需求管理的创新首先要求企业深入了解市场需求及其发展方向以及需求的满足程度。一般的企业可以通过市场调研和标杆分析这两个工具来促进对需求的把握。市场调研的作用已经为大多数企业所认同，而很多企业对标杆研究的利用还仅仅停留在"知其然"的层面。标杆研究对需求管理创新的意义主要表现在两个方面：一个是结合市场调研的需求数据和信息利用标杆研究进行需求满足差异度分析，为需求管理的创新打下基础；一个是利用系统性的标杆分析挖掘先进企业对未来需求发展动向的研判以及先进的需求管理和创新的机制。而这两点就要求标杆分析要做到"知其然且知其所以然"。

第二类工具与知识管理相关。系统性的管理创新源自系统性的知识管理。很多企业都抱怨在以前的经营过程中积累了很多好的经验或技能，但是却不能实现超越。这首先是因为企业缺乏知识审计（Knowlede Auditing）。创新是一个动态的管理过程，因此是一个不断对前期创新结果的发展或扬弃的过程，这就要求企业通过知识审计对现有知识进行评估以进行有效的知识管理并促进新知识（创新）的产生。一般说来，知识审计包含了知识需求分析、知识库存分析、知识流分析以及知识映射分析等模块，通过问卷调查、焦点小组等手段进行。需要指出的是，除了进行知识审计之外，知识管理还必须充分地发挥各级员工的作用并有充分地"容错"机制。前者如丰田公司的"创造性思考制度"，后者如3M开放和宽松的创新环境和文化。

第三类工具与协同和网络有关，也是绝大多数企业进行创新所共同面临的问题。企业的组织往往都是按职能进行架构的，部门间利益隔阂，对团队工作的理解也往往局限于同一职能内部。而管理创新无论是创新思想的产生还是创新的实施都需要企业不同部门的共同努力和部门间协同，因此，架构跨部门工作团队（CFTS）是进行创新管理的重要工具。跨部门工作团队在以下两个方面对管理创新起到了重要作用：一方面实现了创新的管理落地，即实现了对管理创新的专门资源投入，跨部门工作团队利用项目管理工具的工作方式也使得管理创新工作更可控；另一方面则是有效地整合公司的创新资源与能力，实现系统性的管理创新并使得最终的创新成果能够被落地实施，同时也能帮助企业通过项目组的方式对创新活动进行更有效的管理。福特汽车的跨部门工作团队在20世纪80年代早期成功地将新车研发周期从7年缩减到3.5年，而韦尔奇在通用电气组建的各类跨部门团队也降低了新产品的研发和上市周期。

以上三个领域中还包含着诸如专利分析、客户关系管理、知识产权管理、团队建设、供应链管理等其他的创新管理手段和工具，而其他领域中也还存在着多种管理手段和工具，都需要根据各个企业不同的情况进行创新工具的选择或工具的调整或创新。同时需要强调的是，这些工具的使用只是企业整个创新战略和体系中的组成部分，需要与企业的组织、制度和流程相结合才可能发挥出相应的作用。

在近年的一次全球性调查中，有93%的高管都将创新视为最优先的战略选择。对于已经融入全球化市场体系的中国企业，创新还是实现从全球市场加工者转型为全球市场经营者的关键战略选择。从近年来开始成为大众关注点的"山寨手机"现象，从积极的意义上说其实也是一种创新。因为从经营模式上看，"山寨手机"可以视为是当上游行业（供应商）在技术和分工都十分成熟后的一种业务模式的创新，即企业自身仅仅成为营销商，只不过它们作为营销商还仅仅停留在最简单的模仿层面上（最低营销成本）。如果用一句话总结"山寨寨主"们的创新，就是DIY的低成本商业化。我们应该反思的是，为什么很多OEM企业却没有能够成为创新者，为什么很多资源和能力都远超"山寨寨主"们的企业没有能够更好更系统地实现商业模式的创新？

首先，树立全方位创新理念，建立创新激励机制。任何工作岗位都需要创新，也存在创新的可能，不管是管理层还是基层员工都需要经历提示、宣传、扩散的思维转变过程，并通过激励机制来使这一认识深入人心，为创新管理创造变革的前提条件。前面介绍的几种创新内容，是企业发展壮大的强大动力，全方位的创新理念、创新的激励机制至关重要。

其次，企业具备鼓励创新的开放系统，倡导学习和提升个人工作技能。营造集思广益的企业氛围，中高层以上管理人员能够鼓励并善于采纳下属意见，员工能够普遍习惯于采纳同事们的意见。使企业的管理信息、应用技术通过情感沟通渠道得到畅通，并能大大地提高员工工作的积极性。世界500强企业大都建立起了合理化建议奖励制度，并以这种开放的管理态度赢得员工们的认可，最终能大幅度提高企业的管理效率和经济效益。

第三，公司在资源配置上要倾斜。创新本身需要投入，产品创新和技术创新更需要大量的财力和人力投入，国外公司的产品研发费用每年动辄数亿美金，乃至数十亿美金，其中的重视程度可见一斑。同时建立创新激励机制也需要投入，比如为训练员工创造力所花的各种费用。

第四，加强创新管理方面的培训和训练，提升创新管理的水平和效率，加快创新的步伐。中国有几千年的文明史，管理的创新必须结合中国的实际情况。再好的管理理论，其应用的思路和方法都会因为管理环境、管理对象的特殊性而完全变形。为此，对国外先进管理理论的引进，必须建立在消化、吸收的中国应用和特色化研究上，不应该囫囵吞枣地食洋不化，否则，最后只能导致管理实践的失效。管理的创新就是适应实践中不断变化的实际，不断调整自身的发展方向，从而使管理更加富有成效。管理绝不应该只是为了创新而创新，不是求新癖和超越狂，管理创新必须有自己的目的和目标，要把一切管理创新建立在管理的实践上，那么管理创新才是有成效的和合乎逻辑的。任何管理理论指导下的管理实践，都应该体现在管理的个性化实践上，要满足管理者和被管理者的个性化欲求，只有这样，中国管理的创新才能建立在客观而牢靠的基础上。中国管理创新的特征应该是古今中外的综合创新，要注重管理创新的落实，不能仅仅把管理创新喊在口头上，或变成一种新的管理教条，因为，这与管理创新的本质格格不入。

第八节 创新管理的基本内涵

一、创新管理的定义

创新管理是指企业把新的管理要素或要素组合引入企业管理系统，加强知识资产管理、机遇管理和企业战略管理，有效运用企业资源，把管理创新、技术创新和制度创新有机结合起来，形成完善的动力机制、激励机制和制约机制的管理，以便有效地实现组织目标的创新活动。

创新管理是观念创新、技术创新、机制创新和人力资本创新的统一，是创新活动与企业经营的系统融合，创新管理所强调的不再是局部的、部分的创新活动，而更加关注的是观念、技术、机制和人力资本全局性、系统性和变革性的创新活动。与其说创新管理是一种技术手段，不如说创新管理是一种观念和理念的创新。

二、创新管理与中外管理学派的关联

变化是常态，创新无止境，因时而变、以变应变才是最大的不变。

创新管理的思想与中国的阴阳家学派、西方的权变管理学派可谓异曲同工、一脉相承。

阴阳家认为阴阳是事物本身具有的正反两种对立和转化的力量，提出了"以小推大"的创新预测原则，由已知的事物推算未知的事物，由直接经验的事物推算未及经验的事物，由现有的信息推算未来的趋势。立足于面向未来、注重提升管理效果是创新管理的重要特征，这与以"果"为核心的阴阳家思想具有异曲同工之妙，都注重通过已知到未知、现在到未来的预测和决策，把握发展趋势，提高管理成效。

权变管理学派认为环境是影响管理选择的重要因素，没有放之四海而皆准的管理理论和方法，组织的管理应该根据其所处的环境和内部条件的变化而变化。权变理论从实践的现实意义出发，强调了理论的环境适应性，将环境比作自变量，管理比作因变量，突出了"管理无定式"，应根据环境变化采用不同的管理模式这一思想要义。这与创新管理理念相通，承认社会文化环境的变迁、经济的发展变化、科学技术的发展等对管理带来的重要影响，强调要根据宏观形势和发展趋势，积极探索新的管理模式，引入新的理念手段，拓展新的发展空间。

三、创新管理的特点

1. 系统性

企业是一个复杂系统，系统内的各要素相互联系、相互作用。当系统内某个或某些要素处于不良状态时，必有其他要素受到影响，同时，企业系统从整体上看也会处于不良状态。进一步地看，企业系统是由人来运行的，也是为人服务的。当企业系统处于不良状态时，必有相关的人感到不满。反过来也可以这样讲，如果没有相关的人感到不满，企业系统就处于良性状态。企业的系统性为管理创新寻找着力点提供了可能，同时也为管理创新成果的评价提供了标准。

2. 全员性

创新管理的程度有大有小，创新程度不高的创新管理只是对现有管理工作一定程度上的改进，或者是对成熟管理技术的引进，其复杂程度不高。因此，可以认为企业所有员工都能成为创新管理的主体。依靠员工来解决问题已被认为是改变现代管理面貌的十二种创新之一。从根本上看'，创新管理涉及到企业中的每一个人，每一个人对管理系统是如何影响他本人以及从他的角度来看应该如何改进都是最有发言权的，因此，企业中每一个人都能够且应该成为创新管理的主体。

3. 变革性

创新管理一般会涉及到企业内权益关系的调整，因此，创新管理，尤其是程度大的创新管理实质上就是一场深刻的变革。从管理史上较为著名的创新管理来看，它们都具有变革性。比如，泰勒科学管理原理的应用需要劳资双方进行精神革命，协调利益关系；梅奥人群关系论的应用也需要企业管理者改变管理方式，尊重员工。由于企业本身就是一个利益聚合体，或者是一个政治实体，因此，不触及现有权益关系、皆大欢喜的创新管理是不存在的。

4. 自发性

自发性创新是创新管理阶段企业创新的主要方式。随着管理阶段的不断提高，企业在文化、科技、理念等方面的极大提升，企业之间竞争的差异性不断分化，为争取市场"蓝海"，获取更大的利润，保持在市场上的主导地位，企业将自发性地进行着管理创新活动。企业自发性创新与诱导性创新是不同的，前者是企业管理水平达到一定阶段后而进行的由内到外的，自发性的创新活动，这种创新活动更为彻底也更加主动，诱导性创新主要是受外部因素影响而进行的创新，是由外到内的创新，与自发性创新相比，诱导性创新是一种被动创新，而上升到创新管理阶段的创新活动是企业进行的一种以自发为导向的创新活动。

5. 持久性

创新无止境。创新管理阶段的创新活动呈现出持久性和永续性的特点。创新管理的持久性主要体现在创新永无止境，创新活动伴随着企业的成长、发展、壮大以及参与市场竞争的全过程之中，处于市场竞争中的企业，持久不断的创新是开辟"蓝海"市场的唯一途径。创新活动在管理阶梯的七个阶段一直存在，然而，到达创新管理阶段的创新活动，不仅是企业进行自发性的活动，更是伴随着企业的成长而不断进行的一种持久性活动，只要企业存在、市场竞争存在，创新活动就不停地进行着，因此，处于创新管理阶段的创新活动，呈现了持久性的特点。

6. 先进性

任何管理创新活动往往都伴随着观念的更新和技术的进步，基于观念更新和技术进步的创新管理呈现出先进性的特点。处于创新管理阶段的创新活动，往往代表着企业在经营理念、产品升级、技术进步和管理模式转变的新的趋势，是技术进步与企业管理有机结合的产物，是企业发展、技术与管理结合以及管理模式突破的新方向，因此，处于管理创新阶段的创新活动具有先进性的特点。

综上，创新管理突出特点是"十化"，即制度化、标准化、规范化、信息化、网络化、人性化、虚拟化、全球化、宇宙化、智能化。

四、创新管理的演进

创新管理自诞生以来不断丰富和发展，已经成为当代最重要的科技与经济密切结合的综合性管理理念之一。当今世界发达国家、新兴工业国家的创新实践表明：创新决定社会资源的利用效率，进而影响社会的资源配置方式，从而产生了任何其他因素难以比拟的对于社会经济增长的推动力。创新既是企业和社会发展的动力，更是企业和社会经济增长的推动力；既是企业文化和企业精神，也是企业经营战略和策略。创新管理将各种管理理论扬长避短，有机融合，引导人类管理理论和实践研究向更高的层级发展。

由于现代科学技术和生产力的高度发展，既对产品开发、生产与服务提出了更高的要求，又对传统的管理理论和生产模式提出了新的挑战，从而引起现代企业经营管理模式的变革。变革创新是21世纪管理哲学的主题，人类在解决社会发展的各种危机的管理实践中，将造就管理智慧的提升和飞跃。管理必须随时势发展而处于不断的调整、变革和创新的过程中，作为企业的管理者必须审时度势、高屋建瓴地担负起创新管理的重任，永做创新管理的智者。

第九章
管理阶梯理论的实践现状

第一节 管理现状

一、混合管理的客观存在

管理阶梯理论所涵盖的早期管理到创新式管理的七个管理阶段既是管理学发展的一条主线，也是企业由小到大、由弱到强、由落后到现代的管理层次发展的里程碑。在企业的经济管理活动中，管理阶梯理论涵盖的每个管理阶段并不是孤立地存在着，而是相互交错，相互包容，呈现出了混合管理的状况。混合管理是指在同一时期，管理阶梯理论所涵盖的各个管理阶段在不同的企业、不同的地区和不同的国家，甚至是同一企业、同一地区和同一国家呈现不同的管理阶段和不同的管理层级的现象。

一是混合管理在不同企业客观存在。管理理论是社会实践的产物，管理阶段是按不同经济阶段的管理特征划分，并在总结、归纳这些管理特征的基础上形成的逻辑主线。不同的企业有着不同的历史背景、不同的组织结构、不同的行业特征、不同的领导者素质，因此在不同的企业中混合管理现象普遍存在。即使在同一企业中，管理阶梯理论的不同阶段也可能有并存现象，这主要是由于在企业的不同部门，由于管理者素质不一，执行力度和贯彻战略的能力不同，导致了即使在同一企业也存在不同管理阶段的现象。譬如，在同一个公司，有的部门对"三化""三高""三严"的科学化管理执行到位,有的部门则流于形式,实则仍然实行的是经验式管理。然而,事物发展的普遍规律是在不断自我否定中形成与发展的,因此,混合管理无论发生在同一企业或是不同企业,但总体趋势是低级的管理阶段向高级的管理阶段不断演进。

二是混合管理在不同地区客观存在。管理理论是社会经济发展的产物,各个地区由于社会经济发展水平不同,管理阶梯理论所包含的不同管理阶段在不同的地区也呈现出了混合管理的现象。以我国为例,从整体来看,东部和南部地区经济相对发达,人们的思想观念、管理意识、科技应用水平等管理要素相对中部和西部地区来讲更为先进,因此,东部和南部地区企业的管理水平较中西部地区,多数处于管理阶梯的较高阶段,或是向更高阶段转化的内因和外因不断增强,而中西部受当地经济发展水平的限制,管理阶段总体来看往往落后于东南部地区。虽然,从整体来看经济发达地区的管理水平高于经济落后地区,但并不排除落后地区部分企业的管理水平处于较高的管理阶段。在同一地区,由于管理者素质、历史原因、行业特点等因素,混合管理现象依然存在。

三是混合管理在不同国家客观存在。如果从更大的视角,即从国家的角度来看,由于不同的国家经济发展水平、社会文化背景、科技应用所处阶段不同,混合管理现象则更为普遍。总体来看,社会越发达,企业管理层级相对越高;落后和不发达的国家,企业整体管理阶段较为低级,但也并不否定在经济不发达的国家存在个别企业处于管理接替中的较高的管理阶段。因此,管理阶梯理论的各个管理阶段在现实管理中的混合存在,并不是各个管理阶段的相互矛盾,反而恰恰说明管理阶梯的客观存在和管理理论由低级向高级的不断演进的必然发展路径。

总体来讲,在社会的同一发展时期,小型企业主要以家长式管理为主,随着企业不断发展壮大,不断借鉴大中型企业先进的管理经验,而采用经验式管理;中型企业主要沿用大型企业成功的管理经验,结合自身发展情况和特点，实施经验式管理，并在发展中扬长避短，向科学化管理过渡；大型企业则是创新管理的先锋，根据宏观政策、外部环境等状况不断进行创新，吸纳科学化管理、现代化管理、虚拟化管理等各种先进的管理理论，实施综合型管理。因此，混合管理是目前企业管理普遍存在的一种状态，处于混合管理的各个阶段沿着管理阶梯的发展主线呈现由低级到高级的发展趋势。

二、经验式管理和科学化管理占主导地位

改革开放30多年来，中国从计划经济逐步转变为市场经济，中国的企业尤其是民营企业成长历史不长，其管理思想和管理手段大部分是从手工作坊、家族企业管理的基础上形成的，并在模仿其他企业成功经验的基础上发展起来的，尽管企业在外部的激烈竞争中不断发展壮大，但其管理目前基本上是靠前期经营过程中所总结的成功经验进行尝试性的管理，大多数企业尚未形成一套标准化、规范化和制度化的企业运作模式，企业管理主要是依赖管理人员的管理经验，管理人员的缺失必然导致企业管理失去方向性。随着企业的发展，这种依靠经验的管理不是总能找到可借鉴的成功经验，企业管理决策有较强的随意性，导致企业命运的不确定性。我们常说，中国的企业"扎堆"和"跟风"现象严重，"扎堆"和"跟风"的本质就是模仿和借鉴他人的经验进行管理。

随着企业管理模式的不断完善，部分企业已经意识到了经验式管理存在的不足，并逐步摆脱了凭经验进行管理的阶段，逐步形成了自己的一套标准化、规范化和制度化的管理方式，并在激烈的市场竞争中呈现出了较强的竞争能力。特别是近几年来，由于企业之间借鉴手段的不断丰富，经验传播速度的不断提高，科学化管理的企业越来越多，科学化管理的标准化、制度化和规范化，以及高质量、高效率和高效益导向使

更多的企业在激烈的市场竞争中不断完善自己，逐步形成了科学化的管理模式。这些企业管理模式的成功，也导致更多的企业借鉴这种成功经验，并逐步摆脱经验式管理向科学化管理转变。但考虑到中国目前经济发展所处的阶段，总体来讲，目前中国的大部分企业仍然处于经验式管理和科学化管理阶段。

三、管理方式向更高阶段加速转变

管理阶梯理论是企业管理水平由初级到高级的必然过程，特别是随着外部竞争的日趋激烈，信息化、网络化和信息化等新技术的不断应用，企业的竞争呈现更高层次和更广范围的全面竞争，而企业竞争的根本还在于企业管理方式的竞争，管理层级由低级不断向更高层次的转化是企业适应外部竞争，从而在竞争的市场环境中生存的必然过程。

人类在经历了农业革命、工业革命这两次文明浪潮之后，正经历以新技术，尤其是信息技术为特征的第三次浪潮冲击，管理思想的发展和管理技术的创新极大地丰富了管理学的内容。在知识经济时代，网络的诞生使人类知识的传播有了一次质的飞跃，随着知识经济的到来，信息技术的快速应用，企业之间相互借鉴的范围越来越广，相互借鉴、学习和吸收手段越来越多，速度越来越快，企业成熟和成功的管理方式，越来越呈现透明化，也更加容易被其他企业学习和借鉴。由于借鉴和吸收的途径不断增多，企业管理层级向更高层级的演变将会不断加快，甚至出现管理层级的跳跃式发展，即由家长式管理阶段直接进入科学化管理阶段，或由经验式管理阶段直接进入现代化管理的阶段，企业管理层级愈高加速趋势愈为明显。需要指出的是，管理阶段的跳跃式发展是在前期管理阶段的知识、技术、人才、理念充分准备基础上实现的，这种跳跃发展不是偶然的，是各种条件不断积累的必然。

第二节　发展趋势分析

一、管理阶梯的上升是必然趋势

由早期管理到家长式管理、经验式管理、科学化管理、现代化管理、虚拟管理以及创新管理所形成的管理阶梯理论是管理层级由低到高、由简单到复杂发展的历史必然。管理阶梯理论的形成是沿袭经济社会发展的历史脉络，总结人们的社会实践活动，包括企业管理活动，依据不断出现的管理理论和科学技术的发展，在不断总结管理实践效果的基础上对各个时期管理特点进行分析、归纳和总结，因此，管理阶梯理论的形成和发展，与经济社会的不断进步发展是一脉相承的。生产力的发展是决定经济社会的发展速度的决定性因素，而科学技术是第一生产力，科学技术的发展必将是一个由初级到高级，由不发达到发达的过程，因此管理阶梯也必将随着经济社会的不断发展和科学技术的不断发展而向更高管理阶段不断上升和演进。

二、现代化管理和虚拟化管理将成为主导

随着科学技术的快速发展，企业管理将呈现信息化、网络化以及人性化的管理特征，使传统的企业组织结构、业务流程和营销方式发生根本改变，企业管理效率将极大提高，特别是信息化和网络化的应用，实现了信息和数据的共享，使决策者可随时了解企业的整体状况，总览全局，提高决策的正确性。网络化的应用使企业的经营范围趋向全球性，实现了企业管理的资本、管理、人才和各项资源的世界融合。对人性化管理的不断重视使得管理效率大大提高，人们工作主观能动性大大增

强，创造力不断提高，为企业的发展提供了更多的智力资本，这将是未来企业的发展方向。

此外，在现代化管理的基础上，由于智能技术的发展，特别是全球经济一体化趋势的形成，推动了资金、技术、信息、人才和产品的全球流通，一方面使企业面临的市场迅速增大，另一方面外部环境的激烈竞争使企业不断强化自身竞争能力，做强业务范围内的工作，通过虚拟组织和虚拟管理形成全球战略联盟，通过借助外部力量的组合，在激烈的竞争中最大效率利用企业资源，达到全球资源分配的最经济状态，管理水平也就需要上升到虚拟化的管理阶段。

三、创新管理开拓未来

创新管理是企业管理水平在经历了科学化管理、现代化管理、虚拟化管理之后达到的更高层次的管理阶段，创新管理也是在科学技术、管理理念、社会经济发展水平达到一定程度的结果。随着人们对现代科学技术的不断深入研究和广泛应用，生产力水平也大幅提高，企业之间的竞争最终落脚于是否能够为客户提供更加贴切的需求，更加便捷、更具科技含量、更加节能环保的产品，而这一切的根本就在于企业的创新能力，持久创新能力的关键在于企业是否达到管理创新阶段。

特别是在经济日益全球化，网络经济、知识经济作用凸显的年代，企业的外部环境日趋开放，国际市场竞争更加激烈。企业在适应外部市场、保持其核心竞争力方面将更具特色，作为整合、优化资源配置的手段，管理也是生产力，随着经济全球化和信息社会化的发展，企业间的竞争日趋激烈，主导企业成败的因素已由过去的资本、劳动力和自然资源升级为信息、知识和文化。企业的管理也更加具有适应性和全球性。

适应性意味着企业外部环境在持续不变地非线性式变革过程中，管理也必须不断地参与企业组织的变化并与外部环境相适应，管理者必须高度重视多种手段和多重目标的复杂对应关系，而任何一种手段与目标的联系所带来的效果都无法在事先做到准确预测，所以作为优秀的管理者，他在管理决策能力及适应外部而加强自身创新能力上要求也更严格。

全球性意味着管理者必须把自己定位于世界公民的位置，而不能只局限于某一特定的国界去考虑如何造就组织的竞争优势。"管理的全球性不但表现在全球性贸易的繁荣和活跃，还表现在不同政治体制、不同思想观点的频繁碰撞，以及不同文化背景下管理体制、管理方法的交融、渗透和整合"。无论你是否愿意，全球市场平均价格都将有效地引导优质资源在全球范围内的流向，国内企业既要与国内同行竞争，也必然强迫性地要求参与到全球范围的竞争活动之中，而这一切都离不开创新管理，因此，创新管理是企业开拓未来的必由之路。

结 语

百余年来形成的庞大的管理知识体系和众多的管理学派，极大地丰富了管理知识，并在指导管理实践中取得了极大成功。研究者对管理学的研究，包括管理与管理者、领导、组织与人事、效率、市场与顾客、竞争与战略、创新与变革、现代公司的组织逻辑和管理的国际化等诸多方面。从管理学的学科分类角度而言，战略管理、人力资源管理、生产管理、营销管理、组织管理、质量管理等构成管理学的经典内容，而且这些学科还在不断地丰富、细化、交叉和发展，管理学的新学科、新分支还在不断地产生。然而，迄今为止，并不存在一个公认的管理学发展历史的逻辑主线。

本书从管理学的历史演进分析入手，汲取中西方各九大管理学派的管理智慧，深入分析了不同经济成长阶段管理活动中的管理思想和管理特征，在此基础上，创新提出了管理思想的七个阶段划分，并对该七个阶段，即早期管理、家长式管理、经验式管理、科学化管理、现代化管理、虚拟化管理和创新管理的产生背景、概念、发展、主要特点和局限性以及递进关系进行了深入分析，创立了管理阶梯理论，并通过对该理论的分析进一步探索管理学发展的历史主线。

管理思想的发展路径的七个阶段，每一阶段的思想理论都是对前一阶段的发展和完善，最终形成系统的管理学体系。总之，管理必须随时势的发展而处于不断的调整、变革和创新的过程中，作为企业的管理者必须审时度势、高屋建瓴地担负起管理创新的重任，永做管理创新的智者。

总之，管理阶梯理论是对管理理论的一次重大创新，该理论对指导业务实践，提高管理水平，尤其是企业家朋友在指导企业管理，实现更高层次管理突破方面具有很强的指导意义和实践意义。本书是笔者在研究大量经典管理著作后的总结分析和思想感悟，书中所述观点难免有所偏颇，不妥之处，敬请各位读者不吝赐教。

参考文献

[1] 门丹尼尔·A.雷恩.管理思想的演变.北京：中国社会科学出版社，2000

[2] 周三多等.管理学.上海：复旦大学出版社，1999

[3] WJ.邓肯.伟大的管理思想.贵阳：贵州人民出版社，1999

[4] S. B Redding.海外华人企业家的管理思想：文化背景与风格.北京：三联书店，1993

[5] 文化：中国与社会"编委会.文化：中国与社会（第一卷）.北京：三联书店，1987

[6] E.T.霍尔.超越文化.重庆：重庆出版社，1990

[7] 乐黛云，李比雄.跨文化对话（1.2）.上海：上海文化出版社，1998

[8] 张强.自家人、自己人和外人——中国家族企业的用人模式.社会学研究，2003（01）

[9] 泰勒.科学管理.北京：中国社会科学出版社，1998

[10] 亨利·法约尔.工业管理与一般管理.北京：机械工业出版社，2007

[11] （德）韦伯著，康乐，简惠美译.马克斯·韦伯作品集.桂林：广西师范大学出版社，2010

[12] （加）H.明茨伯格（Henry Mintzberg）.经理工作的性质.北京：团结出版社，1999

[13] （美）彼得·德鲁克（Peter F.Drucker）著，刘勃译.当代管理学圣经.北京：华夏出版社，2008

[14] （美）威廉·大内（William G.Ouchi）.Z理论（珍藏版）.北京：机械工业出版社，

2013

[15]（美）西蒙（H.A. Simon）著，李柱流等译.管理决策新科学.北京：中国社会科学出版社，1982

[16] 乔治·埃尔顿·梅奥.工业文明的社会问题.北京：机械工业出版社，2016

[17]（美）亚伯拉罕·马斯洛（Abraham H.Maslow）等.马斯洛论管理（珍藏版）.北京：机械工业出版社，2013

[18]（美）弗雷德里克·赫茨伯格等.赫茨伯格的双因素理论（修订版）.北京：中国人民大学出版社，2016

[19]（美）道格拉斯·麦格雷戈.企业的人性面.北京：中国人民大学出版社，2008

[20] 姜英来.一次读完30部管理学经典.哈尔滨：哈尔滨出版社，2008

[21] 黎红雷.中国管理智慧教程.北京：人民出版社，2006

[22]（日）大前研一.专业主义.北京：中信出版社，2006

[23] Fore Peters_Liberation Management. New York：Knopf，1992

[24] Stuait crainer. The Management CenmrySan Francisco：Jossey—Bass，2000

[25] 查尔斯·汉迪.非理性的时代：掌握未来的组织.北京：华夏出版社，2000

[26] 彼得–圣吉.第五项修炼.上海：上海三联书店，1998

[27] 陈佳贵主编.企业管理学大辞典.北京：经济科学出版社，2000

[28] 孙耀君主编.西方管理思想史.太原：山西经济出版社，1987

[29] 张东向.3M理论与实践研究.北京：中国财政经济出版社，2009

[30] 张平.基于企业发展阶段的家长式领导行为研究.软科学，2008（01）

[31] 任洪升.华人组织家长式领导的请托约束研究.中国电力教育，2007（S4）

[32] 周浩.恩威并施，以德服人——家长式领导研究述评.心理科学进展，2005,（02）

[33] 吴敏.交易型领导、变革型领导与家长式领导行为的比较研究.科研管理，2007（03）

[34] 周井娟.关系取向与私营企业的家长式领导.企业经济，2006（05）

[35] 陈云卿.领导与下属人员的家长式关系和伙伴关系.管理科学文摘，1997（05）

[36] 于海波.如何领导组织学习：家长式领导与组织学习的关系.科研管理，2008（05）

[37] 李超平.变革型领导、家长式领导、PM 理论与领导有效性关系的比较研究.心理科学，2007（06）

[38] 周浩.家长式领导与组织公正感的关系.心理学报，2007（05）

[39] 刘善仕.家长式领导与员工价值取向关系实证研究.心理科学，2004（03）

[40] 杨宝民，朱一宁.分布式虚拟现实技术及其应用.北京：科学出版社，1999

[41] 汪成为，祁颂平.灵境漫话——虚拟技术演义.北京：清华大学出版社，1996

[42] 张茂军.虚拟现实系统.北京：科学出版社，2001

[43] 常修泽等.现代企业创新论.天津：天津人民出版社，1994

[44] 金枝.虚拟生存.天津：天津人民出版社，1997

[45] 李如鹏.关于熊彼特的经济创新理论.经济研究参考，2002（37）

[46]（美）熊彼特.资本主义、社会主义和民主主义.北京：商务印书馆，1979

[47]（美）熊彼特.经济发展理论.北京：商务印书馆，1990

[48] 许庆瑞.研究、发展与技术创新管理.北京：高等教育出版社，2000

[48] 崔相宝，苗建军.对创新理论的再认识.科学管理研究，2005（02）

[49] 傅家骥.技术经济学前沿问题.北京：经济科学出版社，2003.

[50] 朱海就.区域创新能力评估的指标体系研究.科研管理，2004（03）

[51] 陈问安.创新工程学.上海：立信会计出版社，2000

[52] 王辑慈.创新的空间.北京：北京大学出版社，2003.

[53] 侯先荣.企业创新管理理论与实践.北京：电子工业出版社，2003

[54] 姜彦福.企业技术创新管理.北京：企业管理出版社，1996

[55] 何瑛.虚拟团队管理理论基础、运行机制与实证研究.北京：经济管理出版社，2003

[56] 吴晓波.大败局.杭州：浙江人民出版社，2007

[57] 何志毅.中国管理创新.北京：北京大学出版社，2007

[58] 李国荣.民营企业管理创新探索.上海：上海财经大学出版社，2008

[59] 詹森（Janszen，F）著，雷华，马乐为译.管理创新：公司发展的全面解决方案.昆明：云南大学出版社，2002

[60] 哈格（Haag，S.）等著，严建援等译.信息时代的管理信息系统.北京：机械

工业出版社，2011）

[61] 圣吉著，张成林译. 第五项修炼：学习型组织的艺术与实践. 北京：中信出版社，2009

[62] 约翰·纳斯比特. 大趋势——改变我们生活的十个新方向. 北京：中国社会科学出版社，1984

[63] 陈佳贵. 现代企业管理理论与实践的新发展. 北京：经济管理出版社，1998

[64] 孟庆国. 云上贵州——贵州省大数据发展探索与实践. 北京：清华大学出版社，2016

[65]（以色列）尤瓦尔·赫拉利（Yuval Noah Harari）著，林俊宏译. 未来简史：从智人到神人. 北京：中信出版集团，2017

[66] Jack Zigon, How to measure the results of work teams, Zigon Performance Group, Wallingford, 1995

[67] Galvin, John E, The effect of trust, experience, and communication media use on an。individual'S cooperation with virtual teams: A disposition and situaional view, The FloridaState University, 2000

[68] Hugli, Wilbur George, Teams, training and trust in the Virtual environment, The UniversityofWest Florida, 2000

[69] Knoll, Kathleen Elizabeth, Communication and cohesiveness in global vitual teams, TheUniversity of Texas at Austin, 2000

[70] Switzer, Jamie Sneideg Virtual teams: Profiles of successful leaders, Pepperdine Unversity, 2000

[71] Andrea Steil, Ricardo Barcia and Robe~o Pacheco, An Approach to Learning in VirtualOrganizations, Federal University of Santa Cataring, Brazil

[72] Lisa Kimball, Managing Virtual Teams, Text of speech for Team Strategies Conferencesponsored by Federated Press, Toronto, Canada, 1 997

[73] Susan Cohen&Cristina Gibson, Mutual Understanding, Integration, and Trust: CreatinConditions for Virtual Team Effectiveress, Center for Effective Organizations, Mrdy 2000

[74] Nemiro, Creativity in Virtual Teams, Claremont Graduate School, 1998

[75] Davidow&Malon, The virtual Corporatin, Edward Burlingame Books / HarperBusiness, 1992

[76] Andrea Steil, Ricardo Barcia and Roberto Pacheco, An Approach to Learning in VirtualOrganizations, Federal University of Santa Cataring, Brazil

[77] LeMay, Elaine Ann, Virtual teams: Work processes, communication, and team development, Colorado State University, 2000

[78] Kostner, Virtual Leadership: Secrets form the round table for the multi-site manage~WarnerBooks, 1994

[79] Jarrverpaa&Knoll&Leidner, Is anybody out there?Antecedents of trust in global virtualteams, Journal ofManagement Information Systems, 1998, 14(2)

[80] Timothy Kayworth&Dorothy Leidner, The Global Virtual Manager: A Prescription ofSuccess, European Management Journal V01. 1 8 No. 2, April 2000

[81] Deborah L. Duarte&Nancy Tennant Snyder, Mastering virtual teams, John wiley&Sons, Inc — 2001

[82] He chuanqi. N~ional Knowledge Iinnovation System: Structure, Func2 tion and Indicators. Wu Shuyao. P Papon. Edited. Proceedings of Sino—French Workshop on S&T Policy. CHEP Springer. 1 998: 1 8–26

[83] Deborah L. Duarte, Mastering Virtual Teams, 2nd Edition, Revised and Expanded, WileyProfessional, December 200 1

[84] Kimball Fisher&Mareen Fisher, The Distance Manger: A Hands on Grude to Managing off—Site Employees and Virtual Teams, McGraw—Hill Companies, 2000

[85] Jessica Lipnack&Jeffrery Stamps, Virtual Teams: Reaching Across Space, Time, andOrganizations With Technology, John Wiley&Sons, Inc, 1 997

[86] Carol O' connor, Building the Virtual Team, Accountancy Ireland, 2000, 10

[87] Charles Handy, Trust and the virtual organization, Harvard Business Review, May 1 995

[88] Raymond Grenier Ray Grenier, Going Virtual: Moving Your Organization into the 2

1 stCentury, Prentice Hall PTR, 1 995

[89] Morton M. S. Scott, Successful Team Management, Thomson Learning UK, 1 997

[90] Eorge Milkovich, John Boundreau: Human Resource Management, Times Mirror HigherEducation Group, Inc. Company 1 997

[91] Barney&Hansen, Trustworthing as a source of competitive advantage, StrategicManagement Journal, 1 994, 1 5

[92] Moshe Rubinstein&Iris Firstenberg, The Minding Organization: Bring the future to thepresent and turn creative ideas into business solutions, John Wiley&Sons, Inc., 2000